大統領たちの五〇年史

フォードからバイデンまで

村田晃嗣

新潮選書

プロローグ——二〇二一年一月二〇日

その日の正午に、ジョセフ・ロビネット・バイデン・ジュニアは、アメリカ合衆国第四六代大統領の就任式に臨んでいた。七八歳と史上最高齢の大統領、ジョン・F・ケネディに次いで二人目のカトリックの大統領、そして、副大統領を経験した一五人目の大統領の誕生である。バイデンは一九四二年の生まれで、世界大恐慌や第二次世界大戦を背景に出生率の低かった「沈黙の世代」（一九二八－四五年生まれ）に属する最初の、そして、おそらく最後の大統領である。彼の年齢はすでに、大統領退任時のロナルド・レーガンのそれ（七七歳）を上回っていた。

アイルランド系のバイデンは詩を愛唱する。シェイマス・ヒーニーの「希望と歴史」も、その一つである。

歴史は教える
人生に希望を持つなと
しかし、生涯に一度
ずっと待ち続けてきた正義の大波が巻き起こり
希望と歴史の詩が紡ぎ出される[1]

バイデンにとって、この日は「生涯に一度」の檜舞台ではあった。

だが、大統領就任式にこれほどの強風が吹き荒れるのは、レーガンの二度目の式典（一九八五年）以来のことであった。「この祝福された地では、よりよい未来が常にある」と、三六年前にレーガンは語った。今や、そう語るには、アメリカはあまりにも自信を喪失していた。

何しろ、すでに四〇万人のアメリカ人が新型コロナウイルス感染症で命を落としていた。世界最多である。二一年末には、死者数は八〇万人にも達する。アメリカ史上最大の犠牲者を出した南北戦争ですら、戦死者数は六一万人であった。

感染症の恐怖と不安だけではない。大統領就任式のわずか二週間ほど前、一月六日には、連邦議会議事堂が襲撃された。二〇二〇年大統領選挙が「盗まれた」と激高して、数千人もの暴徒が議事堂に殺到し、バイデン当選の確定を阻止しようとしたのである。議員たちは逃げまどい、連邦議会の機能は一時中断した。翌日の未明にようやく、マイク・ペンス副大統領がバイデン当選の確定を宣言した。

この騒動で警察官を含む五人が死亡し、のちに一人が自殺した。事実上の内乱であり、テロ行為であった。南北戦争の契機となった一八六一年のサムター要塞襲撃事件、さらには、二〇〇一年九月一一日の同時多発テロ（九・一一）を、この事件に重ね合わせる者も少なくない。そのため、バイデンの大統領就任式には、二万五〇〇〇人の州兵が警備に当たっていた。首都はまさに要塞と化していた。

しかも、この大統領就任式には、前任者が不在であった。この日の朝に、ドナルド・ジョン・トランプは自らの離任式を済ませると、早々にフロリダ州の別荘マール・ア・ラーゴに去っていた。歴史を遡れば、存命の前任者が大統領就任式を欠席した例は二つある。

一つは、南北戦争後のことである。一八六八年に、アンドリュー・ジョンソン大統領が、史上初めて弾劾裁判にかけられた（一票差で無罪）。その遺恨から、ジョンソンは翌年三月のユリシーズ・グラントの大統領就任式を欠席したのである。トランプもすでに弾劾裁判の洗礼を受け、連邦議会議事堂襲撃事件の責任を問われて、やがて二度目のそれを経験する。

前任者不在のもう一例は、ほどなく紹介しよう。

トランプを除く三人の大統領経験者、ビル・クリントン、ジョージ・W・ブッシュ・ジュニア、そして、バラク・オバマは、いずれもマスク姿で参列した。だが、彼らの老いは覆い隠せず、二一世紀の歴史の速さを物語っていた。オバマとカマラ・ハリス、つまり、黒人初の元大統領と黒人初の新副大統領はハイタッチで挨拶を交わした。

一二年前に副大統領に就任した時と同じ聖書に手を置いて、バイデンが大統領就任の宣誓を行った。新大統領は厚手の黒いコートに身を包み、パウダーブルーのネクタイを締めていた。

「今日はアメリカの日、民主主義の日である」「民主主義は貴重であると同時に、脆い」「私はすべてのアメリカ国民の大統領になる」「私たちは同盟関係を修復し、再び世界に関与する」と、バイデン新大統領は呼びかけた。

「ひととき、お怒りになっても　命を得させることを御旨としてくださる。泣きながら夜を過ごす人にも　喜びの歌と共に朝を迎えさせてくださる」「平穏なときには、申しました　『わたしはとこしえに揺らぐことがない』と」――バイデンは旧約聖書の「詩編」三〇篇五節と六節（新共同訳）を引用した。

果たして、アメリカは再び喜びの朝を迎えうるのか。そして、「希望と歴史の詩」が紡ぎ出されるのか。まだ、われわれはその答えを得てはいない。まずは、なぜここまでアメリカの内政と外交が混乱したのかを、改めて問わなければならない。

バイデンが駆け出しの上院議員だった頃、建国二〇〇周年を目前に控えたアメリカの民主主義はやはり深く傷つき、国論は分裂し、同盟関係や外交も動揺していた。ウォーターゲート事件とベトナムからの撤兵の頃である。やがて、弾劾裁判に直面した大統領が、史上初めて任期半ばで辞任する。リチャード・ミルハウス・ニクソンである。トランプと同様、彼もまた人々の憎しみの感情を巧みに煽る政治家であった。一九七四年のニクソン辞任から、すでに半世紀を閲《けみ》する。

かつて半世紀の視野でアメリカ外交を論じたのが、ジョージ・F・ケナンである。二〇世紀のアメリカを代表する外交官、歴史家である。彼の名著『アメリカ外交50年』は、一九〇〇年から五〇年までを対象にしている。[2] アメリカ外交はあまりに法律家的で道徳的なアプローチを採りがちであったと、ケナンは指摘している。

もとより、碩学の名著に遠く及ぶはずもない。しかも、アメリカ外交についての大著や通史は、その後いくつも現れた。[3] だが、ケナンが試みたように、半世紀の視野で歴史を回顧すれば、今のわれわれに何が見えてこようか。

『アメリカ外交50年』は米ソ冷戦の初期に草されたが、今や米中冷戦が語られて久しい。また、ケナンの論じた半世紀は、大統領が権限と影響力を著しく拡大していく時期であった。だが、往時の冷戦コンセンサスが溶解するにつれて、外交はますます内政に左右されるようになった。外交の要請と内政の圧力に挟まれて、過去半世紀の大統領はいずれも呻吟してきた。

　本書では、大統領たちの自伝や最新の伝記研究を活用し、彼らの努力と苦悩を描いてみよう。すでに、大統領のリーダーシップや大統領同士の絆に特化した著作はある。[4] 本書では、大統領の人格やスタイル、信条、人脈に、内政を重ね合わせながら、彼らの外交政策を比較していく。いわば比較大統領外交史である。彼らの属する世代や前任者からの影響にも、注意を払おう。

　また、ケナンの名著では、日米関係の分析は乏しい。そこで、日米関係への大統領の関与にも紙幅を割き、日本側のリーダーシップの変遷と照らし合わせる。

　こうして、大統領を軸に過去半世紀にわたる政治と外交をふり返る旅に、出かけるとしよう。それは、ジェラルド・フォードからバイデンに至る、個性豊かな九人の大統領の物語である。

　最初の三人の大統領（フォード、ジミー・カーター、レーガン）は、アメリカの衰退が嘆かれる中で、国力と自信の回復に努めた。幸い、ソ連の「敵失」もあって、アメリカは新冷戦と冷戦そのものを乗り越える。この間、アメリカの政治は着実に保守化していく。

　続く三人の大統領（ジョージ・H・ブッシュ、クリントン、ブッシュ・ジュニア）は冷戦後の「単極の瞬間」（チャールズ・クラウトハマー）を経験しつつも、相次ぐ地域紛争に忙殺される。湾岸戦争からイラク戦争へ、冷戦の終わりから「テロとの闘い」へ――この時代は「二重の戦間期」でもあった。[5] この間、アメリカは新たな世界秩序を構築できず、内政も混乱する。前任者を否定する政治が続き、リーダーの大きな世代交代も生じた。また、冷戦後のグローバル化は、貧富の格差の拡大をもたらした。

最後の三人の大統領（オバマ、トランプ、バイデン）は、再びアメリカの国力と自信の回復に取り組む。ただし、三者三様のやり方で。やはり、前任者否定のゲームである。この間、すでに中国はアメリカに拮抗する勢力となり、米中冷戦が語られるようになった。また、内政の保守化と貧富の格差、グローバル化が、マイノリティを刺激し、アイデンティティ政治に火をつけた。こうして「冷たい内戦」が出来した。今や、アメリカの衰退と分断が、同時に危惧されている。

この三つの時期に、日米関係は貿易摩擦を抱えながらも同盟として冷戦を伴走し、その後は同盟の漂流に悩みながら、やがて米中冷戦の最前線に躍り出る。

こうして半世紀をふり返ると、われわれは一九七四年に舞い戻ったのであろうか。否、そうではあるまい。ただし、マーク・トウェインが言うように、「歴史は繰り返さないが、韻を踏む」。

大統領たちの五〇年史——フォードからバイデンまで　目次

大統領たちの五〇年史——フォードからバイデンまで

第一章

ジェラルド・フォードの「癒し」とデタントの黄昏

東京・迎賓館で行われた米大統領歓送式典で、フォード大統領（左）と並ぶ天皇陛下（1974年11月21日）〔写真：時事〕

三人の予言者

アメリカ人とロシア人が「どちらも神の隠された計画に召されて、いつの日か世界の半分の運命を手中に収めることになる」と、フランスの思想家アレクシス・ド・トクヴィルは一八三五年の著書で予見していた。[1]

それからほぼ一世紀後のことである。一九二〇年に、イギリスの哲学者バートランド・ラッセルは北京大学で教鞭をとった。そしてラッセルは、「もし中国人が、西欧の人生哲学を採用することになれば、外国侵略から中国を安全に守ることになろうが、守るやいなや、直ちに、外国侵略に乗り出すであろう」「中国人は国内に慢心した少数の金権政治家をうみ出し、海外では何百万人を餓死させて、保有資源を搾取するであろう」と予想した。ただし、彼は中国が自制心を発揮して、「最も必要な瞬間に」「人類に全く新しい希望」を与えてくれることを願っていた。[2]

第二次世界大戦に勝利して、アメリカとソ連は共通の敵を失った。しかも、両国は巨大な軍事力を保持しつつ、イデオロギーや政治体制をまったく異にしていた。トクヴィルによると、「一方の主な行動手段は自由であり、他方のそれは隷属である」。

一九四七年に、匿名の著者Xが「ソヴェトの行動の源泉」という論文を著した。「アメリカの対ソ政策の主たる要素は、ソ連邦の膨張傾向に対する長期の、辛抱強い、しかも確固として注意深い封じ込め（コンテインメント）でなければならない」と、ミスターXはアメリカ外交に言葉と方向性を与えた。

この著者こそ、ジョージ・ケナンである。[3] 前年まで、彼はモスクワのアメリカ大使館で代理大使を務めていた。アメリカが戦略的拠点を死守しながら経済と社会の活力を維持すれば、ソ連権力は「内部崩壊かまたは漸次的な温和化」に至ると、当代一のロシア専門家は予想していた。

それから三〇年近くのち、今から半世紀前の一九七四年が、この物語の起点である。

イギリスの歴史家エリック・ホブズボームは、「短い二〇世紀」という時代概念を提唱した。第一次世界大戦が勃発した一九一四年からソ連が崩壊した九一年までが、これに当たる。さらに彼は、一四－四五年の二つの世界大戦の時代を「破滅の時代」、米ソが対立しながら科学や経済が発展した四五－七三年を「黄金の時代」と呼び、石油危機からソ連崩壊に至る七三－九一年を「危機の時代」と分類している。[4]

この「危機の時代」のとば口では、トクヴィルの予言はすでに実現し、ケナンの予想の成否はいまだ明らかではなかった。国際社会に復帰した中国が、侵略者になるのか「全く新しい希望」になるのか――ラッセルの予測も判然としなかった。

「帝王」の退位――前史

一九七四年という起点まで、助走のために前史をたどろう。

「人々は君を見る時に理想を見て、私を見る時には現実を見るのだ」

ホワイトハウスでケネディの肖像画を見つめながら、ニクソンはこう独り言ちた。オリバー・

ストーン監督の映画『ニクソン』(一九九五年) のラスト近くのシーンである。

皮肉なものであろう。確かに、ベトナム戦争は、ニクソンの評判を大いに傷つけた。だが、ケネディが軍事顧問団を派遣したことで、アメリカのベトナムへの関与は本格化したのである。再選を果たせば、ケネディはベトナムからの撤兵を企図したかもしれない。しかし、一九六三年一一月二二日に彼はテキサス州ダラスで暗殺され、「第二のリンカーン」と化して神話の列に加わった。

後継者のリンドン・ジョンソンは、そのテキサス州出身であった。以後の大統領はニクソン、レーガン(カリフォルニア州南部)、ジミー・カーター(ジョージア州)、ブッシュ親子(テキサス州)、クリントン(アーカンソー州)と、広義の南部を地盤とする者が続く。ハーバート・フーヴァー(第三一代大統領、在職一九二九－三三年)より前のすべての大統領がミシシッピ川以東で生まれたこととは、対照的である。人口と経済の重心の移行を反映して、アメリカ政治の南部化が始まった。

ジョンソンは議会政治に通暁していた。ジョンソン政権は一九六四年に公民権法、六五年に投票権法を成立させて、黒人に対する人種差別を禁止し、参政権を保障しようとした。冷戦を戦い抜く上で第三世界を味方につけなければならず、人種差別という汚名を返上する必要があったのである。

また、一九六五年には、ジョンソン政権は移民法を改正して、アジアや中南米からの移民を拡大した。これも、経済成長に伴う労働力の安定確保という実利に基づいていた。

だが、ジョンソンによる公民権の推進は南部で民主党保守層の反発を招き、その移民政策はアメリカ社会の急速な多様化をもたらすことになった。

一九六四年の大統領選挙では、現職のジョンソンは、タカ派の共和党候補バリー・ゴールドウォーターを大差で下した。彼はこれに自信を強めて、ベトナムでも勝利を得ようと戦争を拡大した。だが、祖国統一を決意するホー・チ・ミンの前には、それはむしろ逆効果であった。ジョンソンはベトナムで勝利も和平も達成できず、急速に国内世論の支持を失っていった。「今日は何人の若者を殺したのだ?」と、反戦デモの罵声が轟《とどろ》く中で、彼は六八年の大統領選挙に出馬できなくなってしまった。

同年四月には、公民権運動の指導者マーティン・ルーサー・キング牧師が、六月には、民主党大統領候補のロバート・ケネディ上院議員(マサチューセッツ州)が相次いで暗殺された。そのため、公民権運動と反戦運動がますます過激化し、アメリカはほとんど内戦状態に陥っていた。しかも、ベトナムでの戦費は肥大し、日本や西ヨーロッパからの貿易攻勢に悩まされて、アメリカ経済も病んでいた。民主党大会(シカゴ)は大混乱に陥った。

政治学者の永井陽之助は、一九六七年ごろからアメリカの社会と政治が急速に変容していると指摘した。彼によると、アメリカは自己修正と復元能力を失い、焦燥と不信の悪循環に陥って、ついには「全面的解体」に向かうかもしれなかった。[5] 典型的なアメリカ衰退論である。

一九六八年の大統領選挙で、共和党のニクソン候補は「法と秩序の回復」を訴え、ベトナム戦争に「名誉ある平和」をもたらす「秘密計画」があると訴えた。激戦の末に、彼は民主党大統領候補のヒューバート・ハンフリー副大統領を下した。「粘りついたキャンディーに指を突っ込んだ」かのように、ハンフリーはついにジョンソンとベトナム戦争の影を振り払えなかったのである。

ニクソン新大統領は北ベトナムを和平交渉の席に着かせるべく、ハノイに大きな影響力を持つ中国との関係改善に密かに乗り出した。これが、彼の「秘密計画」の壮大な背景をなす。中ソ対立の深刻化から、北京もワシントンとの和解を望んでいた。そもそも、ニクソンは、一〇億の人口を擁する中国を「無視するには大きすぎる国」と考えていた。

一九七二年二月に、かつての「反共の闘士」ニクソンは、ついに北京の地を踏み、人民大会堂では愛国歌『麗しのアメリカ』が奏でられた。このシュルレアリズムを生んだのは、イデオロギーを棚上げしたニクソンと毛沢東のリアル・ポリティークであった。ここに、米中ソの戦略的三角形が大きく動いた。二人の仕事人、ヘンリー・キッシンジャー国家安全保障問題（NSA）担当大統領補佐官と周恩来首相が、この歴史的ドラマを周到に整えた。

この間、日本は米中秘密交渉の蚊帳の外に置かれていた。一九七一年七月、佐藤栄作首相がニクソン訪中を知るのは、実に、全米向けテレビ発表のわずか三分前であった。翌八月には、アメリカ経済の実態に即すべく、ニクソンは金とドルとの兌換停止も決定した。米中接近と金本位制度の終焉――この「二つのニクソン・ショック」を受けて、翌七二年に佐藤首相は退陣に追い込まれる。

沖縄返還が、何とか佐藤の花道になった。しかし、その裏にも、「糸と縄」（日米繊維交渉と沖縄返還の取引）や核兵器（有事の際の再導入合意）をめぐる密約が蠢いていた。

さて、米中の秘密交渉を進めながらも、ニクソンはベトナムからの米軍の「名誉ある撤退」にこだわった。そのため、彼は北ベトナム爆撃（北爆）を繰り返し、北ベトナムの補給路を断つべくカンボジアを爆撃して、ラオスに侵攻することも辞さなかった。大統領は非合理な「狂人」を装って北ベトナムやソ連を威嚇するという、「狂人理論」を援用したのである。のちに、トランプが予測困難な外交で、この「狂人理論」を模倣する。

戦争の拡大に伴い全米で抗議デモが起こり、オハイオ州のケント州立大学では四人の学生が命を落とした。「サイレント・マジョリティ」（声なき多数派）は自分を支持していると、ニクソンは強弁した。だが、民主党が多数を制する連邦議会も、大統領のベトナム政策に批判を強めていった。一九七一年には、国防省の機密文書（ペンタゴン・ペーパーズ）がメディアに流出して、年間二五〇億ドルの戦費を投じ、最大五五万人近くを駐留させながら、アメリカがこの戦争に勝つ見通しのないことが明らかになった。

ようやく一九七三年一月に、南北ベトナムとアメリカとの間でパリ和平協定がまとまり、三月末には米軍がベトナムから撤退を完了した。アメリカは総額一一一〇億ドルの戦費を投じ、五万八〇〇〇人の戦死者と三〇万三〇〇〇人の負傷者を出して、ベトナムを去ったのである。

米軍が撤退すれば、南ベトナム政府が瓦解するのは必定であった。米軍撤退からサイゴン陥落までの「時間的間隔」をできるだけとることで、ニクソンはアメリカの名誉と信頼性を保持しようとした。そのため、和平交渉が長引き、すべての当事者に多大な犠牲を強いることになった。[6]

米中接近、パリ和平交渉と並行して、ニクソンは一九七二年の大統領再選をめざしていた。彼には深いトラウマがあった。六〇年に初めて大統領選挙を戦った際に、ニクソンはケネディに一般得票数でわずか一二万票、すなわち〇・一七ポイント差で敗れたのである。民主党の牙城シカゴその他で組織的な不正があったと、彼は死ぬまで信じていた。

その後も、憎悪と猜疑心が政治家ニクソンを磨いた。何としても大統領再選を果たし、一九七六年の建国二〇〇周年を自ら寿《ことほ》ぐ——これがニクソンの悲願であり、ケネディへの復讐であったろう。かつて、政敵を誹謗中傷して「狡猾な（トリッキー）ディック」と呼ばれたニクソン、今や、敵対的な連邦議会を軽視し「帝王的大統領」とすら呼ばれるニクソンは、シェークスピアが造形した「リチャード三世」さながらに、権謀術数を厭わなかった。この「リチャード三世」は、一方で、南部を切り崩すべく保守層に接近し、他方で、リベラルな社会福祉政策や教育政策、環境政策を提起して、民主党の支持母体に楔《くさび》を打ち込んでいった。

民主党大統領候補のジョージ・マクガヴァンは、「カム・ホーム・アメリカ」とベトナム即時撤兵を唱えた。いわば孤立主義の間欠泉である。しかし、彼の極論は大方の支持を得られず、およそ老獪な「リチャード三世」の敵ではなかった。ニクソンは巧みに、保守的な南部を手中に収め、一一月の大統領選挙で再選を果たした。

だが、この大勝利の陰で、ニクソン失脚の舞台が準備されつつあった。

作家のフィリップ・ロスはニクソンを風刺して、一九七一年にトリッキー大統領を主人公にした小説『われらのギャング』を著した。大統領は人工中絶に反対して「胎児にも投票権を与えよ」と訴え、ボーイ・スカウトが暴動を起こしたと危機感を煽り、ついには、国家安全保障上の必要から、ポルノを擁護するデンマークを攻撃する。[7]

二〇世紀の「リチャード三世」は、トリッキー大統領より上手であった。

一九七二年六月一七日の午前二時三〇分、ワシントンのポトマック河沿いにあるウォーターゲート・ビルの民主党事務所に侵入した五人の男が逮捕された。彼らはみなビジネス・スーツに身を固め、外科用のゴム手袋をしていた。その内の一人は中央情報局（ＣＩＡ）の元職員で、さらにもう一人はニクソン再選委員会の警備主任であることが判明した。やがて、元ホワイトハウス顧問の名前も捜査線上に上がった。それでも、ホワイトハウスは「三流のコソ泥」事件との関係を一切否定した。

主要メディアがさしたる関心を示さない中で、『ワシントン・ポスト』紙の若い二人の記者、ボブ・ウッドワードとカール・バーンスタインが事件を追った。やがて、ウッドワードは政府中枢の内通者「ディープ・スロート」を得た。はるか後年に、マーク・フェルト連邦捜査局（ＦＢＩ）副長官が内通者であったと名乗り出た。「金の流れを追え」と、「ディープ・スロート」は記者に教えた。すると、二人の記者はニクソン再選委員会の秘密資金にたどり着き、同委員長のジョン・ミッチェル前司法長官の名前まで登場した。

ペンタゴン・ペーパーズ事件以来、ニクソンは政府の情報漏洩を防ぐために「配管工」（水漏れ、つまり、秘密漏洩を防ぐという意味）という特別調査チームを密かに編成した。再選のために、ニクソンは「配管工」を政敵の盗聴やスキャンダル捜し（時には捏造）にも利用するようになった。しかも、ウォーターゲート事件が発覚すると、大統領はそのもみ消しも命じていたのである。「ディープ・ステート」（闇の政府）がアメリカを支配している――こうした陰謀論の土壌は、早くから耕されていたことになる。

ついに、上院特別調査委員会が事件の解明に乗り出した。一九七三年五月には、公共放送サービス（PBS）が、同委員会の公聴会の様子を二週間にわたってテレビ放送した。それは裁判劇さながらであった。

この委員会の一人として名を馳せたのが、日系初の上院議員ダニエル・イノウエ（ハワイ州）である。民主党の上院院内総務マイク・マンスフィールド（モンタナ州）が、イノウエを起用した。弁護士の資格を持ち、委員会の活動に十分な時間と労力を割くことができ、しかも、大統領になる野心のないことが、選抜の基準だったという。

下院にも調査委員会が設置された。イェール大学のロースクールを卒業して間もない女性弁護士も、この委員会の法律スタッフに加わった。一〇年前に高校生だった頃には、彼女はタカ派のゴールドウォーターを熱心に支持していた。今や彼女は、ゆくゆくは史上初の女性大統領かと嘱望されるほど優秀であった。ヒラリー・ダイアン・ロダム、すなわち、のちのヒラリー・クリントンである。

やがて、大統領の側近たちが辞任し、法律顧問が解雇された。さらに、ホワイトハウスの録音システムが大統領執務室の会話をすべて記録していることが明らかになった。この録音システムを始めたのは、実はジョンソン大統領であった。ニクソンの病的な猜疑心が、このシステムをさらに肥大化させた。

上院特別調査委員会とアーチボルド・コックス特別検察官は、テープの提出をホワイトハウスに求めた。ニクソンは大統領特権でこの要求を拒否した。その上、大統領は特別検察官を解任しようとした。

「私はペテン師ではない」と、ニクソンは抗弁した。語るに落ちるとは、このことである。彼が妥協の末に裁判所に提出したテープの筆記録からは、一八分三〇秒分の記録が消去されていた。証拠隠滅である。ついに連邦最高裁判所が全員一致で六四巻に上るテープを特別検察官に提出するように命じた。ウォーターゲート事件のもみ消しを指示する大統領の音声が、そこにははっきりと残っているはずであった。

この間、一九七三年一〇月一〇日に、スピロ・アグニュー副大統領が辞任に追い込まれた。メリーランド州知事時代の脱税と汚職が原因であった。ここに、連邦議会はニクソン弾劾の動きを強めた。ニクソンを弾劾しても、より汚らわしいアグニューが大統領に昇格するのでは意味がない。アグニュー辞任の結果、ニクソン弾劾の可能性が一挙に高まった。

問題はアグニュー後任の副大統領である。アメリカ合衆国憲法の修正二五条は、一九六七年に確定したばかりであった。ケネディ暗殺の衝撃から導入された修正条項である。その二節によると、副大統領が欠けた時には、大統領が後任を指名し、上下両院の多数決で承認される。

保守派のレーガン・カリフォルニア州知事ら四人が最終候補に挙がったが、ニクソンは穏健派で議会に幅広い支持を持つフォード下院議員を選んだ。四三〇人ものＦＢＩ捜査官が彼の身辺調査に当たり、一四〇〇ページの報告書をまとめた。当時アメリカで人気だった洗剤の名のように、この副大統領候補はあくまで「ミスター・クリーン」であった。

「私はフォードであってリンカーンではありません。私の演説は、あのような名調子というわけにはいかないでしょう」と、新しい副大統領は謙虚に語った。フォードは大衆車、リンカーンは高級車の代名詞でもある。この人事はしごく妥当であったが、そのため、大統領弾劾がますます現実味を増した。

こうして、ようやく一九七四年を迎えた。

「この国で一番の仕事は副大統領だ。朝起きて、『大統領は元気にしているか？』と尋ねさえすればいい」――副大統領についてのこの種のジョークは枚挙に暇がない。[8] だが、今回は違った。副大統領が大統領に昇格するのは、時間の問題だったからである。一九七四年八月八日にニクソンは辞任を表明し、翌日の正午に、両手を掲げてむなしいVサインを誇示しながら、ホワイトハウスを去った。かつて「法と秩序の回復」を謳った「帝王」の退位である。

二〇世紀の初頭から、大統領は積極的に政党を率い世論を啓蒙し、立法や司法にも影響力を及ぼしてきた。行政府の拡大とアメリカの国際的な地位の向上、さらに二つの世界大戦と冷戦が、「強い大統領」を必要としたのである。「帝王」の退位は、この「強い大統領」の時代の終わりを示唆していた。

こうして「偶然による大統領」が誕生した。わずか八カ月前まで、彼は一二万弱の得票でミシガン州第五区の二郡を代表する下院議員にすぎなかった。建国二〇〇周年を前にして、そのジェラルド・ルドルフ・フォード・ジュニアが、二億一〇〇〇万の人口を擁する超大国を率いることになる。

もちろん、フォード大統領の就任式にニクソンの姿はなかった。存命の前任者が不在の、歴史上二度目の大統領就任式である。

「偶然による大統領」の必然性

まず、「偶然による大統領」の来歴を問わねばならない。確かに、フォード大統領の誕生は、直接的にはウォーターゲート事件による偶然の産物だが、そこには様々な必然も折り重なっていた。

アメリカ合衆国の第三八代大統領は、一九一三年にネブラスカ州オマハで、レズリー・リンチ・キング・ジュニアとして生まれた。実父のレズリー・キングはたびたび妻に暴力を振るった。そこで、妻は子供が生まれて間もなくこの夫と離婚して、郷里のミシガン州グランド・ラピッズに戻った。家具の製造業で栄える、保守的で信心深い町であった。彼女がそこのエピスコパル教会（プロテスタントの一教派、米国聖公会）で出会い再婚したのが、ジェラルド・ルドルフ・フォードである。実父の記憶を持たぬままに、こうして幼児はジェラルド・ルドルフ・フォード・ジュニアになった。

養父は厳格で勤勉なセールスマンで、養子と三人の実子に三つのことを教え込んだ。ひとかどの人物になるために、一生懸命に働くこと、嘘をつかないこと、食事に遅れないことである。こうした中西部の保守的な価値観を、フォードは生涯守り抜いた。大統領研究者のジェームズ・バーバーによれば、一般に人格は子供時代に、流儀(スタイル)は青年期に発達する。

フォード青年は努力を惜しまず、体力と体格にも恵まれていた。世界大恐慌の最中に、彼は苦学して名門ミシガン大学を卒業した。在学中はアメリカン・フットボールの花形選手であった。ミシガン州に隣接するアイオワ州のラジオ・アナウンサーが、名調子でフォードの活躍を伝えたことがある。ロナルド・レーガンである。陰鬱な時代にあって、大学スポーツやラジオ、映画が大衆に逃避場所を提供し、文化を支えていた。

さらに、フォードはイェール大学のロースクールに学んだ。「ゴシック建築の塔が高くそびえ、長く、はいたような芝生が気持ちよく、清潔だった。どこへ行っても、学問と権威と伝統の香りが漂っていた」と、彼は母校を懐かしんでいる。[9] 学友には、サイラス・バンス(カーター政権の国務長官)やポッター・スチュアート(のちの連邦最高裁判所判事)、サージェント・シュライバー(ケネディ大統領の義弟、平和部隊の初代長官)らもいた。

フォードやスチュアートは一九三九年の中立法改定を強く支持し、孤立主義的な「アメリカ・ファースト委員会」に関わっていた。ハーヴァードでは、ケネディの兄もこの委員会に参加していた。この委員会の会員数は、最盛時には八〇万人にも上った。大西洋単独無着陸飛行(一九二七年)で知られるチャールズ・リンドバーグはその中心人物の一人で、ナチ・ドイツから勲章まで受けていた。ローズヴェルト大統領とイギリス人とユダヤ人がアメリカを戦争に巻き込もうとしていると彼は糾弾していた。

フォードが地元で弁護士登録してほどなく、太平洋戦争が勃発した。彼は直ちに海軍に志願し、軽空母モントレイに搭乗して、サイパンやパラオ、フィリピンで激戦を経験した。フォードは多くの勲章を授かって一九四六年に除隊し、予備役の海軍少佐になった。

当時のミシガン州は共和党の牙城であり、アーサー・バンデンバーグ上院議員はフォードの郷里グランド・ラピッズ出身で、大物の孤立主義者であった。だが、バンデンバーグは「党派政治は水際で止まる」と、国際連合の創立に積極的に関与した。さらに、彼は上院外交委員長となると、国際主義者に転向した。太平洋戦争を経験して、若いフォードも国際主義に目覚めた。ところが、地元選出の下院議員は頑迷な孤立主義者で、しかも腐敗した政治マシーンに支えられていた。

そこで、フォードは改革派の共和党員に支援されて、一九四八年の下院議員選挙に立候補し、現職を下した。グランド・ラピッズ製の家具のように「質実剛健」な新議員の誕生である。貧しい若者が努力と才能で名門大学に進んで弁護士になり、従軍して政界に転じる——同い年のニクソンとフォードに共通した経歴である。前者は後者より一期早く一九四六年に下院に当選していた。この頃のアメリカ社会には、まだこうした社会的上昇への経路が大きく開かれていた。まさに「アメリカン・ドリーム」である。また、ケネディからブッシュまでの歴代大統領はいずれも、祖国のために第二次世界大戦に従軍した「最も偉大な世代」(一九〇一‐二七年生まれ)に属する。

初当選以来、フォードの政治的目標は一貫していた。下院議長の座を手に入れることである。それは大統領に次ぐ権力の座であった。議員会館で同じフロアにいたケネディ(一九四六年当選）にとって、「下院はただの途中駅」にすぎなかった。五二年には、彼は上院に転じた。そのケネディより早く、ニクソンは五〇年に上院議員選挙に当選し、五三年にはドワイト・アイゼンハワー政権の副大統領に登りつめた。

堅実なフォードは、予算を差配する下院歳出委員会の委員の地位を獲得し、実績と信頼を重ね、人脈を広げていった。「外交問題では国際主義者、国内問題では穏健派、財政問題では保守派」——これがフォードの立場であった。上院議員やミシガン州知事に打って出る話もあったが、彼はこれらをすべて退けている。問題は、一九五三－五五年の期間を除いて、共和党が上下両院で少数勢力だったことである。

先述のように、一九六〇年の大統領選挙では、民主党のケネディと共和党のニクソンが争い、稀にみる僅差で前者が勝利した。だが、そのケネディは六三年に凶弾に倒れた。副大統領から大統領に昇格したジョンソンは、この謎に満ちた暗殺事件の真相を解明すべく、アール・ウォーレン連邦最高裁判所長官を委員長とする超党派の調査委員会を立ち上げた。フォードは七人の委員の一人に選ばれた。彼はすでに共和党の下院議員総会議長（下院共和党で三番目の地位）になっていたが、半年にわたってウォーレン委員会に精力的に関与した。

翌一九六四年の大統領選挙で、ジョンソンは共和党のゴールドウォーターに圧勝した。上下両院でも民主党が議席を伸ばして圧倒的な多数を維持した。特に、下院では三七議席増であった。下院四三五議席のうち、共和党はわずか一四〇議席というありさまであった。そこで、積年の長老支配に対して、若手がクーデターを起こした。その結果、フォードが共和党下院を率いる院内総務に選ばれたのである。

また、フォードは保守的な南部の民主党議員と連携して、ジョンソン大統領を牽制、批判することも厭わなかった。大統領が所得増税を議会に要請すると、フォードはこれに反対し、ベトナムへの米軍の大幅な増派をも強く批判した。「なぜわれわれは、ベトナムで最も効果的な攻撃を控えなければならないのでしょうか」と、彼は地上軍の増派ではなく、北ベトナムへの海上封鎖や軍事施設への空爆を説いた。「ジェリー・フォードはいい男だが、ヘルメットをかぶらないでフットボールをやりすぎたね」と、ジョンソンは記者団に憤懣をぶつけた。

一九六八年には共和党のニクソンが大統領に当選した。フォードは副大統領候補の一人だったが、やはり下院議長の夢を追った。しかし、共和党は上下両院で議席を増やしたものの、依然として少数党にとどまった。

民主党が多数を制する上院では、ニクソン大統領の指名した最高裁判事の候補者が、公民権法の拡大に消極的だといった理由で、次々に否決された。ニューディール政策を推進するためにフランクリン・D・ローズヴェルト大統領が最高裁を政治利用しようとした一九三七年以来、このような事態は絶えてなかった。ホワイトハウスのみならず、フォードもこれに激怒した。そこで彼が標的にしたのが、ウィリアム・O・ダグラス最高裁判事であった。ダグラスは三九年にローズヴェルトに起用された古参の判事で、著書や私生活でもリベラル派の象徴であった。フォードは南部の民主党議員の協力も得て、ダグラス判事を弾劾しようとした。しかし、あまりにも根拠が薄弱で、弾劾調査特別委員会を設置することすらできなかった。このように、六〇年代末には司法の政治化がすでに始まっており、のちに大統領の弾劾問題に苦しむフォードが、最高裁判事の弾劾を請願していたのである。行政と立法と司法――三権を視野に収めなければ、アメリカ政治のパズルは解けない。

一九七二年にニクソンが再選された。圧勝である。ニクソンは民主党のリベラル派候補マクガヴァン上院議員に「過激派」とレッテルを貼り、ベトナム休戦は時間の問題だと訴えたのである。民主党の反戦派は、往時の勢いを失っていた。

それでも、上下両院での民主党支配は揺るがなかった。下院議長というフォードの夢は、まさに夢で終わろうとしていた。あと二期だけ下院議員を務めてグランド・ラピッズで弁護士を開業しようと、彼は考えていた。そこにウォーターゲート事件が起こり、フォードは副大統領に起用され、八カ月後には大統領に就任していたのである。

その意味では、確かにフォードは「偶然による大統領」であった。だが、フォードがまず副大統領に起用されるには、ニクソンの意志と連邦議会の同意が必要であった。

フォードはニクソンの古くからの友人であり、支持者であった。二人はともに「アメリカン・ドリーム」を体現して、政界に進出した。政治路線もほぼ共通していた。

しかも、連邦議会は復権を図っていた。一九七〇年代前半を通じて、議会は外交分野を含めて、行政府に対する独立性を高めていった。七三年には戦争権限法が成立し、大統領による海外派兵に制約を課したのは、その象徴である。制度面でも、七二年には技術評価局が新設され、議会調査局や会計検査院の機能も強化された。七四年には、議会予算局も設置された。いずれも、ベトナム戦争とウォーターゲート事件の副産物である。さらに、議員の世代交代や小委員会の機能強化によって、連邦議会の分権化も進んでいた。

この新しい動向は、フォードに味方した。二五年に及ぶ連邦議会生活を通じて、彼は超党派の幅広い人脈と信頼を構築していた。アグニュー副大統領の辞任に際して、ニクソンは後任の指名を二人の民主党有力者と相談した。カール・アルバート下院議長とマンスフィールド上院院内総務である。前者がフォードを推薦し、後者も同意した。「われわれはフォード以外の選択肢をニクソンに示さなかった。議会がフォードを大統領にしたのだ」と、アルバート議長は語っている。[10]しかも、ニクソンの陰険なイメージを払拭するためには、フォードの清廉なイメージが必要であった。結果的には、この清廉な副大統領の誕生が、ニクソンの辞任を早めた。「偶然による大統領」の出現には、こうした必然が関与していたのである。

「長い国家的な悪夢」の末に

一九四八年のギリシア内戦の頃、ある男がアメリカに移住する決心をした。「アメリカから何を送ってほしい? 金か、食糧か、衣類か?」と、彼は隣人に尋ねた。「そんなものはいらない」と、隣人は答えた。「ほしいのは平穏だ」。

大統領に就任する際、フォードはこのエピソードを思い出したという。「一九七四年八月ごろ、平穏という名の品物は底をついていた」と、新大統領は回想している。[11]

「アメリカ同胞の皆さん、われわれの長い国家的な悪夢は終わった」

「われわれは海外での戦争で受けたそれよりも、もっと苦痛に満ちた、もっと有害なウォーターゲート事件という国内の傷を癒しながら、われわれの政治的手順の黄金律を取り戻し、同胞愛によって疑惑と憎悪の心を追い払おうではないか」

一九七四年八月九日の就任演説で、フォード大統領はこう呼びかけた。アメリカは「人類という家族全体」のために国力を捧げる、真実こそが「政府を一体に保つ接着剤」である、「私は皆さんの大統領」「われわれの憲法は機能している」とも、新大統領は語った。いずれもアメリカの抱える不安と分断の反映である。五〇年近くのちのバイデン大統領の就任演説を彷彿させよう。

フォードは、ニクソン政権の全閣僚を留任させた。さらに、新大統領はネルソン・ロックフェラー前ニューヨーク州知事を副大統領に起用した。このリベラル派の大富豪は離婚と再婚を経験しており、三度も大統領選挙に出馬していた。保守派はこの人事に強く反発した。また、大統領の側近は、大物が副大統領になるとフォードの影響力が削がれてしまうと危惧した。フォードは日曜ごとに教会に通う敬虔なクリスチャンであったが、「政府は寝室にまで介入すべきではない」と、社会規範や道徳では個人の自由を尊重する立場にあった。また、大統領は自らの力不足をロックフェラーが補ってくれるだろうと期待していた。

副大統領候補として考慮されたもう一人の人物は、ジョージ・H・ブッシュ共和党全国委員長であった。ニクソン政権で、彼は国連大使を卒なくこなしていた。だが、ブッシュは「軽量」で「当たり障りのない人選」と見られるとの声が、フォード周辺には強かったのである。

就任一週間後で、フォード大統領の支持率は七一％にも達した。「長い国家的な悪夢」の果てに「癒し」は成功しつつあるかに見えた。副大統領就任時にフォードは次期大統領選挙への出馬を否定したが、やがて、「おそらく」出馬すると、彼は前言を翻した。

しかし、フォードの人気は束の間であった。

一カ月ほどすると、フォード大統領は具体的な「癒し」を追求した。彼はニクソン前大統領の在職中の罪について全面的な特別恩赦(特赦)を与えたのである。さらに、フォードは徴兵忌避者やベトナムからの逃亡兵五万人にも、公共奉仕などの条件付きで恩赦を与えた。これには退役軍人の諸団体が猛反発した。このため、大統領の支持率は四九%にまで下落してしまった。

これには背景があった。「副大統領閣下、あなたは近いうちに大統領を引き受ける用意がありますか?」――ニクソン辞任の一週間ほど前に、大統領首席補佐官のアレクサンダー・ヘイグ将軍がフォードに尋ねた。次期大統領が特赦を与えるという条件で、ニクソンが辞任に同意するというシナリオを、ヘイグはフォードに示唆した。「私は少し考えたい」「私自身は冷静になるようにするよ」と、フォードは言質を与えなかった。妻も側近たちも、この「提案」には猛反対した。

だが、フォードは連邦最高裁判所の古い判例を知っていた。「裁判官たちは恩赦が犯罪の容認、すなわち自白の責めを負わされるものと認定した」[12]。つまり、ニクソンが特赦を受け入れれば、それは罪の自白に等しいというわけである。

しかし、メディアの多くはフォードによる特赦を「闇取引」と報じ、世論も反発した。「どうしても誰かに恩赦を与えたいなら、フォード大統領は、ご自分の経済顧問たちにお与えになるべきだ」と、若い民主党の下院議員候補は皮肉った。だが、フォードが「不評をも顧みず正しいことをした」と、はるかのちに若者は反省した。ビル・クリントンである。[13]

「フォードはニクソンを許したのではなく、忘れようとしたのだ」と、ある歴史家は述べている。また、大統領経験者は起訴されないという慣例が、これで確立したわけではない。実際、のちにトランプは起訴されている。

フォードは選挙によらない「偶然による大統領」であり、しかも、ウォーターゲート事件で大統領職の威信は大きく傷つき、連邦議会の復権も著しかった。そもそも、大統領の権限は様々に制約されている。「強い大統領」というコンセンサスが崩れると、抵抗勢力への説得は困難になる。[14]人気を失ったフォードは、瞬く間に「弱い大統領」に転落した。

大統領の支持率急落の中で、共和党は一一月の中間選挙で上下両院ともに惨敗した。とりわけ、下院では民主党が四九議席増の二九一議席を獲得し、全体の三分の二を制した。上院でも民主党は三議席増の六〇議席に達し、共和党の三八議席を大きく引き離した。ウォーターゲート事件に加えて、経済のマイナス成長も、与党・共和党に不利に働いた。この七四年当選組は、与党の共和党を含めて政府に対して反抗的であった。

こうして、フォード政権はますます苦境に陥った。共和党の中には、党名を変更すべきだという意見すらあった。他方で、ホワイトハウスが民主党主導の連邦議会に譲歩するたびに、保守派は憤り、レーガン・カリフォルニア州知事への期待が募った。

さらに、フォード夫人も保守派の怒りを買った。一九七五年八月にテレビ出演した際、夫人は一八歳になる娘から性体験を告白されても驚かないと答え、四人の子供たちはマリファナを経験しているだろうと語った上、七三年の「ロー対ウェイド判決」を「世界最高」「偉大な決定」と絶賛したのである。同判決は、人工中絶を連邦レベルで容認するものであった。保守派が反発したのは、当然である。半世紀近くのちの二〇二二年に、この判決は覆される。

ただし、世論の多くは率直なフォード夫人に好意的で、「ベティのファースト・レディ再選を」といったバッジまで登場した。また、それまでにもわずかな例はあったものの、フォード夫人以降、すべてのファースト・レディが回顧録を草するようになる。歴代の大統領と同様に、ファースト・レディたちも個性豊かである。

外交面でも、キッシンジャーがＮＳＡ担当大統領補佐官に留任した上、国務長官まで兼任したため、フォード政権はニクソン時代の影を引きずることになった。当然、キッシンジャーへの反発は強かった。タカ派のジェームズ・シュレジンジャー国防長官は、キッシンジャーの米ソ・デタント（緊張緩和）政策に批判的であり、ドナルド・ラムズフェルド大統領首席補佐官は、政権内の権力闘争の観点からキッシンジャーに挑戦した。七五年一一月には、シュレジンジャーは国防長官を解任されたが、キッシンジャーも大統領補佐官のポストを手放すことになった。シュレジンジャーの後任は、ラムズフェルドであった。アメリカ史上ただ一人、彼は国防長官を二度経験している。最初は史上最年少であり、二度目は史上最高齢であった。

キッシンジャーの影響力後退の背景には、デタントの後退があった。米ソ間（中心）のデタントを第三世界（周辺）での米ソ協調に連動させるリンケージ戦略が、ニクソン・キッシンジャー外交の鍵であった。ところが、ソ連は第三世界での勢力拡大に邁進していた。ソ連にとって、アメリカと同様にふるまえることこそ、デタントの意義であった。デタントの名の下に、「封じ込め」が随所で破綻しつつあったのである。

フォード政権は、ニクソン時代に傷ついた同盟関係の「癒し」にも熱心であった。一九七四年一一月には、フォードは日本と韓国を歴訪した。マシュー・ペリー提督の黒船来航以来、一二〇年に及ぶ日米関係の歴史で、現職の米大統領の来日はこれが初めてであった。フォード大統領にとっても、初の外遊に当たる。

翌年には、昭和天皇が訪米している。七一年の訪欧の際にアンカレッジの空港に立ち寄った以外では、こちらも天皇の初訪米となる。天皇と皇后はロサンジェルスのディズニーランドでミッキーマウスに手を振り、アメリカ人の少年を膝の上に抱きかかえた。

「アメリカに対する日本の態度には疑心暗鬼の色が出ていた」と、フォードは回想している。佐藤の後任、田中角栄首相は「私にとって、気安く温かい感情を抱けるようなタイプの男ではなかった」「田中首相はおそらく早晩辞職せざるを得まいと結論していた」[15]。

まず、石油危機があった。一九七三年一〇月の第四次中東戦争を契機に、アラブ産油諸国は原油価格を一年で四倍に引き上げた。世界経済は大打撃を受けた。とりわけ、日本は世界第二位の経済大国とはいえ資源小国であり、実は「ひよわな花」（ズビグニュー・ブレジンスキー）にすぎなかった[16]。そのため、田中は従来のイスラエル支持の姿勢を変更して、アラブ産油諸国から原油を確保した。アラブ外交ならぬ「アブラ外交」である。

また一九七四年には、ジーン・ラロック退役海軍少将がアメリカ議会で日本への核搭載艦船の寄港を証言した。このラロック証言は日本政府の非核三原則と明らかに矛盾し、日米政府間の核密約を示唆していた。田中時代の日米関係も混迷していたのである。

さらに、同年の参議院選挙で自民党は改選議席を減らし、過半数維持がやっとであった。一九七六年衆議院選挙では、自民党は公認候補で初めて過半数を割り、保守系無所属議員を追加公認しなければならなくなった。このように、七〇年代半ばから八〇年までは、保革伯仲の時代が続く。

しかも、田中首相は金権問題でメディアの総攻撃を受けていた。「おれがこんなこと（金脈と女性関係）で責められるなら、核持ち込みの密約をばらしてしまえ」と、当時の田中は逆上していたという。フォード来日の直前に田中は内閣改造をしたが、それは「時間つなぎ」にすぎなかった。[17] ニクソン辞任の四カ月後、フォード来日の一カ月たらずのちに、田中は辞職に追い込まれた。いわば、日本のニクソンである。

ただし、ニクソンはフォードに特赦を与えられたが、田中は後任の三木武夫内閣の下で逮捕された。全日空の大型旅客機選定に当たり、田中ら有力政治家がアメリカのロッキード社から賄賂を受け取ったとされる事件、ロッキード事件である。「アブラ外交」が「アメリカの琴線に触れたのではないかと思います。世界を支配している石油メジャーの力は絶大ですからね」（中曽根康弘）。スキャンダルのために、両国の内政は不安定化した。

日韓両国の後に、フォードはウラジオストックを訪問し、ソ連のレオニード・ブレジネフ共産党書記長と会談した。「キッシンジャーは本当の悪党ですよ」と、ブレジネフがふざけてみせた。

「本当の悪党を見分けられるのは、本当の悪党だけといいますから」と、キッシンジャーが切り返した。中心のデタントのコミュニケーション・チャネルは、辛うじて生き残っていた。この会談で、両首脳は第二次戦略兵器制限交渉（SALT－Ⅱ）に向けて基本方針を確認した。だが、上院では、手ごわい反デタント派が待ち構えていた。

また、フォード政権は、欧州安全保障協力会議（CSCE）や先進国首脳会議（サミット）など、多国間協力の枠組みにも努力を傾注した。国連、関税と貿易に関する一般協定（GATT）、国際通貨基金（IMF）といったアメリカ主導の戦後の国際組織が疲弊する中で、こうした多国間枠組みに補完的な役割が期待されたのである。

CSCEでまとまったヘルシンキ宣言は、人権や自由の尊重を謳うとともに、内政不干渉や国境の不可侵を盛り込んでいた。そのため、ソ連による東欧支配の固定化を容認するものだと、アメリカ国内の東欧系市民や保守派から批判を浴びた。だが、人権尊重の原則を国際的に定着させたという意味で、ヘルシンキこそソ連帝国の崩壊の始まりだったと、多くの歴史家はふり返っている。いわゆる「ヘルシンキ効果」である。少なくとも、このヘルシンキ宣言は、カーターによる人権外交の土壌になっている。

先進国首脳会議も、一九七五年に始まった。アメリカ、イギリス、フランス、西ドイツ、日本の五カ国にイタリアが加わり（G6）、フランスのランブイエで第一回の会議が開催された。日米両国だけで、G6の国民総生産（GNP）合計の六五％を占めた。だが、しばしばジョークを交えて社交する首脳たちの狭間で、小柄で無口な三木首相は孤立して見えた。冗長なフォードの回顧録にも、三木の名前は登場しない。翌年には、サミットのヨーロッパ偏重を避けるため、カナダも参加することになった。フォード大統領の配慮による。

ほどなく、フォード外交は大きな困難に直面する。一九七五年四月に、カンボジアの首都プノンペンと南ベトナムの首都サイゴンが、共産主義勢力の手に落ちたのである。特に、後者はベトナム戦争でのアメリカの徒労と敗北を世界に印象づけた。季節外れに、ビング・クロスビーの名曲「ホワイト・クリスマス」がラジオから流れた。かねてからの連絡に従い、これを合図に、多くのアメリカ人がサイゴンからの脱出を図ったのである。フォードは南ベトナムに対する大規模な軍事・経済・人道支援を求めたが、連邦議会はアメリカ人の退避予算しか認めなかった。サイゴンの米大使館の屋上からアメリカ人がヘリコプターで逃げていく様子をテレビで見つめ、大統領は「人生で最も悲しいひと時」を経験した。こうして、インドシナ半島は赤一色に染まりつつあった。

翌月に、カンボジアの共産主義政権がアメリカの民間船舶マヤゲス号を拿捕すると、フォード政権はカンボジア本土を爆撃しながら船を奪い返した。この作戦で、三九人の乗員を救うために、米軍人四一人が死亡し五〇人が負傷した。明らかに過剰反応であったが、アメリカの世論はわずかばかり溜飲を下げた。「気分を変えるためにも、勝つことが必要だった」と、ある民主党の下院議員は率直に語っている。キッシンジャーはより辛辣である。「アメリカは一国（ベトナム）を救おうとインドシナに介入し、一隻の船を救って撤収したのである」[18]。

アメリカ国内の保守派は、ますますデタントに批判的になっていった。レーガンに至っては、デタントを不道徳とすら考えていた。保守派だけではない。フォードがソ連から追放されたノーベル賞作家のアレクサンドル・ソルジェニーツィンとの面会を拒否すると、『ニューヨーク・タイムズ』紙ですら、「デタントと宥和の違いがわかっているのか」と大統領に問いかけた。それでも、大統領は米ソ関係の安定を依然として重視していた。だが、その後もソ連はアンゴラ内戦に介入するなど、発展途上国で勢力拡張に余念がなかった。一九七六年二月には、フォードもついに「私はもうデタントという言葉を使わない」と宣言する。

この間、一九七五年末には、フォード大統領は中国、インドネシアを歴訪し、帰路にハワイに立ち寄った。ここでのフォードの演説は、新太平洋ドクトリンと呼ばれた。古くはモンロー・ドクトリンやトルーマン・ドクトリンなど、アメリカ外交は好んでドクトリン（原則）を語る。[19] 六九年には、ニクソン大統領がグアムで、アジアへの軍事介入を抑制すると表明していた。こちらは、ニクソン・ドクトリンである。

「太平洋国家であるアメリカは、アジアに死活的な利害関係を有しており、……世界の安定とアメリカ自身の安全は、われわれのアジアに対する公約にかかっている」。フォードは、ベトナム戦争後のアメリカのアジア関与を、改めて明確にしようとした。「太平洋国家アメリカ」――この自己規定は、二〇〇九年のオバマ演説（東京）に三四年も先行していたのである。

一九七六年七月四日、アメリカは建国二〇〇周年を寿いだ。だが、何しろ前年の失業率は九％に達していた。これにインフレ率を足すと一二％で、「悲惨指数」と呼ばれた。貿易収支も赤字に転じた。『タイム』誌が、「資本主義は生き延びるか？」という特集を組んだほどである。また、当時のアメリカで大ヒットしていた映画は、スティーヴン・スピルバーグ監督『ＪＡＷＳ（ジョーズ）』（一九七五年）である。巨大な人喰いザメがのどかな浜辺の観光地を襲う。市長が事件を隠蔽しようとして、さらなる惨劇を生む。社会の不安と体制への不信――これが当時のアメリカ人の心理状態であった。「アメリカ国民は合衆国の建国二〇〇回目の誕生日を、人喰い鮫のいる海に足をつけようとしている旅行者のような心理状態で迎えようとしていた」[20]。しばしば、ホラー映画は時代や社会の不安を反映する「炭鉱のカナリア」である（炭鉱で有毒ガスが発生すると、人が気づかずともカナリアは鳴きやむ）。

すでに、大統領選も本格化していた。共和党内の予備選では、レーガンがフォードに肉薄していた。「デタントとは、感謝祭まで農民が七面鳥と一緒にいるだけのことだ」（感謝祭になれば、七面鳥は料理されてしまう）、ＳＡＬＴ‐Ⅱは「塩（salt）が効きすぎて体に悪い」などと、レーガンは言葉巧みに大統領の政策を批判した。フォードは全国レベルでの選挙を経験しておらず、特にテレビ映りが悪く、しばしば言葉に詰まった。テレビのコメディ番組は、そんな大統領をからかい続けた。しかし、ラムズフェルド後任の若い大統領首席補佐官は驚くほど優秀で、テレビ宣伝でレーガンの好戦性を強調して反撃に転じた。ディック・チェイニー、のちの国防長官、そして、副大統領である。

フォードは保守派の批判をかわすために、忠実なロックフェラーではなく、より保守的なボブ・ドール上院議員（カンザス州）を副大統領候補に選んだ。のちに、彼はこの「臆病な行い」を「生涯最大の政治的失敗」と後悔する。フォードは共和党予備選ではレーガンの追撃をかわしたものの、民主党のジミー・カーター候補に惜敗することになる。確かに、アメリカはフォードの清廉と誠実を必要としていた。だが、ウォーターゲート事件とベトナム戦争による「国家的な悪夢」から癒されるには、八九六日というフォードの在任期間はあまりにも短すぎたのである。

長い議会生活、前任者の弾劾騒動、大きな戦争の終焉と同盟関係の再建――ほぼ五〇年後にフォードを追体験するのが、バイデンである。しかも、二人とも二期目を迎えられなかった。ただし、敗戦ではなく再選を断念したという点で、バイデンは「第二のジョンソン」をも演じることになる。

第二章

ジミー・カーターの人権外交と挫折

エジプトのサダト大統領（左）、イスラエルのベギン首相（右）とともにキャンプ・デイヴィッド協定調印式に出席するジミー・カーター大統領（1978年9月17日）〔写真：Universal Images Group/アフロ〕

「ジミーって誰?」——無名の効用

一九七四年末に次期大統領選挙への出馬を表明した時、ジミー・カーターはジョージア州知事の任期(七一-七五年)を終えようとしていた。

明らかに、カーターは泡沫候補にすぎなかった。「何の会長(プレジデント)に立候補するって?」と、母のリリアンですら訝しげに尋ねた。「ジミーって誰?」と、大方の世論も相手にしなかった。この至極もっともな問いに、彼は実直な返答を繰り返した。「私の名前はジミー・カーターです。私は大統領に立候補しようとしています」。

では、ジミー・カーターとは誰なのか。

ジェームズ・アール・カーター・ジュニアは、一九二四年にジョージア州のプレーンズに生まれた。人口わずか五〇〇人の田舎町である(二〇二〇年の国勢調査でも五七三人)。カーター家とその周辺には、電気も水道も整備されていなかった。根強い人種差別とともに、カーターはほとんど一九世紀同様の環境で生まれ育ったのである。それ故、彼は一九世紀から二一世紀までを生きた唯一の大統領だと言う者もいる。[1]

カーターの父アールは農業で成功し、母は看護師として働いていた。母の職業のゆえ、カーターは病院で生まれた最初の大統領でもある。父は厳格で保守的なバプティストの信者であり、母は人種差別に反対する「変わり者」で知られていた。ほとんどの南部の白人と同様に、父は熱心な民主党支持者であり、母は貧民の救済に努力を惜しまなかった。

カーターも敬虔なバプティスト信者として育ち、教会と日曜学校に熱心に通った。また、カーター家の近隣のほとんどが黒人家庭であり、子供の頃からカーターは多くの黒人と交わってきた。カーター少年はしばしば、白人英語と黒人英語を巧みに使い分けた。[2] 彼は保守的な信仰とリベラルな精神を、両親から受け継いだのである。また、カーターは小学校五年生の時にレフ・トルストイの『戦争と平和』を読むほどの読書好きで、好奇心が旺盛であった。[3]

地元の大学で学んだのち、戦時下の一九四三年に、カーターは念願の海軍兵学校（メリーランド州アナポリス）に入学した。彼は小柄なために軍事訓練が不得意で、内気で社交も苦手であった。それでも、勤勉な彼は、四六年に兵学校を八二〇人中五九番の成績で卒業した。卒業とほぼ同時に、カーターは地元の幼馴染ロザリン・スミスと結婚した。

戦後の海軍で、カーターは潜水艦に技術士官として配属された。やがて、ハイマン・リコーヴァー提督の指揮下に原子力潜水艦の開発計画が始まり、カーターはその一員に選抜された。「最善を尽くせ」と、提督はしばしば部下たちに求めた。のちに、この呼びかけがカーターの最初の著書のタイトルになる。[4] その高邁な職業倫理基準のゆえに、リコーヴァーは部下に謝意を表することがほとんどなかった。愚かにも、カーターは政治家としてそれを模倣する。

カーターは原子物理学を学び、アメリカで二番目の原子力潜水艦シーウルフに勤務した。この間、一九五二年にカナダの試験原子炉で事故が発生した際、カーター中尉は事故処理に派遣され、少量ながら被曝している。彼が政治家になった際に、この経験が原子力への考えに大きな影響を及ぼした。

父のアールは一九五二年にジョージア州の下院議員になり、州知事を狙う勢いだったが、翌年に癌で亡くなった。父の死を受けて、カーターは海軍を除隊し、郷里に戻った。勤勉で合理的な彼は、父の残したピーナッツ農場を確実に拡大していった。

一九五四年には、連邦最高裁判所が、公立学校で黒人と白人の生徒を分離するカンザスの州法を違憲とする判決を下した。いわゆるブラウン対教育委員会裁判である。これにより、一八九六年の「分離すれども平等」という判例が覆された。南部は騒然となり、人種隔離を正当化する「白人市民振興会」という組織が、急速に広まった。プレーンズで、この組織に参加していない白人男性は、カーターのみであった。カーター夫妻は人種差別に反対し、やがては公民権運動を熱心に支持するようになった。

一九六二年のジョージア州知事選挙で、三七歳の新人カール・サンダースが当選した。当時の全米で、最年少知事の誕生である。南部の民主党にも、穏健な都会派の勢力が台頭しつつあった。自分より一歳若いサンダースが知事に当選したことに刺激されて、カーターは州上院議員に立候補した。ピーナッツ栽培の最盛期、しかも、投票日のわずか一五日前の決断であった。

現職は古いボス政治に支えられていたが、選挙区割りの変更が新人候補に有利に働いた。それでも、現職は様々な不正を弄して当選した。カーターは裁判所に再集計を粘り強く申請し、逆転勝利を手にした。リベラルで突飛だが、粘り強い（頑迷ともいえる）。政治家ジミー・カーターの資質は、初当選時からすでに明らかであった。こうして、彼は父と似た道を歩み出した。ただし、ジミーはアールをはるかに上回る成功と長命を手にすることになる。

ジョージア州上院議員として、カーターは毎朝一番に出勤し、自分が投票する法案のすべてに目を通した。そのために、彼は速読講習まで受け、「多くの、つまらない問題にも精通するようになった」[5]。行政改革や教育問題で、彼はサンダース知事と緊密に協力した。サンダースもカーターも、ケネディ大統領とジョンソン大統領の公民権法を支持していた。相変わらず社交は苦手だったものの、一九六四年にカーターは難なく州上院議員に再選された。同年の大統領選挙では、公民権法が災いして、ジョンソンはジョージア州をはじめディープ・サウスの四州では敗北した。

当時、ジョージア州知事は一期四年で、再選が認められていなかった。そのため、サンダース知事は人気の絶頂で退任せざるをえない。だが、主だった知事候補者はみな保守派であった。そこで、一九六六年にカーターは州知事に立候補する決意を固めた。彼は自らの穏健で新鮮なイメージをアピールした。だが、民主党の予備選挙で、カーターは三位に終わった。

知事選挙のために三〇万人以上の人々と握手しながら、一四年間で信仰のために直接会った人々はわずか一四〇人であると気づき、カーターは自らを「偽善者」と恥じ入る[6]。

聖霊との交わりによって自らが生まれ変わったと信じる――これが「ボーン・アゲイン」である。これまでにも、カーターは漸進的に「ボーン・アゲイン」を経験してきた。さらに、聖書の一語一句を真実として受けとめる姿勢が加わると、いわゆる福音派と呼ばれる。

カーターは、エンジニアとして築いた科学的世界観と宗教の調和に悩んだ。そこで、彼は宗教と社会の関係を問う「公共の神学」に助けを求め、多くの書物を渉猟した[7]。とりわけ、「政治の悲しい使命は、罪深い世界で正義を確立することである」というラインホールド・ニーバーの言葉を、カーターはしばしば引用した。高邁な理想を実現しようとして、大国がしばしば罪を犯す。これが「アメリカ史のアイロニー」である。[8] ニーバーは「すべてのリアリストの父」と呼ばれる。彼に倣って、カーターは「政治の牧師」になろうと志した。

一九七〇年に、カーターは知事選に再挑戦した。やはり現職は出馬できず、今回のカーターのライバルはサンダース前知事であった。カーターは過去の選挙のデータを集めて分析し、新たに若い優秀なスタッフを集めた。のちに彼らは「ジョージア・マフィア」と呼ばれ、カーターと共にホワイトハウスに乗り込む。

政治的にも生まれ変わったかのように、カーターはしたたかになった。彼は旧友のサンダースをハンフリー前副大統領（六八年大統領選挙でニクソンに惨敗）に重ね合わせて攻撃し、有力な人種隔離主義者に支持を求めることも辞さなかった。「私は二度と負けるつもりはなかった」と、カーターはふり返っている。[9] ついに、このピーナッツ農場の経営者は、父の果たせなかった夢を実現した。カーター知事の誕生である。フロリダ州やアーカンソー州、サウスカロライナ州でもリベラルな新知事が当選したため、「新しい南部」が注目された。「古い南部」と「新しい南部」が混在していた。

四六歳の新知事は、多くの黒人を州政府の要職に登用した。また、カーターはキング牧師の肖像画を州議会議事堂に掲げた。当時の南部では、これは異例の出来事であった。さらに、環境問題の観点から、カーター知事は陸軍工兵部隊によるダム建設計画に拒否権を発動した。そのために、彼は近隣の河川を自らカヌーで下って視察した。しかも、彼は多くの一般市民をしばしば知事公邸に呼んで、意見を求めた。ただし、知事は州議会議員たちとの交流は苦手で、有力議員たちを夕食に招いた際に紙皿でもてなし、彼らを激怒させた。

カーター知事は国際問題にも視野を広げようと、ブラジルやイスラエルを訪問した。また、日本はかつて南部の繊維産業を追いつめたが、今や主要な投資国になっていた。「契約以上の成果をたびたび保証してくれる（日本人の）国民性」に、南部ははるかに好意的になっていたという。

そこで、カーター知事は日米欧の三極委員会に参加するようになった。この委員会は、先進工業民主主義国間の共通の課題に対処すべく、チェース・マンハッタン銀行会長のディヴィッド・ロックフェラー（ロックフェラー副大統領の弟）やコロンビア大学教授のブレジンスキーらによって一九七三年に創設された。ブレジンスキーをはじめ、この委員会のメンバーの多くが、カーター政権に関与することになる。日本側からは、大来佐武郎（のちの外相）や宮澤喜一、永野重雄（新日鉄会長）らが参加していた。経済摩擦を惹起する「日本を引き込むこと」（ロックフェラー）が、この委員会の真の目的であったという。

一九七五年には、連邦議会も日米友好基金を設立した。こちらは学術や教育、文化交流を通じて、両国の草の根の理解を促進するための政府機関である。その背景には、やはり日米経済摩擦と連邦議会の復権があった。ウォーターゲート事件で名を上げた日系のイノウエ上院議員も、この立法に大きな役割を果たしている。

この間、一九六八年の党大会での混乱を反省して、民主党は大統領予備選挙の手続を民主化した。だが、その恩恵を受けて七二年に大統領候補になったマクガヴァンは、ニクソンに惨敗した。そこで、早くも同年暮れには、カーターは次期大統領選挙への出馬意志を固めた。七四年にはニクソンが辞任に追い込まれ、中間選挙で共和党が大敗した。民主党にとってもカーターにとっても、好機の到来であった。

カーター政権の発足――「最善を尽くせ」

共和党が苦境にあるとはいえ、民主党内にも有力候補は目白押しで、カーターが指名を獲得する見込みは決して高くなかった。一九七四年末のギャラップ社の世論調査によれば、知名度の高い民主党政治家といえば、まず人種隔離主義で有名なアラバマ州知事のジョージ・ウォーレス、そして、ハンフリー、マクガヴァンという三人の元大統領候補であった。カーターの名前は登場すらしない。三カ月後の調査でも、全国レベルでのカーターへの支持率は一%にとどまった。

しかし、有権者の政治不信は、民主党の既成政治家にも向けられていた。知事退任後の一カ月で、支持者たちから成る「ピーナッツ旅団」を編成して、カーターは全米の半分の州を遊説した。さらに、有力な候補者たちがニューヨーク州やカリフォルニア州などの大きな州を重視したのに対して、カーター陣営は予備選の初戦となるアイオワ州とニューハンプシャー州に重点を置いて勝利した。特に、前者は白人の福音派の牙城である。四月にペンシルヴァニア州で勝利した折には、「われわれはついにゲティスバーグで勝った、とジョージアの人々に伝えよう」と語って、カーターは聴衆を熱狂させた。ペンシルヴァニア州ゲティスバーグは南北戦争の激戦地で、リンカーン（共和党）の演説の地として知られる。その後も、カーターは有力候補たちを次々に下していった。人種差別に無縁のカーターは「ウォーレスに代わる南部のよき選択肢」を自称し、「人生にとって最も大事な存在はイエス・キリストです」と自らの宗教心を率直に語った。

カーターは民主党の伝統的イメージも活用した。かつての「ケネディ・スマイル」を模して、ややぎこちない「カーター・スマイル」が有権者に振り撒かれた。また、大統領候補の指名を獲得すると、カーターはジョージア州のウォームスプリングズで本選挙の第一声を上げた。偉大なF・D・ローズヴェルトが急逝した地である。

他方、カーターはフォーク歌手ボブ・ディランの歌詞を引用し、気軽にジーンズを愛用していた。実際、彼はディランをアトランタの知事公邸に招待したこともある。その後に大統領になる人物が、ロックンロール以後の音楽への愛着を示したのは、初めてのことである。こうして、カーターは一世代若いベビーブーマーたちの心をつかんだのである。

そして何よりも、カーターはワシントン政治のアウトサイダーであり、ベトナム戦争にもウォーターゲート事件にも無関係であった。カーター陣営は「ジミーって誰？」という選挙用フィルムを制作し、キャンペーン・ソングでも「ジミーって誰？」を連呼した。無名の効用である。

先述のように、カーターは敬虔な南部バプティストの信者であった。この南部を中心に、福音派は宗教的には保守的だが、政治とは無縁に暮らしてきた。しかし、彼らも一九六〇年代以降の社会や道徳の変化に危惧を抱き始めた。人工中絶や麻薬、同性愛、公立学校での礼拝問題に、福音派は敏感に反応した。一九七六年のギャラップ社の調査では、全米で五〇〇〇万人が自らを福音派と認めており、同年は「福音派の年」と呼ばれた。政治的には、彼らは「眠れる巨人」であった。この福音派の中でも、とりわけ硬直的な信仰を持つ人々をキリスト教原理主義者、また、特に政治活動に熱心な人々を宗教右派（またはキリスト教右派）と呼ぶ。

この時期のカーターは、リベラル派と福音派の双方に訴えかけることができた。ジミー・カーターという「器は、新旧勢力に分裂し多元化しつつあった民主党のいずれの側面をも受容しうる曖昧さを含んでいたといえる」。しかも、カーターはハンフリー元副大統領の側近ウォルター・モンデール上院議員（ミネソタ州）を副大統領候補に選び、反エスタブリッシュメントを標榜しながら、党内エスタブリッシュメントとも妥協するしたたかさを示した[10]。

対するフォードは、まず、共和党内でレーガンの追撃をかわさなければならなかった。共和党の保守派は、公然とレーガンを支持していた。それでも、現職は有利である。支持の定まらない共和党の有力者を、大統領はイギリス女王エリザベス二世の歓迎晩餐会に招待した。

また、大統領が珍しくジョークでレーガンに一矢報いたこともあった。「レーガン知事と私は一つだけ似ているものがあります。フットボールをすることです。私はミシガンを代表する選手でした。彼は映画会社ワーナー・ブラザーズの選手でした」。つまり、真贋は明らかということである。八月の党大会で、フォードはレーガンに辛勝する。だが、この段階で、フォードはカーターに大きく後れをとっていた。

奇しくも、カーターの頭文字ＪＣはイエス・キリストのそれと同じである。「ＪＣはアメリカを救う」と、カーター陣営は臆面もなく宣伝した。また、彼らは「ニクソン・フォード陣営」と連呼して、フォードのイメージを傷つけた。選挙戦に関するかぎり、この「政治の牧師」はしたたかなリアリストに変貌していた。その上、カーター陣営は「悲惨指数」が一二％に達すると、フォード政権を執拗に攻撃した。

他方、フォードには下院議員選挙の経験しかなく、実直と実績をアピールしながらも苦戦していた。そこで、フォードは大統領の威信を誇示すべく、しばしばホワイトハウスのローズガーデンから発信した。「ローズガーデン戦略」である。

だが、一九六〇年以来初めての大統領候補同士によるテレビ討論会で、フォードは失態を演じた。ユーゴスラヴィアやルーマニア、ポーランドはソ連に支配されておらず自立的だと語り、大方の失笑を買うと同時に、東欧系有権者の怒りを招いたのである。アメリカはソ連の東欧支配を受け入れるつもりはない、というのが大統領の真意であった。そのため、彼は頑なに発言の訂正を拒んだ。ニクソンに特赦を与えた折のように、フォードは一度こうと決めると強情である。選挙参謀たちの進言を容れて、ようやく訂正し謝罪したものの、遅きに失していた。やはり、フォードにはテレビは鬼門であった。

テレビだけではない。この年の四月には、ウォーターゲート事件をテーマにした映画『大統領の陰謀』（アラン・パクラ監督）が公開され、大ヒットしていた。人々は再び「国家的な悪夢」を想起したのである。

もちろん、カーターも失敗を犯している。一九七六年九月発売の『プレイボーイ』誌上のインタビューで、彼は新約聖書の「マタイ福音書」から「淫らな思いで他人の妻を見る者はだれでも、すでに心の中でその女を犯したのである」（五章二八節）という言葉を引いて、自らの「姦淫の罪」について告白した。これはインタビュー終了後の会話にすぎなかった。ところが、記事のタイトルは、何と「私の心中の欲望」になってしまった。敬虔な大統領候補が「姦淫の罪」を告白したことは、かなりの数の有権者には衝撃であった。他方で、カーターがこの程度のことを「姦淫の罪」と語る様子は、より多くの世俗的な有権者にとっても驚きであった。危機に際して、このような指導者に核兵器のボタンを押すことができようか。

かくして、フォード対カーターの戦いは、一一月二日の投票日まで大接戦となっていた。一般投票では、カーターはかろうじて五〇・一％と過半数を制したが、フォードも四八％を獲得した。選挙人獲得数では、カーターの二九七人に対してフォードの二四〇人であり、州単位ではむしろ、フォードが二七州を制しており、カーターは二三州と首都ワシントン特別区（DC）で勝利を収めたにすぎない。南部が保守化する中で、民主党が大統領選挙でテキサス州を制したのは、今のところ、これが最後である。

投票日があと一週間ほど遅ければ、フォードが巻き返していただろうと分析する専門家も少なくない。保守的な南部を中心に、レーガンがもう少しフォードを応援してくれていれば、勝敗は逆転していただろうと、フォード陣営はレーガンを恨んだ。

連邦議会選挙でも、民主党は上下両院で圧倒的な多数を維持した。下院で一方の政党が三分の二以上の多数を占めたのも、この第九五議会が今のところ最後である。

「確かに接戦の時は、負けるのが本当に難しい。しかし同時に、勝ち方と同じくらい、負けっぷりも立派になれないなら、最初から出なければよいんだ」と、次男のジャックがフォードの気持ちを代弁した。[11] 実際、フォードは円滑な政権移行に全力を投じた。ニクソンに特赦を与えたように、フォードにとって、それは果たすべき務めであった。

それにしても不吉な選挙であった。この選挙を戦った正副大統領候補は、すべて大統領選挙で敗北を経験する。フォードはこの選挙で敗れ、カーターは次の選挙で敗れる。モンデールはその次の選挙で敗れ、ドールは一九九六年の選挙でクリントンに敗北するのである。

一九七七年一月一二日の夕方、フォードは最後の一般教書演説のために古巣の下院の議場に立った。「連邦の状況は良好です」「常に改善の余地はあるものの、私の大統領就任時よりも完全な団結を保持しています」と、去り行く大統領は自信を持って語った。

寒い日が続き、その日はマイアミですら雪が降っていた。一月二〇日、フォードは八九六日でホワイトハウスを去り、カーターが第三九代大統領に就任した。ディープ・サウスで育った者が大統領に就任するのは、実に第一二代のザッカリー・テイラー（ケンタッキー州）以来のことであった。ニクソン後のアメリカは、誠実なフォードに次いで、新鮮なカーターを必要とした。だが、アメリカ社会の南部化が進行し、福音派も勢いを増していた。共和党の穏健派と民主党の反戦派は、同時に退潮しつつあった。

「アメリカの夢は続く。もう一度われわれは祖国と、そしてお互いを信じなければならない――近い過去に犯した誤りを、われわれの国の基本的な原則に対する新たな取り組みのきっかけとしようではないか。おのれの政府をさげすむ国民に将来はないのだから」

「人権に対するわれわれの取り組みは絶対的なものでなければならず、われわれの法令は公正でなければならず、われわれの国が持つ美しさは保存されなければならない」

「今年われわれは地球上からすべての核兵器をなくすという最終目標へ向けて一歩前進するであろう」

「最善を尽くせ」――このように、ベトナム戦争とウォーターゲート事件を乗り越えて、人権と正義と軍縮の実現をめざすよう、カーターは大統領就任演説で呼びかけた。さらに、新大統領は冷戦そのものを克服しようとしていた。

大統領就任式後のパレードで、カーター夫妻はリムジンを降りて、ホワイトハウスに歩いて向かい、人びとを驚かせた。かつての「帝王的大統領」のイメージを払拭するのが、カーターの狙いであった。

内政面では、カーターは「三つのE」に取り組もうとした。エネルギー（energy）と環境（environment）、経済（economy）である。「私はホワイトハウスの書斎にある暖炉に薪をくべ、その傍らにカーディガンを着て座り、われわれアメリカ国民が一緒になって何をしなければならないかを、テレビとラジオを通じてできるだけ判りやすく語りかけたのである」と、カーターは回顧している。[12] 明らかに、F・D・ローズヴェルト大統領の「炉辺談話」を意識している。カーターによれば、エネルギー問題への取り組みは道徳的な戦争に等しかった。新たにエネルギー省も設置された。カーターは太陽光発電に情熱を傾けるなど、のちの環境主義を先取りしていた。

こうした諸課題に取り組むカーター政権の中枢は、若い「ジョージア・マフィア」によって占められた。大統領補佐官（のちに首席補佐官）のハミルトン・ジョーダンを筆頭に、大統領報道官のジョディー・パウエル、内政担当顧問のスチュアート・アイゼンシュタット、行政予算局長のバート・ランスらである。彼らはみな大統領に忠実であり、とりわけ、ジョーダンとパウエルは青春のすべてをカーターに捧げてきた。だが、彼らは未熟であり、しばしば挑発的であった。ジョーダンに至っては、麻薬やセックスに関するスキャンダルにも事欠かなかった。

カーターのホワイトハウス・スタッフは、民主党が多数を占める連邦議会とも良好な関係を築けなかった。ジョージア州知事時代に州議会と対立した時に、カーターは地元の有権者に直接訴えて問題解決を図った。こう誇らしく語る大統領に、ティップ・オニール下院議長は、「大統領閣下、とんでもないことです」「合衆国の下院とジョージアの州議会を同じように考えていられるわけではないでしょうな」と釘をさした。[13]

連邦裁判所に関しては、カーターは最高裁判所の判事を任命する機会には恵まれなかったが、二六二人の判事を任命した。中には黒人や女性も多く、のちに最高裁判事になるルース・ギンズバーグもその一人であった。

政権内でワシントン政治に最も通暁していたのは、モンデール副大統領である。内政を中心に、モンデールは政策決定に深く関与した。誰よりも、大統領がそれを求めた。単なる飾り物を超えた、現代的副大統領の端緒だと見る識者もいる。副大統領のオフィスが隣接の行政ビルからホワイトハウスの中枢（ウェストウィング）に移設されたことは、その象徴であろう。

外政では、サイラス・ヴァンスが国務長官に起用された。彼はジョンソン政権でも陸軍長官や国防副長官を務めており、法律家としての経験から信頼と安定を重視し、粘り強い交渉者として定評があった。ヴァンスの入閣は、ワシントン・アウトサイダーの新政権とエスタブリッシュメントの融合の印であった。

国防長官のハロルド・ブラウンはカリフォルニア工科大学学長も務めた物理学者で、やはりジョンソン政権で空軍長官を経験していた。科学者らしく沈着冷静で、その実務能力は国防省の内外で高く評価されていた。ヴァンスやブラウンの下で官僚機構を支えた中堅幹部たちの多くが、のちにクリントン政権に参加する。

これに対して、NSA担当大統領補佐官に就任したブレジンスキーは、新しい外交専門家の代表格であった。彼はポーランドの外交官の家庭に生まれ、祖国がナチ・ドイツに蹂躙されると、父の赴任先カナダに亡命し、のちに渡米してハーヴァード大学で政治学の博士号を取得した。しかし、キッシンジャーが母校で教職を得たため、ブレジンスキーはコロンビア大学教授に転じ、ソ連を中心とした共産圏の研究で名を馳せた。二人はこの頃からのライバルである。カーターはブレジンスキーを「私の先生」と呼び、ブレジンスキーはカーターに「国際政治は幼稚園ではない」と諭した。ブレジンスキーの回顧録のタイトルは『権力と原則』であり、その逆ではなかった。[14]

外交は国務長官に委任するより大統領が主導すべきだと、ブレジンスキーは考えていた。また、ヴァンスが米ソ交渉を重視したのに対して、ブレジンスキーは対ソ強硬派として知られた。「ズビグ〔ブレジンスキー〕とサイ〔ヴァンス〕がお互いに違った力を持っていたことは、ふたりが違った仕事を担当したということとうまく合致していた。……私はできるだけ多くの考え方を比較検討する必要があったのだ」と、カーターは回想している。[15]だが、ヴァンスとブレジンスキーはしばしば激しく対立する。

カーターは頑固ではあったが、決断の前にしばしば四人に意見を求めた。サイとズビグ、ハム（ジョーダン）、そして、妻のロザリンである。とりわけ、ロザリンの影響力は大きく、彼女はファースト・レディとして初めて政策スタッフを擁して、ベトナム難民問題や人権問題に取り組んだ。彼女はF・D・ローズヴェルトの妻エレノアやクリントンの妻ヒラリーほど目立たなかったが、カーター夫妻はローズヴェルト夫妻やクリントン夫妻よりも固い絆で結ばれていた。二人の夫婦生活は、二〇二三年のロザリンの死まで七七年も続いた。[16]

駐日大使には、上院院内総務を長らく務めたマンスフィールドが起用された。「カーターはマンスフィールドとはあまり面識がなかったが、彼がほとんどあまねく敬意を集めており、アジア経験も深いことを承知していた」。この大物大使は、日本のみならず「駐アジア大使」の趣きがあった。[17]マンスフィールドは日米関係を「世界で最も重要な二国間関係」と呼び、厳しい貿易摩擦に対処する。

こうした混成チームの下で、祖国に最善を尽くすべくカーター政権は船出した。新大統領はまるで二期目のように、つまり、再選など心配していないかのように、一期目を駆け抜けていく。

綱渡りの人権外交

「大統領時代、私は政権の中心的な価値を人権に置くように努めた。人権を強調することは、南部で育った自らの経験から出たものであり、また黒人の人権を奪ってきたという、私も共有している罪意識から出ている」と、カーターは述懐している。[18] カーター外交はしばしば人権外交と呼ばれる。それは、したたかだが没道義的だったニクソン・キッシンジャー外交への反語でもある。

しかし、カーターの人権外交は様々な困難に直面した。まず、ソ連がこれに反発する。対ソ強硬派のブレジンスキーは、ソ連の人権抑圧を非難する道具として人権外交を支持した。だが、これをさらに普遍的に適用しようとすると、時として同盟諸国との摩擦を惹起する。その典型例が、在韓米軍撤退政策であった。

韓国の朴正熙は軍事クーデターで政権を奪取し、その後は近代化を強行して反対派を弾圧してきた。カーターは朴大統領の人権蹂躙を忌み嫌っていた。そこで、韓国の経済成長と軍事近代化などを理由に、カーター新大統領は韓国に駐留するアメリカのすべての地上戦闘部隊を早急に撤退させようとした。小国相手で、しかも米軍の移動なら、最高司令官たる大統領にとって容易に実行でき、人権重視に象徴的な意味を持たせられるという、素人的な発想である。そこに、ベトナム終戦以降のアジア離れの機運が重なっていた。

在韓米軍参謀長のジョン・シングローブ将軍がこれを公に批判すると、カーターは彼を直ちに解任した。この事件を契機に、マスメディアや連邦議会にも在韓米軍撤退政策への批判が広がった。

実は、日本政府も内心ではこの政策を憂慮していたが、自国の防衛力増強を求められることを恐れて、口を閉ざしていた。モンデール副大統領が来日した際に、福田赳夫首相は米韓の「二国間問題に干渉する権利はない」と逃げを打った。それに対してモンデールは、「非公式には、われわれはこれ［在韓米軍撤退問題］を日米関係の最重要問題と見なし続けている」と釘を刺している。一九六九年に当時の佐藤首相は、韓国の安全は日本にとって「緊要」と表明していた。

やがて、北朝鮮の軍事力がアメリカの推測よりもはるかに強大であるとの情報がメディアにリークされた。一九七九年七月に、やむなくカーター政権はこの撤退政策を八〇年の次期大統領選挙後まで延期すると決定した。同年一〇月には朴大統領が暗殺され、もはや在韓米軍撤退など論外となった。だが、カーター大統領という、たった一人の男の決心を覆すのに、二年半以上の歳月を要したのである[19]。

他方、カーター政権はイランのモハンマド・レザー・パフラヴィー体制には人権外交を発動できなかった。パフラヴィー国王も強引な近代化を進め、反対派を秘密警察で弾圧していた。だが、イランは重要な産油国であり、中東におけるアメリカの権益の番兵であった。一九七七年の大晦日を、カーター大統領はイランの首都テヘランでパフラヴィー国王と共に過ごした。「世界で最も困難な地域の一つにあって、国王の偉大なリーダーシップのおかげで、イランは安定の島になっている」と、カーターは新年の祝辞を述べた。だが、宮殿の外では「アッラーは最も偉大なり！」（アッラーフ・アクバル）という若者たちの叫びが響き渡っていた。やがて、この叫びが、パフラヴィー国王のみならずカーター政権の命取りになる。

では、人権外交は失敗であったのか。もちろん、そうとは言えない。ワシントンが人権の重要性を声高に説き続けることで、ラテン・アメリカやアフリカで、多くの人々の命が救われたことも、また事実だからである。カーターは、アフリカ（ナイジェリア）を訪問した最初のアメリカ大統領であった。例えば、彼の人権外交は、ローデシアで民主的な選挙の実現につながり、白人支配を覆した。韓国の朴大統領も、在韓米軍の撤退を阻止するために、一部の政治犯を釈放している。世界はアメリカ外交の理念過剰を敬遠するが、アメリカ外交が理念を追求する際の恩恵には与っているものである。カーターは「脱植民地主義の時代に向き合った最初のアメリカ大統領」だったとの評もある。[20]

カーターの頑迷が成果を挙げた例もある。一九七七年九月に、カーター政権はパナマ運河返還条約に調印した。一九〇三年以来、アメリカはパナマ運河地帯の永久租借権を有していた。カーターはラテン・アメリカで人権外交の成果を挙げようとし、そのために、近隣国との関係改善を図ったのである。「強力で安定し、繁栄するパナマの存在は、アメリカにとっても利益である。また、それと同時にアメリカが公正だということを証明することが、共産主義者やテロリスト・グループの強大化を阻む上できわめて重要でもあった」と、カーターは回想している。[21]だが、この問題では国内の利害が錯綜しており、上院の歴史上二番目に長い条約審議を要した。しかも、僅差での承認であった。七八年の中間選挙では、この条約に賛成した上院議員二〇人のうち、六人が出馬を断念し、七人が落選した。

結果として、カーターは連邦議会での支持基盤をすっかり摩耗してしまった。そもそも、カーターは変革志向を自負し、連邦議会を既得権益の代弁者として敵視する傾向があった。カーターが上院での数少ない有力支持者を伴って彼の選挙区に赴いた際に、演説でその議員の名前に一度も触れず、「あれが支持者に対する扱いか」と、周囲を唖然とさせたという。「彼は下院議員が好んで提出する助成金狙いのプロジェクトを次から次へとにべもなく拒否しつづけ、それはカネをどぶに捨てるようなもので、なんのメリットもないと主張した」[22]。政治機構としての連邦議会、個人としての議員に対するカーターの態度はほとんど侮辱に近く、その上、未熟な「ジョージア・マフィア」が横柄に振舞ったのである。

カーターはあくまでワシントンのアウトサイダーを自認する大統領であり、「部外者（outlier）の大統領」ですらあった[23]。そのため、彼は立法によらない大統領令を多発しなければならなかった。四年間でその数は三二〇に上る。レーガンは八年間で三八一、ブッシュは同じ四年間で一六六である。

一九七八年の中間選挙では、民主党が多数を維持した。中間選挙で、大統領の与党が上下両院で多数を維持したのは、今のところこれが最後である。それでも、共和党は上院で三議席、下院では一五議席増やした。しかも、南部及び南西部で共和党保守派が躍進した。カーターのお膝元ジョージア州でも、共和党保守派で三五歳の新人が当選した。彼は何としても下院を民主党から奪還しようと決意する。ニュート・ギングリッチは、その夢を一六年後に実現する。

カーターが最大の情熱と時間を費やした外交問題は、中東和平であった。回顧録でも、彼は全体の三割をこの問題に費やしている。因みに、カーターは巧みな筆致で、しかも、すべて自らタイプ打ちして、この回顧録を草したという。

カーターはイスラエルのメナヒム・ベギン首相とエジプトのアンワル・サダト大統領をキャンプ・デイヴィッドの山荘に招き、一九七八年九月に一三日にわたって膝詰めの交渉を行った。カーターは帰国を決意したサダトを引き留め、また時にはベギンと聖書について何時間も静かに語り合った。大統領による個人外交の典型である。そこには、カーターの宗教的使命感が潜んでいた。その結果、イスラエル軍のシナイ半島からの撤退などが決まった。いわゆるキャンプ・デイヴィッド合意である。この時、カーターは外交上の成功の頂点に立っていた。同年末に、ベギンとサダトはノーベル平和賞を揃って受賞した。しかし、後者は八一年に暗殺される。

パナマにしろ、キャンプ・デイヴィッドにしろ、カーターは個別の「宿題」には熱心に取り組んだ。だが、彼はそれらの成功をより広い政治的文脈で活用することが苦手であった。こうして、第三世界を中心に、カーターの人権外交は妥協を重ねながら、綱渡りを続けていた。

戦略的三角形の変容

では、米中ソの戦略的三角形はどうか。核兵器の全廃を夢見るカーターは、ソ連との新たな戦略兵器制限交渉（ＳＡＬＴ‐Ⅱ）の合意をめざした。交渉の推進役はヴァンス国務長官である。カーターの人権外交はクレムリンを十分に刺激したが、この交渉のために、カーター政権はソ連国内での人権弾圧を深追いしなかった。また、ソ連とキューバが「アフリカの角」（アフリカ東部）で親ソ勢力を公然と軍事支援しても、アメリカは報復を控えた。だが、アメリカ国内から軟弱との批判が高まると、カーターはソ連に協力か対決かの二者択一を求めた。このように、アメリカからのシグナルが錯綜する中で、ソ連は中央ヨーロッパに中距離核ミサイル（SS－20）の配備を始めた。

他方で、対ソ牽制のために、ブレジンスキーは米中国交正常化を急いだ。同行した中国専門家は機上から初めて見る北京に興奮して、「中国にいるぞ！」と叫んだという。[24] ブレジンスキーが中国から戻ると、「中国人に誘惑されたな」と、カーターがからかうほどであった。対ソ強硬派のNSA担当大統領補佐官は、「チャイナ・カード」を操ろうとしていた。北京も大いに乗り気であった。米中関係の正常化は「二秒間もあれば」十分だと、中国の最高指導者・鄧小平はかねてから語っていた。一九七九年一月に、その鄧がワシントンを訪問し、両国は国交を樹立した。フォード政権をまたいで、ニクソンの播いた種をカーターが刈り取ったのである。このため、アメリカは台湾（中華民国）と断交する。だが、連邦議会は台湾関係法を成立させ、台湾防衛の意志を示した。

この訪米時に、鄧はソ連に傾斜するベトナムを「懲罰」する意図を伝えたが、カーターは形式的に反対したにとどまる。鄧は「もし軍隊を動かすことになっても、短期間のうちに撤兵すると強調した。そして、この作戦の結果は有益であり、その効果は長期間続くとも語った」[25]。中国のほうが巧みに、対ソ牽制で「アメリカ・カード」を用いたといえよう。だが、同年二月半ばから二週間続いた中越戦争は、中国の惨敗に終わった。

中国指導部はこの結果に衝撃を受け、本格的な軍事近代化に乗り出していく。だが、あくまでも「韜光養晦《とうこうようかい》」である。中国が侵略者になるか否か――六〇年近く前のラッセル伯爵の予言は、まだ定かではなかった。訪中した米上院議員団の若い一員は、中国の経済成長が世界とアメリカにとってよいことだと確信したという。ジョー・バイデンである。

米中国交正常化から半年遅れで、SALT－Ⅱ条約も何とか調印された。ウィーンの調印式で、ブレジネフはカーターの頰にキスをした。だが、やはり上院での審議は難航した。NATOは、ソ連にSS－20の撤廃を求めつつ、対抗手段としてアメリカの中距離核ミサイルの西欧配備を進めるという「二重決定」を下した。アメリカ国内の反デタント派は、「現在の危機に関する委員会」を立ち上げた。ソ連は「今そこにある危険」だというわけである。彼らはSALT－Ⅱ条約を「対ソ宥和政策」「第二のミュンヘン」（一九三八年のミュンヘン会談で、英仏がヒトラーの野望を阻止できなかったことに由来する）と酷評して、先制奇襲攻撃を可能にするソ連の軍拡路線の前に、「脆弱性の窓」が開きつつあると訴えていた。

外交史家のギャディス・スミスによると、アメリカ外交に関与する者は、イクスターナリスト（外向派）とインターナリスト（内向派）に大別できる。前者が政策決定者の主流派で、他国の敵対的な意図を重視する。後者は反政府勢力に多く、国内の利益団体や政治勢力が対外的な危機を誇張していると考える。彼らは時として、「アメリカ・ファースト」や「カム・ホーム・アメリカ」と声を上げる。

反デタント派は、まさに外向派であった。軍事ジャーナリストのアンドルー・コックバーンによると、「アメリカと同様、ソ連の将軍も、兵士を戦場に展開するより平時に彼らに命令し、兵器を使うよりこれを購入することに関心を持っている」[26]。それでも、外向派は、ソ連軍の質ではなく量的な拡大を重視して、ソ連脅威論を煽った。一九七〇年代末から八〇年にかけて、ソ連の軍事侵攻の分析やフィクション、さらに映画が巷に溢れた。あるCＩＡ分析官の「国力方程式」によると、ソ連の総合国力はアメリカの二倍に達した。ほぼ時を同じくして、日本でもソ連脅威論は一種のブームになった。

大統領としては例外的なことに、カーターは多分に内向派であった。しかし、外向派からの猛烈な批判を前に、彼も妥協を強いられ、新型核兵器（ＭＸミサイル）の開発計画に着手した。西欧諸国政府にとってこそ、「二重決定」は苦渋の決断であった。抑止は確保したいが、中距離核ミサイルの標的になるのは、遠隔の米ソ両国ではなく、ヨーロッパだったからである。

「アナス・ホリビリス」――一九七九年

政権の折り返し点を過ぎた一九七九年は、カーターにとって「アナス・ホリビリス」（ひどい年）に他ならなかった。一月に鄧小平が訪米した頃、イランではアヤトラ・ホメイニ師率いるイスラーム原理主義勢力がパフラヴィー国王を放逐した。ホメイニ師は、アメリカを「悪魔」と呼んで憚《はばか》らなかった。次いで三月には、ペンシルヴァニア州のスリーマイル島で原子力発電所の深刻な事故が発生した。両者が相まって、エネルギー危機を引き起こした。全米のガソリン・スタンドに長蛇の列ができた。「エネルギー問題はわれわれのベトナムだ」と、大統領側近は嘆息した。

四月には、大平正芳首相が訪米した。かつてカーターは三極委員会出席のために来日したことがあり、二人は旧知の仲であった。カーターは日本をアジア政策の「要石」と呼び、大平は日本を「西側の一員」、アメリカを「同盟国」と公言した。二人には、敬虔なキリスト教徒という共通点もあった。サダトといい大平といい、カーターは非西洋の宗教心の篤い指導者と意気投合した。

続いて六月末には、東京で先進国首脳会議（サミット）が開催された。カーター大統領にとっては、これが初のアジア訪問となった。産油国が原油価格を大幅に引き上げたため、先進国間での石油の輸入量の調整が議題となった。ところが、フランスを中心にアメリカ、イギリス、西ドイツで予め談合があり、議長国の日本は蚊帳の外に置かれた。その後、カーターの口添えもあり、日本は輸入量の割り当てを何とか増やすことができた。「ひよわな花」日本の限界であった。[27]「苦しくて血の小便が出た」と、大平は秘書官に打ち明けたという。[28]

東京から戻ると、カーターは休暇を返上してキャンプ・デイヴィッドに直行した。当初はエネルギー危機についてのスピーチ準備のためだったが、彼はより根本的な問題を問うことにした。そこで、一〇日にわたって一三〇人もの人々が呼び寄せられ、意見を求められた。「私は全体の時間の九〇パーセントを皆の話を聞くのに費やした。その一週間私は働きづめで、私は人生でもこんなに集中的に働いたことはなかった」と、大統領は日記に記している。その人柄を反映して、カーターの日記は詳細をきわめる。[29]

七月一五日に、カーターはホワイトハウスに戻り、テレビで国民に語りかけた。彼は新しいエネルギー計画を示した上で、市民相互の信頼、将来への信頼、政治制度や社会制度への信頼が揺らいでいると指摘し、「信頼が失われることは、アメリカの社会と政治の基本構造が破壊されることにつながりかねない」と語った。「私が何を言うだろうかという興味も手伝っておよそ一億人の人々が演説を聞いた」とカーターは言う。彼が「一度に獲得した聴衆の数としてはおそらく最高であった」[30]。

この「信頼の危機」演説には、「不安」(malaise)という言葉は使われていないが、そう思わせるほど悲観的な論調であった。「国家的な悪夢」が終わっていないことを、大統領が追認したのである。「彼は明らかにチャーチルではなく、ルーズベルトやケネディ、マーティン・ルーサー・キングでもなかった。カーターによる米国のみじめな状況の描写は、憂鬱で敗北主義的なものに思われた」[31]。モンデール副大統領は、否定的になりすぎると国民の離反を招くと警告したが、その通りになってしまったのである。

ほぼ同じ頃、ハーヴァード大学教授のエズラ・ヴォーゲルは『ジャパン・アズ・ナンバーワン』を著して、アメリカが日本の経済、社会、教育などの制度から学ぶべきであると説いた[32]。そこには、アメリカの現状への危惧と復元力への自信が共存していた。むしろ、この復元力への自信こそが、警鐘としての衰退論を繰り返しもたらす[33]。日本で語られるアメリカ衰退論は、この点を見落としがちである。

さらに、カーターはインフレに対処すべく、ポール・ボルカーを連邦準備制度(FRS)理事会議長に起用した。ボルカーが金融引き締め政策を断行したため、株価は急落した。いわゆるボルカー・ショックである。側近たちは過激なボルカーの登用に反対したが、カーターは再選よりもインフレ対策を優先した。大統領は政治的にはリベラルだが、頑なな緊縮財政主義者であった。

カーターの試練は、さらに続いた。一一月には、イランでアメリカ大使館がイスラーム原理主義の学生たちに占拠され、五二人の大使館員が人質になったのである。イラン人学生の中には、のちにイラン・イスラーム共和国の大統領になるマフムード・アフマディーネジャードもいた。この人質事件の背後には、イラン新体制内部の派閥闘争と行政府と議会の駆け引きが複雑に絡んでいたという。ホメイニ師にとって、この事件は自らの権力を盤石にする「第二の革命」であった。[34]

そのため、大使館人質事件は長期化していった。毎晩のテレビで、ニュース・キャスターたちが事件発生からの日数と人質の数を告げた。しかも、黒人と女性は解放されたため、人質は白人男性のみとなり、白いアメリカの男らしさを侮辱するものとなった。国民はベトナム戦争の挫折を思い起こして超大国の非力を嘆き、危機の中でいったん上昇した大統領の支持率も確実に低下していった。「この危機はあらゆる意味で危機です。大統領にとっての危機であり、人質にとっての危機であり、アメリカの世界イメージにとっての危機です」――ジョーダン首席補佐官の言葉は正鵠を射ていた。[35]

人質たちに配慮して、ホワイトハウスはクリスマス・ツリーに点灯しなかった。陰気なクリスマスの二日後に、今度はソ連がアフガニスタンに軍事侵攻した。年明けには、八万五〇〇〇人ものソ連兵がアフガニスタンに雪崩れ込んでいた。明らかに、アメリカの苦境につけ込んでの拡張主義であり、「チャイナ・カード」への返礼であった。「ソビエトの行為はまさにむちゃくちゃだった。イランと同じだ」「アフガニスタンに駐留するソビエト軍兵士は、一〇万人に達していたが、アフガニスタン・ゲリラの激しい抵抗を抑えることはできなかった。そのソビエト軍の姿はかつてベトナムに介入したアメリカ軍の苦悩を彷彿とさせるものだった」と、カーターは怒りを露わにした。[36]

かくて、カーターはソ連にも裏切られ、米ソのデタント路線は完全に破綻して、新冷戦と呼ばれる事態を迎えた。イランとアフガニスタンという現実の脅威の前に、内向派カーターの信念は瓦解した。

しかし、皮肉なことである。それからほぼ四半世紀後には、アメリカがアフガニスタンに軍事侵攻し、そこから脱するのに二〇年を要した。そして、それと入れ替わるかのように、ロシアがウクライナを侵略するのである。

一九七〇年代後半は、国際政治に宗教、とりわけ一神教が復活した時期である。アメリカでは宗教色の強いカーター大統領が登場し、草の根では福音派、さらに彼らが政治的に活動的になり宗教右派が台頭した。七七年には、イスラエルで労働党が初めて総選挙に敗れて、シオニズム色の強いリクードが政権を奪取した。七八年には、ポーランド出身のヨハネ・パウロ二世がローマ教皇に就任して、「共産主義を恐れるな」と、のちにポーランドの自主管理労働組合「連帯」を勇気づける。また、七九年には上述のイランでのイスラーム革命である。他方、アジアは例外で、中国が共産主義という事実上の一神教を緩めて、改革・開放路線を進める。その後の中東の政治的混乱とアジアの経済的躍進は、この時期に定まったと見ることもできる。一九七九年は進歩史観の否定、反革命の年だったと、あるジャーナリストは説いている。[37]

惨敗——一九八〇年

一九八〇年一月の一般教書で、外国勢力によるペルシア湾岸地域の支配はアメリカの「死活的利益に対する攻撃」であり、「あらゆる必要な手段」を講じると、カーター大統領は外向派に転向宣言した。「ただではもはや何物も得られない」と、大統領は著名なジャーナリスト、ウォルター・リップマン（一九七四年に死去）を引用して、固い決意を示した。「カーター・ドクトリン」である。具体的には、対ソ経済制裁やモスクワ・オリンピック不参加、国防予算の五％純増などを、ホワイトハウスは矢継ぎ早に打ち出していった。

三月には、アメリカは中東を念頭に緊急展開部隊（ＲＤＦ）も創設した。これが湾岸戦争やイラク戦争の主力となった中央軍に発展する。逆に言えば、それまで中東を作戦区域として担当する米軍は存在しなかった。イランが代役を務めてくれていたからである。冷戦がヨーロッパからアジアに波及して久しいが、ついに新冷戦によって中東で完結したのである。

こうしたカーター政権の対応に、碩学ケナンは「穏当を欠くほど均衡を失したもの」を看取した。かつてはケナンが対ソ「封じ込め」を提唱し、リップマンがその危険性を批判した。[38]新冷戦の緊迫度は、その冷戦の初期にも引けをとらなかった。

毎晩のテレビがイランでの人質事件の日数を告げる中、カーターは賭けに出た。人質を救出するために、四月に陸海空軍と海兵隊を総動員した「イーグルクロー作戦」を敢行したのである。だが、ヘリコプターの相次ぐ事故のために、作戦は惨めに失敗した。この政権が四年間で実施した、これが唯一の対外軍事行動であった。わずか五年前のサイゴンを脱出する米軍ヘリコプターの屈辱的な映像を、この挫折は容易に連想させた。さらに、作戦に反対だったヴァンス国務長官が抗議辞任して、政権はいっそう求心力を失った。

多事多難にもかかわらず、カーターは再び東京に飛んだ。史上初の衆参両院同時選挙の最中、六月一二日の未明に大平首相が急逝した。そのため、七月に内閣・自民党合同葬が開かれ、カーターは盟友を見送ったのである。大平はアメリカとの「共存共苦」を謳い、モスクワ・オリンピックへの不参加にも同調した。さらに、この訪日は「中東やヨーロッパ問題で忙殺される中で、アジアへの配慮」でもあったと、カーターは日記に綴っている。[39] 大平の死と引き換えに自民党は圧勝し、一九八〇年代の保守安定の礎を築いた。

カーターにも大統領選挙が迫っていた。彼がイランで事を急いだのも、無理はない。カーターは現職でありながら、よりリベラルなエドワード・ケネディ上院議員（マサチューセッツ州）の執拗な挑戦を受け、かなり消耗していた。ケネディ王朝の御曹司は一〇年ほど前にスキャンダルで大いに傷つき、過去二回の大統領選挙に出馬できなかった。「アメリカを大恐慌以来の経済危機に陥れたのは、この人です」と、ケネディ陣営のテレビ広告はカーターの笑顔を大写しにした。「われわれのキャンペーンはこれで大きく阻害され、長い間われわれを悩ませたのである」と、カーターは回想している。[40] 現職の大統領が党内でより過激なイデオローグに肉薄される図式は、四年前のフォードとレーガンの関係の再現であった。ニューヨークの民主党大会で、カーターが再び大統領候補に指名された際も、ケネディは壇上で彼としぶしぶ握手し、厳しい表情を崩さなかった。その上、カーターが指名受諾演説に臨むと、機械の故障で原稿が映らず、ようやく演説が終わっても、仕掛けられていた風船が上がらなかった。

ケネディが批判したように、経済は不調に陥っていた。有権者の実に八割が、カーターの経済政策を失敗と考えていた。前回の大統領選挙でカーター陣営が活用した「悲惨指数」が、一九八〇年の夏には二二％にまで達してしまった。カーターは「悲惨指数」に沈黙を守り、いつもの「カーター・スマイル」を封印した。それでも、テレビのインタビューで自己採点を求められると、大統領はリーダーシップをB、外交政策をBマイナス、内政をCと、生真面目に答えた。

共和党では、ついにレーガンが大統領候補の指名を獲得した。「カーターはレーガンより賢い」と、カーター陣営のメディア責任者は確信していた[41]。当然である。しかし、それは問題の本質ではなかった。カーターによれば、今回の選挙は「二つの将来をめぐる厳しい選択」であった。つまり、彼自身が代表する「大きな政府」による「公正」の追求と、レーガンが代表する「小さな政府」による「自由」の追求である。おそらく、これにはレーガンも同意したであろう。彼は「小さな政府」と並んで「強いアメリカ」を標榜し、「アメリカを再び偉大に！」と訴えた。レーガン候補は高齢で好戦的、女性蔑視主義者で人種差別主義者だと、カーター陣営はなりふり構わぬ攻撃を加えた。時として、レーガン自身も失言を重ねた。それでも、彼は過去と未来を結ぶ巧みな話術、明るい笑顔と単純な政策で人心を掌握していった。

投票の一週間前に行われたテレビ討論会でも、レーガンが圧勝した。レーガンはカーターよりはるかに優れた語り手であり、コミュニケーターであった。「それは、レーガンにより強い信念があったからではない。レーガンには固定した政治的イデオロギーがあり、カーターにはそれがなかったか、少なくとも、はるかに微弱だったのである」と、カーターのスピーチ・ライターは回想している。カーターにあったのは、政治的イデオロギーではなく、道徳的イデオロギーであった。[42]

レーガン陣営が恐れたのは、突如イランでの人質が解放されるという「一〇月の不意打ち」であった。カーター政権は人質の解放に全力を投入しており、解決は間近と思われた。しかし、「一〇月の不意打ち」はついに起こらなかった。

一一月四日の大統領選挙は、文字通りレーガンの「地滑り的」な圧勝、従って、カーターの惨敗となった。カーターは大きな原理と細かい目を持ってワシントンに赴いたが、両者を繋ぐ政策を具体化できなかった。四年前に評価された素人らしさや誠実さといった美徳は、今や場当たり的、優先順位の欠如、頑迷、狭量という欠点に変わっていたのである。

大票田たるカリフォルニア州での投票が終わる前に、カーターは早々とレーガンに祝意の電話をかけ、敗北を宣言した。同時に行われている連邦議会選挙への影響を一顧だにしない大統領の振る舞いに、オニール下院議長は怒りを爆発させた。「貴様たちはクズ同然にやって来て、同様に去っていくんだ！」と、議長は「ジョージア・マフィア」の一人を罵った。

ホワイトハウスを去るギリギリまで、カーターはイランでの人質解放に集中した。だが、これも果たされなかった。四二人の人質を乗せた飛行機がイランの領空を離れたのは、レーガンが大統領就任の宣誓をした三五分後のことであった。すでに、事件発生から四四四日が経過していた。

実は、共和党のジョン・コナリー元テキサス州知事（ケネディ暗殺時の車中に同乗）が中東諸国を密かに歴訪していた。彼はレーガン当選後のほうがイランに有利な取引ができると説いて回り、レーガン陣営に報告していたという。そういう憶測は当時からあったが、陰謀論の域を出なかった。しかし、コナリーはじめ関係者が次々に死去する中、彼の中東歴訪に同伴したかつての側近が、二〇二三年三月にこの「サボタージュ」活動を告白した。カーター氏に対して「不公正」であったと、この告白者は語っている。[43] その時、九八歳のカーターはすでに終末医療を受けており、この告白をどう受け取ったかは知る由もない。

政権を去るに際して、モンデールがカーターに語った。「われわれは法を守り、真実を語り、平和を維持したのです」。すると、大統領が付け加えた。「しかも、われわれは人権を擁護したのだ[44]」。

もとより、カーターとて聖人ではなかった。だが、同時代の多くの政治家に比べて、彼ははるかに清廉であった。かつてジョージ・オーウェルは、「ガンジーが去ったあとに残していった匂いはなんとさわやかな匂いだっただろう！」と回想した。[45] カーターにも、同じような匂いが漂う。

第三章
「われわれが勝ち、彼らが負ける」——レーガンの時代

ベルリン市制750年祭典に出席し、ブランデンブルク門の前で演説するロナルド・レーガン大統領。右端はヘルムート・コール西ドイツ首相（1987年6月12日）〔写真：AP/アフロ〕

「僕の残り半分はどこだ?」

「リンカーンは自らが大統領になった困難な時代を憂慮したかもしれませんが、恐れてはいなかったと思います」「私は将来に横たわるものを恐れていませんし、アメリカ国民が恐れているとも思いません。一致団結して、われわれはなすべきことをなそうとしているのです」。

　カーターからの祝意の電話を受けた時、ロナルド・レーガンはロサンジェルスのホテルで待機し、シャワーを浴びていた。その後、ホテル内の会場で熱気に溢れた支持者を前に、次期大統領はやはりリンカーンを引用した。リンカーン同様に、レーガンもイリノイ州の出身であった。

「元B級映画俳優」「メーキャップをしたあのハリウッドの俳優」と、レーガンは軽蔑され、過小評価されてきた。しかし、彼はエンターテインメント業界での経験と人脈を巧みに活かして、ホワイトハウスにまでたどり着いた。リンカーンの「丸太小屋からホワイトハウスへ」ならぬ、「撮影スタジオからホワイトハウスへ」である。カリフォルニア州知事をめざした頃に、彼は自伝を著して、問うている。『僕の残り半分はどこだ?』[1]と。このタイトルは、俳優レーガンの数少ないヒット作での台詞に由来する。

　一九一一年にイリノイ州のタンピコという小さな町のアパートで、ロナルド・ウィルソン・レーガンは生まれた。室内には水道もトイレもなかった。先のカーターものちのブッシュ、クリントンも、やはり小さな町で生まれた。「小さな町から始めなければいけないんだ。小さな町では周囲で起きることすべてと無関係でいられないからね」――人生をふり返って、レーガンはこう語っている。[2] コミュニティが政治家を育ててきたのである。

レーガンはニクソンやフォードより二歳、ケネディよりも六歳年長である。いずれも、物心ついた時から祖国が世界大国だった最初の世代、「最も偉大な世代」に属する。

「こいつは太ったちっちゃなオランダ人といった感じだね」「いずれは大統領になるかもしれんぞ」と、父は叫んだ。そのため、赤ん坊は「ダッチ」と呼ばれた。父のジャックはハンサムで話術が巧みだが、アルコールに溺れて何度も転職を重ねていた。多くのアイルランド系移民と同様に、彼も熱心に民主党を支持していた。母のネルは、明るく献身的なディサイプル派（穏健な福音派）の信者であった。

「ダッチ」は父から容姿と話術を、母からは信仰を引き継いだ。アルコール依存症の父と転居を繰り返した「ダッチ」は、実は内省的な性格ながら、意図的に楽観的で社交的に振舞った。そのためには演技が必要であり、時には事実や記憶の歪曲も厭わなかった。[3]

「ダッチ」は詩の朗読や演劇、フットボールを愛し、近くの公園の川で水難救助のアルバイトに精を出した。六年間で彼が救助した水難者は、七七人に上る。悪から無垢な人々や祖国を救済するというレーガンの自己イメージ、「救済」ファンタジーの原点であった。[4]「ダッチ」は勉学にはそれほど熱心ではなかったが、驚くべき記憶力を持っていた。やがて、彼は奨学金を得て、地元のユーレカ大学に進学した。学生数二五〇人足らずの、リベラルアーツ・カレッジ（学部の教養教育に特化した大学）である。

だが、翌年には世界大恐慌の嵐が吹き荒れた。一九三二年に「ダッチ」はなんとか卒業したが、父のジャックは失業した。そして、F・D・ローズヴェルト（FDR）が大統領に当選した。新大統領は、レーガン親子のヒーローであった。レーガンものちに「右派のFDR」と呼ばれる。バリトンの美声と話術、笑顔、それに楽観性が、二人の共通点であった。だが、当時の多くの人々と同様に、「ダッチ」は外交では孤立主義者であった。その後二〇年にわたる政治的人生で、彼は外交で国際主義、次いで内政で反ニューディールへと二重の転向を遂げる。

さて、演劇かスポーツかと、夢多き「ダッチ」は大恐慌下で進路に悩んだ。そこで彼が見出したのが、ラジオのスポーツ・アナウンサーという職種であった。第一次世界大戦後にラジオは急速に普及し、一九三三年までには全米の家庭の半数以上が受信機を保有していた。「実際ラジオは魔術だった。心の劇場だった」と、レーガンは回想している。苦労の末に、「ダッチ」はアイオワ州でスポーツ・アナウンサーの職を得た。彼は現地に赴くことなく、モールス信号を頼りに、様々な試合を実況中継したこともある。ところが、ある夏のこと、野球の「実況中継」中に電信が故障してしまった。「私の想像力は極限のところまで試されることになった」と、彼は言う。[5]

やがて、地元のフットボール・チームの訓練キャンプに同行して、「ダッチ」はカリフォルニアに出かけた。憧れのハリウッドは、すぐそこである。ささやかな伝手を頼って、彼は大手映画会社ワーナー・ブラザーズのスクリーン・テストにたどり着いた。「ワーナーが七年で契約を提示」との電報を地元で受け取り、「ダッチ」はエージェントに直ちに返信した。「彼らの気の変わらないうちに契約頼む」。

時に一九三七年、映画俳優ロナルド・レーガンの誕生である。映画はすでにサイレント（無声）からトーキー（発声）に移行していた。これを主導したのが、ワーナー・ブラザーズである。テレビ放送が本格化する前で、実にアメリカ人の六割以上が毎週映画館に通っていた。

口髭の暴君、ジャック・ワーナー副社長は、レーガンを低予算のB級映画に配置した。二枚目だが、これといった個性に欠けたからである。そんなレーガンにとって、シークレット・サービスが当たり役となった。彼はこの役を四回演じている。ヨーロッパで第二次世界大戦が勃発したため、外国からの脅威が強く意識され、シークレット・サービスや連邦捜査局（FBI）が活躍するスパイ映画が人気を博していた。この頃、レーガンは映画俳優組合（SAG）に加盟し、組合活動にも精力を注ぐ。

ようやく、レーガンも二つのヒット作に恵まれた。一つは、ロイド・ベーコン監督『ニュート・ロックニー　理想のアメリカ人』（一九四〇年）で、ギッパーという夭折した実在のフットボール選手をレーガンは演じた。「仲間に伝えてください。ギッパーのために勝ってくれと」――これは俳優レーガンの名台詞である。次はサム・ウッド監督『嵐の青春』（一九四二年）で、一見のどかな田舎町を舞台に、人間の暗部や不安を描いている。レーガン演じるプレイボーイは、交通事故の手術で医者に両脚を切断されてしまう。「僕の残り半分はどこだ?」と、意識を取り戻した青年は絶叫する。「下馬評で私にアカデミー賞獲得の可能性があると騒がれた唯一の出演作だった」と、レーガンは語っている。[6]

この二作の間に、レーガンは女優のジェーン・ワイマン（のちにアカデミー主演女優賞を受賞）

と結婚し、日本が真珠湾を奇襲攻撃した。前者はやがて不幸な離婚で終わり、後者のためにレーガンは陸軍の映画班に動員され、ようやく上向いたキャリアを中断された。また、陸軍の官僚主義は、彼にニューディール的な「大きな政府」への懐疑をもたらした。

第二次世界大戦が終わると、元「好青年」のレーガンは俳優として事実上の「失業」に陥った。それもあって、彼は組合活動に熱中し、一九四七年にはSAGの委員長に就任した。ハリウッドでは、暴力的なストライキが頻発していた。組合活動を通じて、レーガンは過激な共産主義勢力に強い危惧を覚えるようになった。やがて、彼はFBIの内通者になる。かつてのローズヴェルト支持者の政治的転向が、こうして始まった。

さらに、レーガンはSAG委員長として、下院非米活動委員会で共産主義の浸透について証言した。これは、ニクソン下院議員の要請による。カリフォルニアという地盤が、二人を結び付けていた。いわゆる「赤狩り」は、ハリウッドに多くの犠牲者を出す。共産主義者と糾弾されて、職を失っただけではなく、自ら命を絶った者もいる。「われわれは共産主義者のハリウッド侵入を完全に阻止した。しかしこの戦いには、暗い面もあった。不幸にも、それは悪者と同時に犠牲者も登場する物語だった」と、レーガンも認めている。

一九五二年に、レーガンは無名の女優ナンシー・デイヴィスと再婚した。彼女の義父は裕福な保守派で、デイヴィス家が彼の保守化を促進した。夫は二度目の妻を深く愛し、妻は夫を全身全霊で守った。同年の選挙では、レーガンは初めて共和党の大統領候補（アイゼンハワー）に投票している。

また、この頃にはテレビが映画産業を脅かしていた。一九五四年には、ゼネラル・エレクトリック社（ＧＥ）から、テレビ番組の司会の仕事がレーガンに舞い込んだ。職に窮する組合の委員長は、こうして「敵陣」に身を投じた。ラジオ、映画、テレビと、二〇世紀のメディアの変遷を、レーガンはすべて経験する。

同時に、レーガンは全米のＧＥの工場施設を講演して回った。この経験が彼の話術に磨きをかけた。これは「政治学の大学院コース」に匹敵したと、本人は回顧している。また、父を反面教師とし、社会的上昇に熱心なレーガンは、大企業のエートスをも大いに吸収していった。再婚と保守化、テレビ業界への参入と、レーガンは自分の「残り半分」を捜し始めていた。

一九六〇年の大統領選挙では、民主党員ながら、レーガンはニクソンのために二〇〇回以上のスピーチをした。だが、ニクソンは僅差でケネディに敗れた。六二年にニクソンがカリフォルニア州知事選挙に立つと、レーガンは再び彼を応援し、ついに共和党に転向した。ここでもニクソンは敗れ、ケネディ政権批判を強めるレーガンも、ＧＥにとってお荷物になってきた。

レーガンが再び失業の淵に立った時、カリフォルニア州の共和党保守派が彼に接近してきた。一九六四年の大統領選挙で、保守派のゴールドウォーター上院議員が共和党の候補になると、レーガンは全米向けのテレビで応援演説を行った。彼は巧みにローズヴェルトやリンカーンを引用し、今がまさに「選択の時」だと迫った。険しい表情の候補者本人よりも、笑顔を湛えた応援者のほうが、はるかに魅力的であった。この演説は瞬く間に一〇〇万ドルの献金をもたらし、「ザ・スピーチ」と称されることになった。ゴールドウォーターは惨敗したが、南部五州で共和党が勝ったのは南北戦争後初めてのことであった。しかも、共和党保守派はレーガンという新たなスターを見出した。彼らにとって、この選挙は「栄光ある惨劇」になった。

さて、一九六六年のカリフォルニア州知事選挙に向けて、地元の保守派はレーガン擁立に動いた。共和党内の予備選を余裕で制したレーガンは、民主党の現職パット・ブラウンを相手に、「市民政治家」をアピールした。「建国の父祖たち」も、職業政治家ではなかったのである。

当時、カリフォルニア大学バークレー校のキャンパスは学生運動で揺れており、ブラウン知事は弱腰だと批判されていた。キャンパスに巣くうヒッピーたちに対して、「ターザンのように振る舞い、ジェーン（ターザンの妻）のような格好をし、チーター（チンパンジー）のように臭い」と、レーガンは言い放った。一九六〇年代に台頭した若者の「対抗文化」（カウンター・カルチャー）に、彼は明確に反対していた。経済（小さな政府）、外交（反共主義）、文化（伝統的な価値観）と、レーガンは時に矛盾する保守派を接合し、代表しようとしていた。

ついに、俳優が知事に圧勝した。一〇〇万票近くの大差で、レーガンが勝利を収めたのである。レーガンはケネディを毛嫌いしたが、ケネディによる政治のセレブ化現象は、明らかにレーガンの助けとなった。すでにカリフォルニア州は全米で最大の人口を擁し、主権国家と比べても、その経済力は世界第六位に相当した。

いよいよ、レーガンの「残り半分」の人生が始まったのである。

大統領をめざして

「われわれの理解を超える複雑な問題に対して、簡単な答えなどないと教えられてきました。簡単な答えはあるのです。ただ、それは容易なものではないのです」と、新知事は「小さな政府」の役割や大学の秩序について語った。偉人たちの引用に無名の市民の逸話を重ね、厳粛な調子にジョークを挟み込んで感動に導く――このように緩急自在の就任演説を、レーガンは自ら書き上げた。レーガンは有権者とのコミュニケーションを重視しており、演説はその最も有効な手段であった。

「私は最高責任者が、自分の組織内で行われていることの、あらゆる細部まで監督すべきだとは思わない」[7]――レーガン知事は、大企業の「取締役会長」の風であった。彼を支えた側近たちは「カリフォルニア・マフィア」として、やがてワシントンに進軍する。カーターの「ジョージア・マフィア」との相違は、カリフォルニア州がジョージア州よりはるかに巨大であり、レーガンが知事を二期八年務めたことであろう。

レーガン知事とその「マフィア」は、カリフォルニア州政府の堅固な官僚機構に難渋し、民主党が多数を占める州議会との駆け引きに悩まされた。知事は大胆な予算削減と減税を提唱していたが、予算は拡大し続け、そのために増税を余儀なくされた。また、レーガンは苦慮しつつ、人工中絶の法案にも賛成することになった。その結果、カリフォルニア州での人工中絶は激増した。強気の姿勢を示しながら、現実的な妥協を重ねて原則から逸脱する――このパターンはホワイトハウスでも繰り返される。

それでも、レーガン知事の人気は高かった。一つには、彼のコミュニケーション能力と個人的な魅力である。キャスパー・ワインバーガー州財務長官は、知事の「電撃的な笑顔」に魅せられた一人である。「レーガンを心底嫌っている者なら、彼に魅了されるには一〇分はかかるだろう」。

もう一つは、大学紛争への毅然とした対処である。予算の削減や学生の授業料負担（従来は無償）に反対するカリフォルニア大学のクラーク・カー総長を、レーガン知事は躊躇なく解任した。また、学生の暴力を前に、知事は「ヤ・バスタ」というスペイン語で演説を終えることが多かった。「もうたくさんだ」という意味である。「ルールを守れ！　さもなければ退場しろ！」――これがレーガン知事の選挙公約であった。

「法と秩序の回復」を誰よりも毅然と実践したと、レーガン知事は自負していた。保守的な南部からの支持もあった。そこで、レーガンは一九六八年の大統領選挙に出馬した。しかし、レーガン陣営は初動に遅れた。共和党大会でニクソンの圧勝が明らかになると、レーガンは議長の許可を得てニクソン指名の動議を提出した。レーガンを副大統領候補にとの声もあったが、ニクソンはほとんど無名のアグニュー・メリーランド州知事を選んだ。レーガンにはタカ派のイメージが強すぎたし、ニクソンより魅力的に見える危険性があった。それでも、レーガンはニクソン候補のために全米を遊説した。

一九七〇年にレーガンは知事に再選され、ニクソンは七二年の大統領再選を虎視眈々と狙っていた。そのニクソンによる訪中発表（七一年七月）は、レーガンを含む保守派にはにわかに納得がいかなかった。もちろん、「狡猾なディック」に抜け目はなかった。「ニクソンはレーガンに四回も海外旅行をプレゼントした。空軍のジェット機を使い、シークレット・サーヴィスに護衛させた」。実際、レーガン夫妻はヨーロッパとアジアの一八カ国で国家元首と面会した。夫妻は七〇年の大阪万国博覧会も訪れ、東京では昭和天皇に謁見している。

レーガンの知事退任から二年後には、ニクソンも大統領二期八年を全うするはずであった。その時には、レーガンはすでに六五歳になっている。ホワイトハウスをめざすには、それが最後の好機と思われた。だが、ニクソンはウォーターゲート事件で追いつめられていった。ついにニクソンは辞任し、「偶然による大統領」が出現した。

レーガンは親しい者たちに、「フォードはリーダーではない」と洩らしていた。連邦議会に長く席を置いたせいで、「単なる世話役」になってしまった、というわけである。他方、多くの政敵がそうであったように、フォードもレーガンを過小評価していた。「映画俳優組合での団交委員としての経験が、世界情勢の処理に役に立つと本気で信じているのだろうか」[8]。

一九七六年の大統領予備選では、レーガンは現職のフォードに激しく挑戦した。共和党の歴史では、類例を見ないことであった。レーガンはデタントを批判し、パナマ運河返還に反対し、ベトナムからの撤退を責め立てた。「この戦争で戦った人々に伝えよう。政府が勝とうとしていないような戦争に、われわれは二度と再び若者を送って死なせたりしないと」。それでも、フォードはレーガンを僅差で退けた。一〇〇年後の建国二〇〇周年に自由と平和を失っていないよう最善を尽くそうと、敗者は「政治的タイムマシーン」を演じた。

既述のように、フォードとカーターの選挙は熾烈であった。そうした中で、レーガンは共和党の大統領候補を十分に応援していないと、フォード陣営は恨んだ。「レーガンはむしろカーターのために効果的に選挙を戦い、カーター陣営は予備選でのレーガンのフォード批判を踏襲しさえすればよかった」との声もある。カーターがフォードを下したが、四年後の一九八〇年にレーガンが再来すると予想する者は少なかった。連邦議会でも民主党の優位は続き、全米五〇州で共和党の知事は一二人しかいなかった。共和党は一二二年の歴史で最も絶滅に瀕していると、『ニューヨーク・タイムズ』紙は報じた。

だが、道徳的で内省的なカーターを、国民がそう長くは支持しないだろうと、レーガンは予見していた。「われわれはアメリカには〝不安感〟が広がっており、この国は最盛期を過ぎたのだと教えられた。われわれはもっとつましさに慣れなければならないし、今、直面している問題についてはアメリカ国民自身に責任があるのだ、と」。「しかし私はこうした考えに同意できなかった」[9]。楽観主義こそがレーガンの武器であり、彼は常に「幸福な戦士」であった[10]。

「この国はジミー・カーターを必要としていたのだ」と、レーガンの側近は記している。「ロナルド・レーガンを正しく評価するために」[11]。生真面目なカーターが政策に行き詰まり、支持を失う中で、高齢のレーガンは意気軒高であった。彼の声は全米のラジオ局に流れ、彼のコラムは各地の地方紙に掲載された。レーガンは合計で二〇〇〇万人の聴衆と読者を獲得していた。彼はまたヨーロッパ諸国を歴訪し、イギリスでは保守党党首のマーガレット・サッチャーと会談して意気投合している。二人はともに自由主義経済学者のフリードリッヒ・ハイエクを崇拝していた。

いよいよ、共和党の予備選が始まった。アメリカの苦難の原因は国民精神の失敗ではなくリーダーシップの失敗だと、レーガンは難じた。アメリカは「丘の上の輝く町」になるべく、「運命とのランデブー」を模索しなければならない。潤沢な資金、高い知名度、単純で明るい主張――当然、レーガンは最有力の候補であった。しかも、人口の増大するサンベルトを中心に、共和党は一層保守化していた。

レーガンは国防費の増額を唱えながら、減税による景気刺激と経済成長を語っていた。減税が景気を刺激して結果的に税収を増大させるという、アーサー・ラッファー博士考案の怪しげな曲線を、彼は信じていた。対抗馬のブッシュ前CIA長官は、こうしたサプライサイド経済学を「お呪《まじな》いの経済学」と揶揄した。だが、ニューハンプシャー州での予備選でレーガンが圧勝すると、ブッシュも軍門に下った。

穏健派のジョン・アンダーソン下院議員は、共和党を離れて独立系の候補となった。一九六八年のニクソン当選から八〇年のレーガン当選までを、共和党内で保守派が台頭していく「長い七〇年代」と見る者もいる。六八年には、人種差別主義者ウォーレスが、やはり民主党を離れてアメリカ独立党から立候補していた。「長い七〇年代」を通じて、共和党で保守派が勢いを増し、民主党では反戦派が勢いを失って、さらに保守派や福音派も離反した。こうして、両党の分極化が進んだのである。

さて、次は副大統領候補である。実は、共和党内にフォード前大統領を再び擁立する動きもあり、カーター相手には、レーガンよりもフォードのほうが勝率が高いとの予想もあった。レーガン陣営は早くからフォードに接触しており、共和党大会前には、レーガンを大統領候補、フォードを副大統領候補にする〝ドリーム・チケット〟が熱く語られるようになった。そうなれば、レーガンの人気をフォードの経験が補完し、党内の保守派と穏健派の連合が成立するというわけである。だが、フォードが外交などの分野で広範な権限を求めたため、レーガンは「大統領二人制」になることを恐れて、この〝ドリーム・チケット〟は流産した。

そこで、レーガンが選んだのがブッシュである。保守的なレーガンは、穏健なブッシュのリーダーシップや信念を疑っていた。だが、ブッシュなら、やはり外交に明るく、党内穏健派の支持が得られる。フォードの下で得られなかった副大統領の職を、ブッシュはレーガンの下で得る。すでに、穏健派は党内主流から傍流に転落していた。

「私はレーガンの持っていた楽観主義は感嘆に値すると思う」「この国を信じる彼の信念は、どの人にも伝染するようだった」と、ブッシュは回想している。ただし、副大統領候補ではなく、その長男ジョージ・ブッシュ・ジュニアである。予備選での父の敗北を目の当たりにして、彼は政治的に「レーガンの弟子」に加わる決意を固めた。[12]

レーガンはいくつもの決まり文句でカーターを攻撃した。「あなたの生活は四年前に比べてよくなりましたか?」。これに肯定的に答えられる者は、ほとんどいなかった。「アメリカ人の人質はもうご免だ! 利率が上がるのはもうご免だ! インフレはもうご免だ! そして、ジミー・カーターはもうご免だ!」と、レーガンはエドワード・ケネディの演説からも借用してみせた。

現職がわずかにリードしながら、接戦が続いた。投票のわずか一週間前に、両候補のたった一回のテレビ討論会が実施され、これが決め手となった。カーターは政策の詳細を語り、レーガンの無知やイデオロギー性、好戦性を際立たせようとした。それに対してレーガンは、「そら、また間違っている……」を連呼して聴衆を沸かせた。カーターはレーガンの軍拡路線を批判し、「（末娘の）エイミーによると、今の世界で一番重要な課題は核拡散防止だ」と語った。「大統領は小学生の娘を補佐官にしている」「エイミーを国防長官に」と、これが瞬く間に嘲笑の種にされてしまった。

ついに「一〇月の不意打ち」も起こらず、一一月四日の大統領選挙は、文字通りレーガンの「地滑り的」な圧勝となった。レーガンは四四州を制し、選挙人では四八九票を獲得した。一般得票数でも八五〇万人近い大差がついた。現職の大統領として、カーターは世界大恐慌中のハーバート・フーヴァー以来の大敗を喫した。

四年前には、共和党は南部ではヴァージニア州でしか勝てなかったが、今回は、カーターの地元ジョージア州以外の南部がすべてレーガンの手に落ちた。「長い七〇年代」は、「レーガン・デモクラット」（レーガン支持に転じた民主党員）の南部占領で幕を閉じた。レーガンは露骨な人種差別主義者ではなかったが、彼の唱える「小さな政府」は多くの黒人から社会福祉を奪う。南部の保守派や税金に苦しむ白人の下層中産階級は、それに期待した。福音派の多くも、カーターに失望してレーガン支持に回った。

上院では、四半世紀ぶりに共和党が多数を獲得した。下院では民主党が多数を維持したものの、大幅に議席を減らした。しかし、この結果はレーガンや保守派の勝利というよりも、カーターやリベラル派の敗北であった。保守派台頭の「長い七〇年代」ではなく、共に短命で弱体だったフォード、カーター政権の六年を「短い七〇年代」ととらえる論者もいる。[13] 外交的にも、この二つの政権には、冷戦を脱却しようとする共通点があった[14]。

元大統領候補のマクガヴァンやフランク・チャーチ（上院外交委員長、アイダホ州）、バーチ・バイ（上院情報委員長、インディアナ州）など、リベラル派の大物も相次いで落選している。バイを破った共和党保守派の若い下院議員は、自らの容姿が俳優のロバート・レッドフォードに似ていると吹聴して回った。のちの副大統領ダン・クェールである。民主党支持のレッドフォードはこれに激怒したが、クェールは馬耳東風であった[15]。

大統領選挙から一カ月を経た一二月八日に、ニューヨークの路上でジョン・レノンが射殺された。一九六〇年代に、彼は反抗する若者たち、レーガン知事が対峙した若者たちの象徴であった。彼の死は一つの時代の終わり、そして、一九八〇年代の行方を暗示していた。

「丘の上の輝く町」——レーガン政権の発足

一九八一年一月二〇日に、新旧の大統領を乗せたリムジンがホワイトハウスから大統領就任式の行われる連邦議会議事堂に向かった。「リムジンの中の空気は冷え冷えとしていた」とは、レーガンの回想である。この二人の冷たい関係も、フーヴァーとF・D・ローズヴェルトのそれを連想させる。

レーガン陣営の要請で、就任式は史上初めて議事堂の西側で行われた。「西部の男」、サンベルトに向かう権力のイメージである。あと二週間で七〇歳になる、史上最高齢の大統領が誕生する。「現在の危機において、政府なるものはわれわれの抱える問題に対する解決策とはならない。政府こそが問題なのである」と、レーガンは喝破した。とりわけ「大きな政府」が問題を大きくしてきたのである。「われわれは立ちはだかる諸問題を解決できるだろうか？　答えは当然〝イエス〟である」「結局、なぜそう信じなければならないのか？　われわれはアメリカ人だからである」。

「丘の上の輝く町」たらんとする宗教的な使命感――だからこそ、アメリカは自らの衰退を恐れ、繰り返し衰退を論じる。

また、チャーチルを引用し、ワシントン、ジェファーソン、リンカーンの記念堂に言及しながら、新大統領は第一次世界大戦で戦死した若いアメリカ兵についても語った。こうした歴史と身近な光景の遠近法は、レーガンの、そして往年のハリウッド映画の得意とするところであった。

レーガン政権は、大統領の側近と外様、イデオロギー重視の保守派と実務重視の穏健派、内政重視と外交重視など、幾重にも入り組んだ混成チームであった。そのため、映画さながらの宮廷劇が展開され、情報漏洩は日常茶飯事となる。

まず、ジェームズ・ベーカーが大統領首席補佐官に起用されたことは、保守派を驚かせた。彼はフォード、ブッシュと二度にわたってレーガンの敵陣で選挙を仕切った人物である。イデオロギー的には穏健派である。しかし、ワシントン政治に通じた実務手腕が買われた。大統領次席補佐官には、カリフォルニア時代からの側近マイケル・ディーヴァーが就任した。彼は「魔術師マイク」と呼ばれるほどメディア対策に習熟しており、ホワイトハウスを「東のハリウッド」として演出する。ナンシー大統領夫人の信任もすこぶる篤かった。これにエドウィン・ミース大統領顧問を加えた「トロイカ」が、ホワイトハウスの中核をなした。ベーカーが実務を、ディーヴァーがイメージを、そして、ミースがイデオロギーを担当していた。この「トロイカ」に比べれば、NSA担当の大統領補佐官は微力で、頻繁に交代した。

筆頭閣僚たる国務長官には、アレクサンダー・ヘイグ将軍が就任した。ニクソン、フォード政権で大統領首席補佐官を務め、その後はNATOのヨーロッパ連合軍司令官を務めた。経歴は申し分ないが、この「世界の最高司令官」は自己顕示欲が強く、大統領とは疎遠であった。しかも、ヘイグはデタント派、中国重視派として新政権の対ソ強硬政策や対日重視政策に批判的であった。また、彼は「トロイカ」中心の政権運営にも強く反発する。

国防長官はワインバーガーである。かつてレーガン知事の財務長官を務め、ニクソン政権でも行政管理予算局長として予算削減に辣腕を振るった。しかし、彼はレーガン以上の対ソ強硬論者であり、国防予算の大幅増額に努める。

大統領選挙で陣頭指揮をとったウィリアム・ケーシーが、CIA長官の職に就いた。イランでの人質解放の遅延工作を指揮した人物である。ケーシーのCIAは客観的な情報ではなく、大統領を喜ばせ長官の役に立つ情報を収集して報告するようになる。

また、民主党の対ソ強硬論者ジーン・カークパトリックは、女性として初の国連大使に起用された。その他にも、ヘリテージ財団などの保守系シンクタンクから、多くの人材が政権に登用された。

さらに、大統領はサンドラ・オコナーを女性初の最高裁判事に指名した。二期目の一九八六年には、レーガンはアントニン・スカリアを最高裁判事に起用し、ウィリアム・レンキストを長官に昇格させた。こうした司法の保守化が可能だったのは、珍しく共和党が上院で多数を占めていたからである。

ホワイトハウスでも、レーガンは「取締役会長」のスタイルをとった。信頼する人々に権限を委譲する手法は、彼がかつて尊敬したF・D・ローズヴェルトのそれに近かった。閣議でも、大統領は参加者に自由な発言を促した。

レーガン大統領は高齢のため怠惰だと、批判された。実際には、彼は夜遅くまで原稿を書き日記を綴った。「緊急時にはいつでも私を起こすようにと命じてある。たとえ閣議の最中でも例外ではない」と、レーガンは得意のジョークで批判をかわした。また、レーガン夫妻はしばしばカリフォルニアの牧場にも帰った。ジーンズで乗馬を楽しむ大統領の姿は、彼の健康を示し、アメリカのフロンティア精神に満ちた過去と未来を結びつけるイメージ戦略でもあった。ホワイトハウスでの端正なスーツ姿とカリフォルニアでのジーンズ姿は、レーガンの威厳と庶民性を示している。

まずは、経済政策である。レーガンの計画は単純であった。インフレを抑え、国防費を除く予算を削減し、規制緩和と減税を行い、予算を均衡させるというものである。リベラル派はこの矛盾に満ちた政策を「レーガノミクス」と呼んだ。当然、減税は支出削減よりも容易である。レーガンはサプライサイド経済学に基づいて、個人税の一律一〇％削減を提案し、有権者にまずは「経済のルビコン川」を渡るよう呼びかけた。[16] 一九八一年三月の世論調査では、六六％が新政権の経済政策を支持していた。

ブッシュ副大統領は、もはや「お呪いの経済学」とは言わなかった。「私は大統領を支持する。盲目的に」――これが外様で穏健派の副大統領の立場であった。だが、連邦議会では共和党の有力者からさえ、「レーガノミクス」は「不確かな博打」だという憂慮があった。もちろん、オニール議長率いる民主党多数の下院は手ごわかった。結果として、この「博打」は膨大な財政赤字をもたらす。

一九八一年三月三〇日、あわただしいスケジュールの中、レーガンは市内のホテルに立ち寄って労働団体の会合で挨拶し、ホワイトハウスに戻るところであった。ホテルを出てリムジンに乗り込もうとした時、彼はポン、ポンという花火のような、小さな破裂音を耳にした。シークレット・サービスが、強引に大統領をリムジンに押し込んだ。レーガンは劇痛を感じ、「君は私の肋骨を一本折ったらしいぞ」と文句を言った。すでに、大統領の白いシャツは真っ赤に染まっていた。リムジンはホワイトハウスではなく、近くにある大学病院に急行した。

瀕死の大統領は自力で急患用の入り口まで歩いて行き、院内に入るや否や崩れ落ちた。「死んだ」と、シークレット・サービスの一人が思わずつぶやいた。だが、担架で運ばれる最中に、レーガンは意識を半ば取り戻した。手術室に運ばれる途中、患者の手を握る看護師に、「ナンシーには内緒だよ」と、瀕死の老人はウィンクしてみせた。さらに、麻酔をかけられる前には、大統領は医師たちに支持政党を尋ねた。「大統領閣下、今日われわれは全員共和党員です」と、民主党支持の医師が答えた。生死の境にあってなお、レーガンはユーモアを失わなかった。この事件で、多くのアメリカ人は彼の雅量や胆力を看取したのである。

七〇歳という高齢にもかかわらず、レーガンは九死に一生を得た。犯人は二五歳の若者で、マーティン・スコセッシ監督の映画『タクシードライバー』（一九七六年）に触発されて、大統領暗殺を企てたのである。

この大統領暗殺未遂事件は、政権に思わぬ余波をもたらした。当日、ブッシュ副大統領は遊説中であったため、ホワイトハウスが混乱する中で、ヘイグ国務長官が「私が仕切っている」と発言して、反発を招いたのである。この失言を機に、傲慢な「世界の最高司令官」は一層孤立し、辞任に追い込まれていく。

ヘイグの後任は、財界出身のジョージ・シュルツである。日本を相手にすると「大戦略はすり潰されて原型をとどめなくなる」[17]。そうは言いつつも、西海岸出身の財界人らしく、シュルツは国際問題における経済、アジアにおける日本の重要性に着目していた。彼とワインバーガーは犬猿の仲であったが、ほとんど唯一意気投合したのが対日関係の重視であったという。そして、東京には、マンスフィールドが君臨していた。カーターが起用したこの「大物」大使を、レーガンは留任させたのである。

一命をとりとめたレーガンの支持率は高く、連邦議会も大統領の求める大幅な減税と予算削減を認めざるを得なかった。「撃たれた甲斐があった」「過去半世紀で最大の政治的勝利[18]」と、レーガンはほくそ笑んだ。

勢いに乗ったレーガンは、一〇％に近いインフレを「最も過酷な税金」と呼び、毅然と対処しようとした。そこで、連邦準備制度理事会（ＦＲＢ）は金融引き締めを断行したが、それは高金利につながった。インフレは抑制されたが、今度は景気が後退した。この「レーガン不況」（オニール下院議長）のために、大統領の支持率は五割そこそこに下落してしまった。

また、一九八一年の夏ごろから、男性の同性愛者を中心に難病が広がり、「ゲイの癌」と呼ばれるようになった。後天性免疫不全症候群（エイズ）である。レーガン政権の対応は消極的で、多くの人々がこの病で命を落とすことになる。

外交では、レーガンの対ソ方針は明確であった。「封じ込めて、やがて巻き返す」「われわれが勝ち、彼らが負ける」。だが、米ソ関係が凍てついたまま、アメリカ国内やヨーロッパでは反核運動が盛り上がった。ソ連がＳＳ－２０を撤去するなら、アメリカは新型の中距離核戦力（ＩＮＦ）をヨーロッパに配備しないと、レーガン政権は呼びかけた。いわゆる「ゼロ・オプション」である。もとより、すでに配備されているものとまだ配備されていないものとの取引に、ソ連が応じるはずもなかった。こうなると、イメージ戦争である。ケネディ上院議員などは、この提案を「お呪いの軍備管理」と揶揄した。

一九八二年六月に、レーガンは反核運動で揺れるヨーロッパを歴訪し、イギリス議会（ウェストミンスター）で演説した。彼はこの「民主主義の聖地」を、ベルリンの「恐ろしい灰色の壁」と対比させた。「自由と民主主義は前進を続け、マルクス・レーニン主義は歴史の灰燼に帰する。……他の専制がそうなったように」と、レーガンは喝破した。「歴史の灰燼に帰する」とは、かつてロシアの革命家レフ・トロツキーが資本主義に対して用いた表現である。チャーチルが「鉄のカーテン」演説（ミズーリ州ウェストミンスター大学）で冷戦の始まりをアメリカ人に告げたように、レーガンはこの演説でチャーチルの子孫たちに冷戦の終わりが近いことを知らせようとした。[19] ただし、それには今しばらくの歳月を要した。

中米や中東でも、不穏な情勢が続いた。しかも、レーガンは脅威を外部に求める外向派であり、第三世界への介入を「丘の上の輝く町」の責務とすら考えていた。「レーガンの時代のアメリカは、かつて南ベトナムで親米政権に対するゲリラ活動をソ連が支援していたのと逆の立場に立った」と、アメリカ史家の有賀貞は指摘している。[20] レーガンはグレナダに軍事介入して短期圧勝するが、レバノンではイスラーム過激派によるテロに遭遇する。そのため、二〇〇人もの海兵隊員が命を失うのである。

失業率が実に一〇・八％に達する中で、一九八二年一一月の中間選挙がやって来た。上院では五四対四六で共和党が多数を維持したが、下院で共和党は二六議席を失った。レーガンの再選を危ぶむ声も出始めた。下院はますます大統領に厳しく向き合うようになり、支出削減を求める予算教書は、下院に「到着時には死亡」とすら言われた。

この中間選挙の直後に、クレムリンから訃報が届いた。ブレジネフ書記長が死去したのである。後継者のユーリー・アンドロポフは「ブレジネフ以上に死骸のように見えた」と、葬儀に参列したシュルツ国務長官は回想している。[21] 他方で、ブレジネフ未亡人が遺体の前で十字を切るのを、ブッシュ副大統領は見逃さなかった。「神がソビエト連邦で生き続けていた証拠」である。[22]

ブレジネフの死去から二週間後に、日本では中曽根康弘内閣が成立した。「はるけくも　きつ

るものかな　萩の原」と、中曽根は組閣の心境を詠んだ。彼は五年にわたって首相の座にあり、レーガンとファースト・ネームで呼び合う「ロン・ヤス」関係を築いた。レーガンは大衆的で中曽根はエリートであったが、二人ともパフォーマンスに長けた保守派の政治家であった。また、レーガンはカーター、中曽根は鈴木善幸という「弱い」前任者のイメージと路線から脱却しようとしていた。一九八一年五月の訪米後に、鈴木は日米の「『同盟関係』に軍事的意味合いはない」と発言して、物議をかもしていた。

中曽根は「日米同盟」を明言し、レーガンの「ゼロ・オプション」をも支持する。一九八三年のウィリアムズバーグ・サミットでは、首相は「安全保障は不可分」と唱えて、ソ連がSS－20をヨーロッパから極東に再配備することに反対した。レーガンにとって、中曽根は「心から協力できるパートナー」であった。[23]のちには、日記でも「日本が生んだ最高の首相」と絶賛している。[24]ただし、中曽根が重視したのはグローバルな「大戦略」というより、「自主独立の国民精神」であった。[25]さらに、「ロン・ヤス」関係の下で、シュルツ国務長官と安倍晋太郎外相（岸信介元首相の女婿）が緊密な信頼関係を築いた。[26]

一九八三年に入ると、「レーガン不況」に終息の兆しが表れた。だが、反核運動は依然として盛んであった。しかも、カトリックの司教たちも、反核声明を発していた。そこで、レーガンは反撃に出た。同年三月、福音派キリスト教全国大会でのことである。レーガンにとって、否、今や共和党にとって最も有力な支持者たちである。大統領は反核運動を「きわめて危険な誤り」とした上で、「全体主義の暗闇に生きるすべての人々の救済のために祈りましょう」と呼びかけた。

「歴史の事実や悪の帝国の攻撃的な衝動を意に介さず、軍拡競争は大きな誤解によると割り切ってしまい、正と邪、善と悪との戦いの前線から離脱して、無分別にも自ら超越的な立場をとる誘惑――こうした自惚れの誘惑に心しましょう」。これが、有名な「悪の帝国」演説である。価値相対主義への痛打であった。ある歴史家は、この演説を「アメリカ史上最悪の大統領演説」と酷評した。ただし、レーガンが「悪の帝国」という表現を用いたのは、この時一度限りであった。

翌年の福音派キリスト教全国大会では、レーガンはさらに「アメリカが偉大なのはアメリカが善だからです。アメリカが善でなくなれば、アメリカは偉大でもなくなるでしょう」とすら語った。冷戦が終わると、こうした尊大な自己肯定論は影をひそめるどころか、民主党の大統領たちにも引き継がれていった。[27]

さて、「悪の帝国」演説から二週間ほどのちに、レーガンはさらなる攻勢に出た。「ソ連の戦略弾道ミサイルがアメリカや同盟国の領土に届く前に遮断、破壊されることで、自らの安全が保障されるなら、自由主義陣営の人々はどれほど安心して暮らせるでしょうか」と、大統領はテレビで語りかけた。敵のミサイル攻撃をレーザー光線や迎撃ミサイルで無力化し、「核兵器を無力で時代遅れのものにする」――戦略防衛構想（ＳＤＩ）である。このＳＦ的な計画は、技術的にも予算的にも実現性に乏しかった。再び、ケネディ上院議員がこれを「無謀なスター・ウォーズ計画」と揶揄した。実際、かつて主演したシークレット・サービス映画から、レーガンはこの着想を得たという説もある。[28]だが、彼は大真面目であった。核戦争は危険であり、核抑止は不道徳だと確信していたからである。政権内には、この構想を対ソ交渉のカードに活用しようとする者が多かった。

こうした中で、コロンビア大学のある学生は、「戦争思考を打破する」という素朴なエッセーを学生新聞に寄稿した。バラク・オバマである。雄弁を武器に核廃絶を求める点で、彼もまた「レーガンの弟子」の一人であった。

「アメリカの朝」

「平和」「交渉」「軍縮」——一九八四年に入ると、レーガンはこれらの言葉を多用するようになった。大統領再選のための布石である。オーウェルが小説『一九八四年』で描いたようなディストピアを実現させるわけにはいかなかった。だが二月には、クレムリンからまた訃報が届いた。アンドロポフが亡くなり、後継者のコンスタンチン・チェルネンコは、やはり病弱であった。「来年の今ごろ、また会おう」と、葬儀に参列したブッシュ副大統領はモスクワのアメリカ大使館員たちに不謹慎な軽口を叩いた。クレムリンの新しい指導者がレーガン政権に送った最初のメッセージは、ロサンジェルス・オリンピックのボイコットであった。ソ連のアフガニスタン侵攻を受けて、八〇年にカーター政権がモスクワ・オリンピックをボイコットしたことへの報復である。

現職の大統領として、レーガンは共和党の予備選で消耗する必要がなかった。大統領は外交を効果的に利用した。四月に、レーガンは中国を訪問した。彼にとっては、初めての共産主義国訪問であった。レーガンがテレビのインタビューで民主主義について語ると、中国政府はそれをカットした。それでも、レーガンは万里の長城を訪れ、テレビはそれを世界史的な指導者として映し出した。

さらに、レーガンはノルマンディ上陸作戦決行日（六月六日）から四〇周年の式典にも参加した。第二次世界大戦の命運を決した戦いである。「あなたがたはみな、命を賭けるに値するものがあることを知っていました。祖国は命を賭けるに値するし、民主主義は命を賭けるに値する」と、生存する六二人の戦闘経験者を前に、大統領は感動的に語った。ドーバー海峡には、アメリカ海軍の空母アイゼンハワーが停泊しており、テレビカメラはその姿を収めた。

七月には、レーガンの地元ロサンジェルスで、オリンピックが始まった。星条旗が翻る中で、人々が「ＵＳＡ！　ＵＳＡ！」を連呼する。当然、愛国心が高揚した。この大会は民営化の下で二億ドルもの黒字を出し、バスケットボールのマイケル・ジョーダンや陸上競技のカール・ルイスら多くのスターを輩出した。ロサンジェルスには、世界一四〇の国と地域から七〇〇〇人近くの選手が集まり、史上最大規模の大会となった。ソ連のボイコットなど、何の効果もなかったのである。否むしろ、ソ連や東欧の選手が欠席したため、アメリカは八三個もの金メダルを獲得した。

このオリンピックの前後に、民主党と共和党の党大会が開かれた。民主党はモンデール前副大統領を大統領候補に選んだ。労働組合や既得権益団体を背景にした、堅実で生真面目な政治家である。ミネソタ大学出身のモンデールの後からデラウェア大学卒業のバイデンの前まで、実に二八年もの間、民主党の大統領候補はみな名門アイビーリーグの出身になる。つまり、民主党指導層のエリート化と組合離れが、着実に進行していったのである。労働組合の加盟者数は一九七九年がピークで、八〇年代からはアメリカ経済に占める製造業の割合も低下していった。

保守派や福音派、さらに労働組合の支持まで低下するにつれて、民主党はますますマイノリティの人権や利害に敏感に反応するようになる。総人口に占める白人の割合は一九六〇年には八八%だったが、九〇年には八〇%になる。白人は焦り、非白人は自己主張を強める。これにジェンダーやセクシュアリティ、宗教も絡まり、やがてアイデンティティ政治が勢いを得る。

予備選の段階で、モンデールの支持率は四〇%に過ぎなかった。そこで、この人には珍しく、モンデールは賭けに出た。ジェラルディン・フェラーロ下院議員を副大統領候補に選んだのである。アメリカ史において、女性が主要政党の正副大統領候補になったのは、これが初めてであった。フェラーロはカトリックだが人工中絶に賛成だったため、物議をかもした。さらに、モンデールも失策を犯した。愚直にも、増税を口にしたのである。

レーガン陣営は、この「敵失」に「恍惚となった」という。「もう四年！　もう四年！」「USA！　USA！」の連呼の中で、共和党大会はレーガンとブッシュを正副大統領候補に選出した。一九六〇年代と七〇年代に、アメリカは不幸にも停滞したが、レーガンの登場で変化した。そして、今や「アメリカに再び朝がやって来た」と、レーガンは高らかと謳い上げた。

だが、レーガンには弱点が二つあった。七三歳という高齢とタカ派のイメージである。最初の討論会では、さすがのレーガンも老いを感じさせた。だが、投票日を間近に控えた二度目の討論会が、決め手となった。年齢は大統領職遂行の障害となるかと、司会者が尋ねた。「私には政治的目的のために、ライバルの若さや経験不足を利用するつもりはありません」――レーガンの答えに聴衆は爆笑し、モンデールでさえ苦笑せざるを得なかった。「私はこの一四語のせりふによって大統領当選を確実にした」と、本人は述懐している。[29]

選挙の結果は、四年前をしのぐレーガンの圧勝であった。全米五〇州で、レーガンは実に四九州を制した。モンデールは地元ミネソタ州とワシントンDCで勝利したにとどまる。連邦議会では、下院で共和党が議席を伸ばしたものの、民主党は多数を維持した。上院では、共和党が二議席失ったが、かろうじて多数を維持した。若者の間では、共和党への支持が確実に拡大していた。

一九八五年一月二一日のワシントンは、日中でもマイナス一四度と寒波に襲われていた。それでも、「この祝福された地では、よりよい未来がつねにある」と、レーガンは公言した。

その二カ月後に、クレムリンから再び訃報が舞い込んだ。「ちょっと親しくなりかけるたびに、こう次々に死なれるのでは、いったいどうやってロシア人と仕事を進められるのだろう?」と、レーガンはナンシーに愚痴をこぼした。[30]

ただし、チェルネンコ後任のミハイル・ゴルバチョフは五四歳という若さであった。ロシア革命はおろか、第二次世界大戦すら直接に経験していない世代に属する。やがて、彼は西側諸国に「ゴルビー」ブームを巻き起こす。彼の登場こそ「冷戦終結の最重要の直接的な要因」であったと、国際政治学者のジョセフ・ナイは断じている。[31] レーガンは新書記長に米ソ首脳会談を提案し、ゴルバチョフはこれを受け入れた。国家予算の四分の一を国防費に費やし、アフガニスタンの山岳地帯でゲリラ戦に苦しみ、ソ連経済は衰弱していた。技術面でも、ソ連の劣勢は明らかであった。例えば、アメリカには三〇〇〇万台のパーソナル・コンピューターがあるというのに、ソ連にはわずか五万台しかなかった。

経済を再生しなければ、二一世紀にソ連は大国の地位に留まれないだろうと、ゴルバチョフは危惧していた。実際には、ソ連はそれまでに消滅していた。のちに、ウラジーミル・プーチンはこれを「二〇世紀最大の地政学的悲劇」と呼んでいる。

一九八五年一一月に、両首脳はジュネーブで対面した。レーガン政権では初、六年半ぶりの米ソ首脳会談である。「われわれはたぶん、世界に平和をもたらすことのできるただ二人の人間であるかもしれない」と、レーガンは語りかけた。両首脳は核戦争に勝者がないことで一致し、核兵器の五〇パーセント削減にさえ合意しかかった。双方の側近たちは肝を冷やした。しかし、SDIが障害になった。ソ連がどれほどSDIを恐れているかを知って、シュルツ国務長官は驚愕した。だが、レーガンには確信があった。「われわれは平和を欲する。彼らは平和を必要とする」[32]。

この一九八五年は、ゴルバチョフの登場だけではなく、先進五カ国蔵相・中央銀行総裁会議（G5）がドル高是正を決めた九月のプラザ合意、ヨーロッパ共同体（EC）の市場統合の加速化など、国際政治経済に大きな変化が生じた年であった。また、同年のアメリカの貿易赤字は一二四二億ドルに上っていた。うち対日貿易赤字が四九七億ドルであった。さらに、対外債務は一〇七四億ドルとなり、第一次世界大戦が勃発した一四年以来、七一年ぶりにアメリカは債務国に転落した。

翌一九八六年は、レーガンにとっての「アナス・ホリビリス」であった。

一月二八日には、アメリカが打ち上げたスペースシャトル「チャレンジャー」が、わずか七三秒後に爆発した。乗組員七人が皆死亡した。レーガンは「七人の挑戦者（チャレンジャー）」それぞれの名前を挙げて哀悼し、「未来は無償で得ることはできません」「私たちの希望の旅は続きます」と、国民に語りかけた。わずか四分ながら、レーガンの演説の中でも傑作の一つである。

四月には、キーウ北西一〇〇キロメートルに位置するチェルノブイリ原子力発電所で、四号炉が爆発した。ソ連政府がこの大惨事を公表したのは、事故から二日後のことであった。明らかに、ソ連帝国は末期症状を呈していた。

一〇月に、アイスランドのレイキャビクで再び米ソ首脳会談が開かれた。二人は合計で一一時間半話し合い、戦略核兵器全廃の合意寸前にまで至り、両国の実務者を驚愕させた。「人類史上最も核廃絶に近づいた瞬間」である。だが、今回もＳＤＩが障害になった。「会談は終わりだ」「さあ行こう、ジョージ。ここを出よう」と、レーガンはシュルツに呼びかけた。「ロナルド・レーガンは核による絶滅の脅威を逆転させようと夢見る夢想家だった。それがＩＮＦ条約の目指したものだった。ＳＤＩが目標としたのもそれである」と、コリン・パウエル将軍（当時はＮＳＡ担当大統領次席補佐官）は回想している。[33]

内政では、一〇月にレーガン政権は超党派による税制改革に成功した。一九八二年よりも抜本的に、税法の公平と簡素化のために、大統領と連邦議会が協力したのである。同様に、移民改革・統制法も超党派で成立した。八二年より前から滞在する不法移民を合法化する一方で、不法移民の雇用を厳しく規制する内容であった。これで三〇〇万人もの不法移民が合法化されたが、その後も不法移民は増加し続ける。

一一月の中間選挙では、民主党が下院で五議席増やして多数を維持し、上院でも八議席増やして八年ぶりに多数を制した。これ以降、レーガン政権は保守的な立法や人事を実現できなくなった。

さらに、思わぬスキャンダルが出来した。イラン・コントラ事件である。レバノンで誘拐されたアメリカ人の釈放のために、誘拐組織に影響力のあるイランに密かに武器を売却し、それで得た資金をニカラグアの左翼政権打倒をめざす武装勢力「コントラ」に提供する。つまり、テロ組織との交渉、イランへの武器売却、武装勢力への支援と、レーガン政権は違法行為を重ねていたのである。直ちに、レーガンはこれを否定した。だが、司法省の内部調査で一連の違法行為が確認された。そこで、大統領はNSA担当大統領補佐官のジョン・ポインデクスター提督を解任した。彼の前任者ロバート・マクファーレンはのちに自殺未遂事件を起こし、ケーシーCIA長官は脳腫瘍で倒れて、秘密を抱えたまま死去する。

ホワイトハウスに「トロイカ」が健在であれば、起きていないであろう事件であった。だが、すでに彼らはみな転出していた。二期目に大統領首席補佐官になったドナルド・リーガン（前財務長官）は、「首相」と揶揄されるほど傲岸で、メディア対策にも不慣れであった。やがて、彼はナンシー夫人と対立して解任される。

さて、問題は大統領自身がどこまで事件に直接関与していたかであった。連邦議会で民主党が多数を制する中で、大統領が弾劾される可能性すらあった。ウォーターゲート事件でも活躍したダニエル・イノウエが、上院特別調査委員長を務めた。他方で、レーガンに危機管理の知恵を授けたのは、あのニクソンであった。[34]

調査の結果、レーガンが直接関与した証拠は見つからなかったが、その監督責任は重大とされた。レーガンは批判を受けても傷つかないことから「テフロン大統領」と呼ばれたが、この事件で支持率の大幅な下落を招いた。すでにアルツハイマー病が進行していたのではないか、との憶測もある。レーガンは「強いアメリカ」の復活を謳い、「強い大統領」の再現をも図った。だが、このスキャンダルで、彼も大統領の威信を大いに傷つけてしまったのである。

イラン・コントラ事件の混迷の中で、レーガンはソ連とのＩＮＦ全廃条約に政権の活路を求めた。ゴルバチョフも、ＩＮＦ交渉とＳＤＩを分離することに同意した。ソ連の逼迫した経済状況は、軍縮を必要としていた。さらに、ＳＤＩの実現可能性が低いことに、クレムリンは気づいたからである。

一九八七年六月に、レーガンは西ベルリンを訪れ、一芝居打った。ベルリンの壁を前に、「エス・ギープト・ヌーア・アイン・ベルリン」、すなわち「ベルリンは一つしかない」と語り、「ゴルバチョフさん、この壁を壊してください」と呼びかけたのである。だが、まさか二年半後にベルリンの壁が本当に壊れようとは、さすがのレーガンも予想していなかった。

年末に、ゴルバチョフがワシントンを訪問し、リムジンから降りて市井のアメリカ人と握手してみせた。彼の人気は、実にレーガンのそれを上回った。ついに、両首脳はＩＮＦ全廃条約に調印した。米ソ核兵器保有量の四％を削減するにすぎないとはいえ、これは史上初の核軍縮条約であった。ワインバーガーら対ソ強硬派の多くは、すでにレーガン政権を去っていた。保守派からすれば、この条約の調印は「レーガンの反逆」であった。[35] レーガンの中で、ハルマゲドンの恐怖と歴史への使命感が、支持者たちへの忠誠を上回った。大統領の支持率は、六割近くにまで改善した。

この年、二冊の大部な学術書がベストセラーになった。一つは、アラン・ブルーム（シカゴ大学教授）の『アメリカン・マインドの終焉』である。「大学に入ってくるほとんどすべての学生は、真理は相対的だと信じている」と、ブルームは価値相対主義を批判した。[36] 西洋の古典に回帰し、アメリカをその「最高で最先端の成果」とする彼の議論は、「レーガンのアメリカ」に思想的な根拠を与えるものであった。だが、レーガンが去り冷戦が終わると、かつてのリベラル派のように、保守派も先鋭化してより排他的になる。

もう一つは、イギリスの歴史家ポール・ケネディ（イェール大学教授）の『大国の興亡』である。五〇〇年に及ぶ大国の栄枯盛衰から、大国が国際秩序を維持しようと、対外的な過剰介入を重ねて衰退するサイクルを描き出した。[37] かつてのスペインや大英帝国のように、アメリカも衰退するのか。「強いアメリカ」を復活させてなお、アメリカは衰退の影に怯えていた。裕福な日本やサウジアラビアをアメリカが守る必要はないと、主要紙に意見広告を打ち出す実業家すらいた。ドナルド・トランプである。

一九八八年五月にＩＮＦ全廃条約が上院で批准されると、レーガンはモスクワに旅立った。彼にとっては人生初の、そして、アメリカ合衆国大統領としても、フォードのウラジオストック訪問以来一三年半ぶりの訪ソであった。ニクソン訪中からは一六年を経て、戦略的三角形はアメリカに最も有利になっていた。

赤の広場では、レーガンを歓迎して一般市民が取り囲んだ。その中には、若いKGB要員も混じっていた。ウラジーミル・プーチンである。ソ連の記者が今でもソ連を「悪の帝国」と思うかと問うと、レーガンは「いや、それは別の時、別の時代の話です」と答えた。

まさに、「冷戦の終焉」が人口に膾炙し始めていた。「レーガンが冷戦に勝利したのではない。ゴルバチョフが冷戦を放棄したのだ」、ただし、「アメリカで他の多くの者がゴルバチョフの重要性を認識していなかった時に、レーガンはそれに気づき、冷戦の終焉への環境づくりに協力したのである」と、ジャーナリストのジェームズ・マンは分析している。[38] それに、「鉄の女」サッチャーや中曽根、さらに、ポーランド出身のローマ教皇ヨハネ・パウロ二世らが、レーガンを力強く支援した。[39]

そのポーランドでは、労働者によるストライキが頻発し、政府を追いつめていた。東欧諸国は緩やかに、しかし確実にEC統合市場に吸引されていた。ソ連帝国こそ、衰退の一途であった。もとより、ソ連崩壊による完全な「冷戦の終焉」には、まだ数年を要した。しかし、新冷戦は確実に終わった。一九八八年にソ連がアフガニスタンから撤収し出したのは、その象徴である。もしニクソンが失脚せず、ソ連が冒険主義に出なければ、デタントは継続していたであろう。新冷戦がなければ、アメリカ政治も大きく保守化しなかったかもしれない。

国際政治学者の高坂正堯は、「一九七〇年代後半から一九八〇年代のほとんどの間は、いわば

『余分』の対立の時期であった」と指摘している。[40]この「余分」の対立を経て、世界は「二重の戦間期」を迎える。冷戦の終焉から「テロとの闘い」、そして、湾岸戦争からイラク戦争へ至る戦間期である。この時期に、アメリカはロシアを過小に評価し、中国に過大に期待するという、二重の過ちを犯す。

さて、夏の共和党大会ではブッシュが大統領候補に指名された。「個人的な頼みがある。ギッパーのために勝ってくれ」と、大統領は副大統領に呼びかけた。往年の映画での自らの名台詞である。会場は「レーガン！　レーガン！」「あと四年！　あと四年！」と沸き立った。

一一月の大統領選挙では、ブッシュが民主党のマイケル・デュカキス候補を破った。レーガンの地元カリフォルニア州でも、ブッシュが勝利した。今のところ、共和党が同州で勝利した、これが最後の大統領選挙である。民主党が批判したように、ブッシュの当選は事実上のレーガン三選でもあった。やがて、カリフォルニア州は民主党、テキサス州は共和党の牙城になる。

いよいよ一九八九年を迎えた。「われわれは一国を変革しようとして、世界を変えたのです」と、レーガンはテレビを通じて国民に別れを告げた。ブッシュの大統領就任式を見届けて、レーガン夫妻はホワイトハウスを去り、空軍の特別機でカリフォルニアに向かった。機上では、「おめでとう、任務完了ですよ、大統領閣下」とスタッフが声をかけた。[41]

この反共の闘士は、冷戦の終焉に道筋をつけた。だが、レーガンは「小さな政府」を標榜しながら、在任中の八年間でアメリカの財政赤字を二・六倍の一五二〇億ドルに膨れ上がらせ、貿易赤字を五六〇〇億ドルにしてアメリカを債務国に転落させた。また、大胆な規制緩和は貧富の格差を拡大させた。レーガンと続くブッシュの時代に、労働者の最低賃金は上がらず、経営者の報酬は増え続けた。しかも、勢いを増す保守勢力を糾合することは、ますます困難になっていた。また、共和党が保守化するにつれて、民主党も左傾化を強めた。果たして、本当にアメリカは「丘の上の輝く町」なのか？　そして、本当に「アメリカの朝」はやって来たのか？　これらの答えは、「レーガン政権三期目」のブッシュに問われる。

一九九四年一一月に、レーガンはアルツハイマー病を患っていると公表した。

「私は今、人生の黄昏に向かう旅を始めようとしています。しかし、アメリカの前途にはつねに明るい暁があることを、私は確信しています」。

こうして、「幸福な戦士」は神話化され、二〇〇四年六月に九三歳で亡くなった。すでに四年も目を開くことのない状態だったという。

第四章

外交の勝利と内政の敗北
——ジョージ・H・ブッシュ政権

地中海のマルタで行われた首脳会談後、共同記者会見で握手するブッシュ大統領（左）とゴルバチョフ・ソ連共産党書記長（1989年12月3日）〔写真：AFP＝時事〕

「最後のエスタブリッシュメント」

その経歴から、ジョージ・ハーバート・ウォーカー・ブッシュは、おそらく「最後のエスタブリッシュメント」と呼ぶにふさわしい。

のちの第四一代大統領は、一九二四年にマサチューセッツ州ミルトンに生まれ、コネチカット州グリニッジで育った。家族から「ポピー」と呼ばれた少年は、「サマー」という単語を「避暑する」という意味の動詞に用いる社会階層に属していた。実際、メイン州ケネバンクポートにある母方の広大な別荘で、ブッシュ一家は夏を過ごした。母のドロシーはブッシュに、厳しく自己抑制を教えた。ブッシュ家の周囲にはイギリス贔屓で穏健な共和党支持者が多く、超党派的なタウンミーティングが政治を支え、極論は忌避されていた。やはり、コミュニティが政治家を育てる。

ブッシュが最も尊敬した政治家は、実父のプレスコット・ブッシュである。彼はウォール街で実業家として成功し、一九五〇年にコネチカット州から連邦上院議員に出馬した。「自分はビジネスの世界で一応の名を成した。今度は社会に恩返しをする番だと、父は感じていた」と、ブッシュは回想している。[1] 長年にわたる民主党の多数派支配に対して、プレスコットは「責任ある共和党の代案」を提示したいと思っていた。プレスコットは（そして、その息子も）、ハロルド・マクミランのようなイギリス保守党の穏健派と同様に、統治とは経験に基づく技量だと信じていた。

プレスコットは一九五〇年には落選したが、二年後に当選を果たした。アイゼンハワーの下で、共和党が政治の中心に復帰した時期である。プレスコットは同じ共和党のジョセフ・マッカーシー上院議員（ウィスコンシン州）の譴責決議には賛成したが、この「赤狩り」のデマゴーグを死の床に見舞った数少ない同僚の一人でもあった。友人たちは「十戒の男」、孫たちは「上院議員」と、敬意を込めてプレスコットを呼んだ。

プレスコットはゴルフの名手で、しばしばアイゼンハワーとコースを回った。一九五七年に岸信介首相が訪米した際に、大統領は首相をゴルフに誘って「日米新時代」を演出した。この時も、アイクはプレスコットを同伴している。一番成績がよかったのはやはりプレスコットで、実に七二でコースを回っている。岸・安倍家とブッシュ家の交流は、三代にわたる。

ブッシュが父に次いで尊敬した政治家は、ヘンリー・スティムソンであった。共和党の有力者ながら、F・D・ローズヴェルト政権に陸軍長官として招き入れられた人物である。パリがナチ・ドイツの軍門に下り、ローズヴェルトが史上初の大統領三選をめざす一九四〇年のことであった。母校であるフィリップス・アカデミー（名門の寄宿学校）の四二年の卒業式で、スティムソン長官は若者たちに祖国への献身を呼びかけた。ただし、さらに学業を身につけたのちに。その場には、若いブッシュもいた。

さらに、ブッシュにとって、アイゼンハワー大統領も政治的な憧憬の的であった。ブッシュが最初に会い、最初に投票した大統領――それがアイクである。父やスティムソン、アイクが体現した穏健な国際主義を、ブッシュも政治家として追い求める。[2]「息子はいつか大統領になるよ」

と、プレスコットは自慢した。その通りになった。だが、ブッシュ家三代の政治史は、ニューイングランドからテキサスへの旅であり、穏健派から保守派への変節でもあった。[3]

フィリップス・アカデミー時代に、ブッシュはバーバラ・ピアースと出会った。リンカーンの二代前に当たる第一四代大統領フランクリン・ピアースの末裔である。若い二人はダンスをし、恋に落ちた。スティムソンの忠告に背いて、ブッシュは一八歳になるとすぐに海軍に入隊し、最も若いパイロットになった。太平洋に向かう自らの戦闘機に、ブッシュは婚約者の名前を冠した。

ブッシュは五八回も出撃し、マリアナ沖と小笠原諸島の父島で二度撃墜された。そのために、多くの戦友を亡くした。「私はいまだに、戦争の『論理』が理解できない。ある人はその壮年期に死を迎え、またある人は長寿をまっとうするのはなぜだろうか」と、ブッシュは自問している。[4]

父島出撃の功により、彼は海軍殊勲十字章を授けられている。

この頃、のちに大統領になるケネディも、ニクソン、フォードも、ブッシュと同様に太平洋で戦っていた。同い年のカーターは、まだ海軍兵学校にいた。レーガンはハリウッド近くに留まり、陸軍の映画班に属していた。対する日本海軍では、中曽根康弘が主計士官として、フィリピンや台湾に勤務していた。今のところ、ブッシュは実戦経験のある最後の大統領である。彼は「最後のエスタブリッシュメント」であるとともに、「最も偉大な世代」最後の大統領でもある。

終戦前にブッシュはバーバラと結婚し、戦争が終わると除隊して、父と同じくイェール大学に進んだ。一九四六年には、長男のジョージが生まれている。キャンパスでは、ブッシュは父と同様に野球部のキャプテンとして活躍し、やはり父と同じくスカル・アンド・ボーンズという特権的な秘密結社に属した。この秘密結社には、かつてスティムソンも加わっていた。

イェールの二期後輩にはウィリアム・バックレーがおり、やがて『イェールにおける神と人』（一九五一年）を著して、アメリカ保守主義の旗手になる。しかし、民主党優位が長く続くアメリカ政治では、保守主義はまだまだ異端であった。

大学を卒業すると、ブッシュは父の伝手を頼ってテキサスで就職した。「君のやるべきことは、テキサスの油田へ行くことだよ」「あそここそ、今日の野心に満ちた若者が行く所だ」と、父の友人は言った。人生で初めて、ブッシュは父と異なる道を歩み始めた。早くも一九五一年にブッシュは友人と西テキサスのミッドランドで石油開発会社を興し、さらに五三年には他社と合併してサパタ石油を経営することになった。この社名は、エリア・カザン監督、マーロン・ブランド主演の映画『革命児サパタ』（一九五二年）に由来する。

一九五〇年代の末には、ブッシュはヒューストンに拠点を移した。父と同様、彼もビジネスでは然るべき成功を手にしていた。そして、その頃から、政治に関心を持つようになった。すでに父のプレスコットは上院議員であったし、民主党が圧倒的に優位なテキサス州でも、アイゼンハワー時代には共和党の支部ができ始めていた。実際、二度の大統領選挙で、アイクはテキサス州を制していた。一九六一年には、テキサス州選出のリンドン・ジョンソン上院議員が副大統領になったため、その空席を埋める特別選挙が実施された。そして、共和党保守派のジョン・タワーが当選したのである。テキサス州で共和党が上院の議席を獲得するのは、南北戦争以来のことであった。

テキサス州に二大政党制を確立する――ブッシュはそう決意して、ハリス郡の共和党委員長に就任した。当面の敵は、極右のジョン・バーチ協会であった。彼らによると、アイクですら共産主義の手先であり、東部エスタブリッシュメントによる外交問題評議会（一九二一年設立）などは「共産主義者とウォール街の国際的陰謀」の道具であった。まさに内向派である。のちには、三極委員会もエリートによる世界支配の場と目された。アメリカ史では、こうした陰謀論が繰り返し語られる。

一九六四年に、ブッシュは上院議員選挙に出馬した。一八歳になる長男のジョージも、父の選挙を助けた。全米では、民主党のジョンソン対共和党のゴールドウォーターの大統領選挙が戦われていた。公民権法や人工中絶、さらに、国連まで批判して、ブッシュはゴールドウォーターばりの保守派を装った。それでも、ジョン・バーチ協会には十分ではなかった。また、民主党の現職ラルフ・ヤーボローは、彼に「よそ者」のレッテルを貼った。結果は、ブッシュの惨敗である。

初戦の敗北にもめげず、ブッシュは一九六六年の下院議員選挙をめざした。テキサス州では人口が増加しており、同年にヒューストンで新たな下院の選挙区ができたのである。しかも、有権者には富裕で保守的な「よそ者」が多かった。旧友の弁護士ジェームズ・ベーカーが選挙参謀を務め、次の大統領をめざすニクソンやフォード（下院の共和党院内総務）も応援に駆けつけた。

下院で二期を経た一九七〇年に、ブッシュは上院への再出馬を企てた。すでに、彼の知名度は高まっていた。もし落選すれば公職を提供すると、ニクソン大統領も彼の背中を押した。現職のヤーボローの人気は落ち目で、しかも、彼はジョンソン前大統領とも不仲であった。大胆にも、ブッシュは民主党の前大統領に助言を求めた。「上院議員であることと下院議員であることの間には、チキンサラダとチキンの糞ほどの違いがある」と、例によってスカトロ風にジョンソンは答えた。[6] だが、ブッシュは再び惨敗した。民主党が不人気な現職ではなく、ロイド・ベンツェン元下院議員を候補に立てたからである。

そこで、ニクソン大統領は落選したブッシュに、国連大使のポストを与えた。ニクソンはブッシュの忠誠心を買っていたし、ブッシュにはニクソンの憧れる品位と家柄があった。外交経験のないブッシュにとって、国連は試練の場であった。ソ連のヤコブ・マリク大使は文字通りの百戦錬磨で、ブッシュに「ニェット！」を連発した。また、ブッシュが国連で台湾の地位を守るべく奮闘する最中に、ニクソンとキッシンジャーは米中接近を密かに進めていた。だが、国連を通じて、ブッシュは国際的な人脈を広げた。

再選を果たしたニクソンは、再びブッシュに忠誠心を求めた。共和党全国委員長への就任である。やがて、ウォーターゲート事件がワシントンを汚染していった。ブッシュは大統領の無実を信じていた。しかし、そのブッシュも一九七四年八月には、大統領に辞任を求める手紙を書かなければならなかった。

フォード新大統領はブッシュに、ロンドンかパリでの大使のポストを提供しようとした。ところが、ブッシュが選んだのは、何と北京であった。

米中間にはまだ正式な国交はないが、北京にアメリカの連絡事務所があり、事実上の大使館として機能していた。ブッシュにとって、極東への旅は、かつてのテキサスへの旅に匹敵する冒険であった。ブッシュ夫妻は自転車に乗って北京の街を散策し、ブッシュは毛沢東や鄧小平に会う機会も得た。格式や形式を極端に重視する中国外交に、ブッシュは密かに愛着さえ感じるようになっていた。だが、キッシンジャーとその側近の秘密主義とも、彼は戦わなければならなかった。

一九七六年の大統領選挙を控えて、フォードは政権の陣容を組み替えた。大統領はブッシュにCIA長官への就任を求めた。相次ぐスキャンダルで、当時、CIAの威信は地に堕ちていた。それでも、大統領のたっての要請を断ることなどできない。他方で、上院情報委員会のチャーチ委員長らは、CIA長官に政治的な中立性を求めた。そこで、フォードはブッシュを同年の選挙で副大統領候補にしないと、声明を発した。候補に選ばれたのは、ドール上院議員である。ブッシュの政治的ライバル、ラムズフェルド大統領首席補佐官にとっては、思う壺の人事であった。

ラングレー（CIA本部）でのブッシュの使命は、職員の士気を鼓舞し、CIAを政治から切り離して情報機関として再建することであった。その一環として、新長官は「チームB」の設置を認めた。民間人からなる会議でCIAの持つ情報を再検討し、ソ連の軍事的脅威について再評価する試みである。だが、座長のリチャード・パイプス（ハーヴァード大学教授）は名うての対ソ強硬論者で、その報告書はソ連の脅威をこれまで以上に強調するものになった。米ソ間で核戦争が起こる可能性は四〇％で、アメリカは核戦争に勝ち残る戦略を必要としている。こちらは極端な外向派である。この報告書は、反デタント派の「現在の危機に関する委員会」を喜ばせ、レーガン陣営の外交政策に養分を与えた。

一九七六年の大統領選挙でフォードがカーターに敗れたため、ブッシュは一年でラングレーを去ることになった。無冠になったブッシュは、八〇年の大統領選挙に向けて活動を開始した。やがて、ジム・ベーカーが再び選挙参謀になる。とはいえ、八〇年選挙では、保守派の期待を担ったレーガンが共和党の最有力候補であり、ブッシュは泡沫候補に近かった。何しろ、彼は上院議員には二度落選し、下院議員を二期四年務めたにすぎない。それ以降の経歴は華麗だが、すべて政治任命による。ドールの表現を借りれば、それは「履歴書」であっても「実績」ではなかった。[7]

そこで、ブッシュ陣営は、四年前のカーター陣営と同様に、予備選の端緒に全力を投入した。アイオワ州の党員集会では、一ポイントの僅差ながら、ブッシュがレーガンを制して一位となった。ブッシュ陣営は勢いを得た。レーガン対その他大勢の争いから、何とかレーガン対ブッシュの戦いに持ち込みたい。

だが、続くニューハンプシャー州の予備選で、ブッシュは躓いた。地元の新聞社がレーガン対ブッシュの討論会を企画した。ブッシュ陣営にとっては、絶好の機会である。だが、他の候補者から抗議が起きた。そこで、レーガン陣営はすべての候補者を密かに招いた。二人か全員か――会場が動揺する中で、レーガンがマイクを奪い、全員参加に持ち込んだ。この間、ブッシュの表情は「知らない人の誕生パーティーにまちがって来てしまった子供のように」凍てついていた。[8]この小さな「マイク戦争」は「ハンマーの一撃のような効果」をもたらし、ブッシュ陣営はニューハンプシャー州で惨敗した。やがて、ブッシュは予備選からの撤退を余儀なくされる。

ブッシュにとって、残る希望はレーガンの副大統領候補になることであった。デトロイトでの共和党大会の当日である。「ハロー、ジョージ。こちらはロン・レーガンだ」「会場に行って、君が僕の副大統領候補だと発表したいのだが……もしも君に異存がなければね」。「光栄に存じます、レーガン知事」。一九六八年以来、ブッシュは何度も副大統領候補になりかけた。そして、今度こそ、それが実現したのである。予備選を通じて、ブッシュはレーガンの経済政策を批判したし、確かに、政治家としてはさしたる「実績」はなかった。しかし、彼なら共和党内の穏健派の支持を得られるし、彼の華やかな「履歴書」は、カリフォルニア州の地方政治しか知らないレーガンを大いに補いうる。両陣営の選挙参謀、ケーシーとベーカーが親しかったことも幸いした。一六年前にゴールドウォーターを支持した時のように、ブッシュは再び人工中絶に反対して保守化してみせた。すでに、彼はベテランの「政治的カメレオン」になっていた[9]。

「大統領を称賛するだけの副大統領など、大統領は望んでいないし、公衆からも尊敬されない」と、モンデール前副大統領はブッシュに助言した。しかし、かつて「異常染色体」と呼んだ保守派の下で、穏健派の副大統領が生き延びていく途は、それしかなかった。少なくとも、一九八八年に大統領を再びめざすのであれば[10]。「目立たないように」「もっと謙虚に」と、母のドロシーも副大統領に忠告を重ねた。それは、過ぎ去った「古きよき時代」の美徳でもあった[11]。

表面的には、レーガンもブッシュを厚遇した。二人は毎週木曜日に昼食を共にした。話題は自由で、大統領は得意のジョークを連発し、副大統領も準備に準備を重ねて応戦し、上司の意を迎えた[12]。ブッシュはまた、高齢の大統領の名代として全米五〇州と世界の四〇カ国以上を駆け巡った。

一九八一年三月にレーガン大統領が狙撃された時、やはりブッシュ副大統領は旅路にあった。

テキサス州で、かつて暗殺の前夜にケネディ大統領が逗留したホテルにいたのである。知らせを受けて、ブッシュはワシントンに急ぎ戻った。空港からホワイトハウスまで車で向かえば、大渋滞に巻き込まれる。ヘリコプターでサウスローン（ホワイトハウス南側の芝地）に乗りつけようと、副官が進言した。「サウスローンに着陸できるのは大統領だけだ」とブッシュは渋滞を選んだ。[13]

いよいよ一九八八年の大統領選挙が迫っていた。まさにその頃、イラン・コントラ事件が露見したのである。大統領はどこまで関与していたのかが、大きな争点であった。それとともに、副大統領はどこまで関与していたのか、大統領に諫言できなかったのかも問われた。「嵐の最中に、ジョージ・ブッシュはどこにいたのか？」と、共和党予備選で、候補の一人だったヘイグ前国務長官は核心を突いている。

「レーガン三選！」

その共和党予備選で、ブッシュ陣営は、レーガンを二度大勝に導いたリー・アトウォーターをコンサルタントに迎えた。また、長男のジョージも福音派に働きかけるなど、父の選挙活動を支えた。ブッシュ自身は、往年の主流派エピスコパル教会に属していた。

八年前のブッシュ同様に、アイオワ州で今回はドール上院議員が勝利して、勢いを得た。何しろ、彼の地元カンザス州はアイオワ州に近い。本命のブッシュとしては、次のニューハンプシャー州で負けるわけにはいかない。そこで、ブッシュは同州のジョン・スヌヌ知事の応援を得た上、アトウォーターの指南を受けてネガティブ・キャンペーンを張った。増税問題をめぐって、ドールに「日和見上院議員」というあだ名を呈したのである。「私の唇を読んで下さい。増税はしません」――予備選を勝ち抜いたブッシュは、そう宣言した。

並みいる候補者の中から、ブッシュは四一歳のダン・クェール上院議員を副大統領候補に選んだ。ジョージよりも一歳若い。二人とも有力者を父に持ち、ベトナム戦争に従軍していない。クェールは福音派の受けがよく、ブッシュにも従順だろうと思われた。中西部の票も狙える。正副大統領候補の関係は、「愛と情熱のない結婚生活」に似ていた。[14]

民主党では、一番人気だったゲリー・ハート上院議員（コロラド州）が、女性スキャンダルで早々に失速した。大統領選挙が不倫問題に左右されたのは、これが初めてのことである。そこで、マサチューセッツ州知事のデュカキスが大統領候補に選ばれた。州経済を再生させた「マサチューセッツの奇跡」で、知事の評判は高かった。副大統領候補には、かつてテキサス州でブッシュを破ったベンツェン上院議員が選ばれた。正副大統領候補とも強者である。ボストンとテキサスの組み合わせは、ケネディとジョンソンの再来を思わせた。イラン・コントラ事件が尾を引く中で、今回は勝てるとの楽観論が民主党に広がった。「レーガン三選阻止！」である。

この強豪コンビを相手に、ブッシュはレーガンの影をふり払いつつ、保守派の支持を維持しなければならなかった。浮動票を狙って、ブッシュ陣営が「より優しく、より寛大なアメリカ」を標榜すると、レーガン支持者からは「誰と比べて優しいのか?」という反発が生じた。また、第二次大戦での華々しい活躍にもかかわらず、ブッシュにはエリートの「弱虫」というイメージが付きまとった。そのため、対ソ政策でも、ブッシュはレーガン以上に強気に出なければならなかった。選挙期間の発言は無視してほしいと、ブッシュは予めゴルバチョフに伝えていた。[15]

そこで、ブッシュ陣営は再びネガティブ・キャンペーンに出た。中庸と自己抑制を旨とする「最後のエスタブリッシュメント」が、露骨な党派対立に身を委ねたのである。ブッシュは「紳士だったが、政治家でもあった」（ジョン・ミーチャム）。デュカキスについて、「あのちびを丸裸にしてやる」と、アトウォーターは誓った。[16] ウィリー・ホートン事件は、格好の材料であった。マサチューセッツ州で、殺人罪の黒人受刑囚が週末に外出を認められ、強姦と殺人を重ねたのである。この事件は、デュカキスの極端にリベラルな政策の産物とされた。かつての保守と立場が逆転して、今やリベラルが政治的に忌まわしい言葉になりつつあった。「ホートンを副大統領候補に！」と、ブッシュ陣営は唱えた。当然、デュカキス陣営もネガティブ・キャンペーンに走った。そのため、この選挙は「史上最も汚い選挙」になり果てた。あまりの個人攻撃に、デュカキス夫人はのちにアルコール依存症に陥ったほどである。

この選挙に先立つ一九八七年八月には、放送に関するフェアネス・ドクトリンも廃止されていた。古く四九年に確立されたこのドクトリンは、放送免許事業者に対して、公共の重要な問題に関して公平な立場に立ち、異なる意見を紹介し反論の機会を設けるなどと定めていた。だが、これが言論の自由に反するという意見も根強かった。四九年当時と比べて、八〇年代にはラジオ局は四倍、テレビ局は二〇倍に増加し、ケーブルテレビや衛星放送も普及していた。そこで、レーガン政権の連邦通信委員会は、規制緩和の観点からフェアネス・ドクトリンを撤廃した。そのため、アメリカの放送・通信メディアは特定の主張に立つニッチな情報で視聴者を確保し、政治と社会の分極化に貢献する。

さて、副大統領候補同士の討論会では一波乱があった。若いクェールが自らをケネディに喩えると、「私はジャック・ケネディを知っている。ジャック・ケネディは私の友人だった。上院議員、あなたはジャック・ケネディではない」とベンツェンが喝破したのである。視聴者の八割がベンツェンに同意した。そして、二回目の大統領候補同士の討論会が行われた。自分の妻が強姦され殺されても死刑に反対かと問われて、デュカキスは平然と肯《がえん》じた。致命傷であった。彼の支持率は急落し、決して回復しなかった。

一一月八日の大統領選挙では、予想通りブッシュが勝利した。共和党が大統領選挙で三連勝するのは一九二八年以来のことであり、現職の副大統領が大統領に当選したのは、一八三六年のマーティン・ヴァン・ビューレン以来のことであった。ビューレンも前任者アンドリュー・ジャクソンの人気にあやかったが、再選を果たすことはできなかった。

上下両院の分布はほとんど変わらず、ともに民主党が多数を維持した。「史上最も汚い選挙」の後に、連邦議会を制した民主党が新大統領に友好的なはずはなかった。

「高い道徳的原則に関与しないかぎり、アメリカは決して完全にはならない。国民としてわれわれは、そうした目的を持っている。アメリカの姿をより優しく、世界の状況をより寛大にしよう。諸君、われわれにはなすべき使命がある」と、新大統領は語った。高邁だが、いささか空虚である。「より優しく」「より寛大に」との呼びかけに、民主党は聞く耳を持たず、レーガン支持者は反発を募らせた。

さて、ブッシュ政権の中枢を担ったのは、盟友のジェームズ・ベーカー国務長官である。フォード政権で商務次官、レーガン政権で大統領首席補佐官と財務長官を務め、ワシントンで実務家としての声望が高かった。ブッシュは、ベーカーとの関係を兄弟に喩えている。[17] これほど強い大統領と国務長官の絆は、トマス・ジェファーソンとジェームズ・マディソン以来だという意見もある。[18] ベーカーは大統領に毎日一枚の「ナイト・ノート」を送った。[19]

「覚えておいてほしい、これは友好的な政権交代ではない」とさえ、ベーカーは述べた。レーガンのイデオロギー外交から実務外交への転換である。[20]「ブッシュはレーガンとは違う。会議中に起きている」――新政権内では、こうした悪意あるジョークすら流布した。八年間もレーガンの陰にいたことの反動である。

内政を差配する大統領首席補佐官には、予備選での貢献から、ニューハンプシャー州知事のスヌヌが充てられた。彼には、大統領を守る「汚れ役」が期待された。しかし、スヌヌは小さな州の知事を一期務めただけで、ワシントン政治は未経験であった。

国防長官には、当初ジョン・タワー前上院議員が指名された。上院軍事委員長も務めた大物で、テキサス州出身である。イラン・コントラ事件をめぐる報告書も取りまとめた。ブッシュもスヌヌも、この人事を楽観していた。だが、飲酒癖や女性問題のため、民主党多数の上院はタワーを承認しなかった。新政権にとって、最初の痛打である。クェール、スヌヌ、タワーと、ブッシュが独断で進めた人事は、いずれも失敗か不作であった。

そこで急遽、下院の共和党院内幹事で保守派のディック・チェイニーが、国防長官に起用された。彼はフォード政権で大統領首席補佐官も経験している。その後任の共和党院内幹事に納まったのが、ニュート・ギングリッチである。ジョージア州に選挙区を持ち、民主党から転向したギングリッチは、アメリカ政治の南部化、保守化を体現していた。彼はやがて下院議長に昇進する。彼もまた、「レーガンの弟子」の過激な一員であった。

ＮＳＡ担当大統領補佐官には、ブレント・スコウクロフトが登用された。コロンビア大学で政治学博士号を得た退役空軍中将で、フォード政権でも同じ職を務めた。キッシンジャー側近のリアリストである。のちにブッシュは彼と回顧録を共同執筆するほど、この智将に並々ならぬ信頼を置いていた。[21] 二人はともに元パイロットであり、忍耐と自己抑制を美徳とし、釣りを愛好した。

このように、ブッシュをはじめ、ベーカー、チェイニー、スコウクロフトはいずれもフォード政権で要職に就き、信頼関係を築いていた。ブッシュ政権では、ベーカー以下の三人が外交政策で「トロイカ」を組む。チェイニーが最もイデオロギー的だったが、年長の二人がそれにバランスをとった。

この「トロイカ」の下にも、キャリア外交官のローレンス・イーグルバーガー国務副長官、ＣＩＡ出身のロバート・ゲーツＮＳＡ担当大統領次席補佐官（のちにＣＩＡ長官）、保守派の論客ポール・ウォルフォウィッツ国防次官ら、外交エリートが結集していた。中でも、コンドリーザ・ライスは若手のホープで、スコウクロフトの下でソ連・東欧問題を担当した。のちに彼女はブッシュの長男ジョージの「家庭教師」となる。

冷戦の終焉とブッシュ外交

一九八九年一月七日に昭和天皇が崩御した。間もなく冷戦が終わり、「短い二〇世紀」も終わろうとする時に、昭和が突然終わったのである。時の竹下登首相はブッシュと同い年で、有能な調整型の政治家であった。第二次大戦で、竹下は陸軍少年飛行学校の訓練教官であった。消費税導入とリクルート問題（リクルート社が非上場の子会社の未公開株を政財界への賄賂に用いた事件）で追いつめられ、その竹下内閣も末路に立っていた。増税とスキャンダルは、やがてブッシュ政権をも追いつめる。

当時の日本経済は、世界のGDPの一五パーセントを占めていた。二月二四日に東京で執り行われた大喪の礼には、元首級五五人を含む世界一六四カ国、二七の国際機関の代表・使節が参列した。これがブッシュ大統領の最初の外遊となり、内政より外交を得意とする四年間を予兆していた。実際、わずか二泊の間に、新大統領はフランス、サウジアラビア、シンガポールなど一九カ国の大統領や国王、首相と会談した。まさに弔問外交である。レーガンが演説で多くの人心を惹きつけたのとは異なり、ブッシュは一対一の面談で信頼を獲得するのが得意であった[22]。

国内では、金融危機がブッシュを襲った。レーガン時代の規制緩和を受けて、住宅ローンのための貯蓄貸付組合が投機に走り、全米で倒産しつつあったのである。これを救済するには公的資金の投入が必要だが、連邦政府の予算には余裕がなかった。しかし、民主党は容易には交渉に応じなかった。「お呪いの経済学」の負債と敵対的な野党の狭間で、ブッシュ政権は早くも隘路に陥ったのである。しかも、財政赤字が拡大するにつれて、増税はしないという選挙公約が、大統領を悩ませた。

内政が停滞する中で、国際政治は激動した。最初の異変は、意外な場所で発生した。ブッシュのかつての赴任地、北京である。一九八九年の天安門事件は、中ソ和解のための三〇年ぶりの首脳会談で、ゴルバチョフが北京を訪問した最中に発生した。世界のメディアを引きつける戦術である。「ソ連にはゴルバチョフがいる。中国には誰がいる」と、横断幕は問うていた。だが、鄧小平は学生運動を「反革命」と断じた。無力なはずの一市民が一七両もの戦車を阻止したが、三〇〇〇人もの人々が命を落とした。衝撃的な「ナマの目撃報道」が、世界を駆け巡った。

この騒乱の最中に、イランではホメイニ師が静かに息を引き取った。「灯りを消してくれ、私はもう眠い」が、末期の言葉であったという。かつてホメイニ師がカーターを悩ませたように、今や鄧小平がブッシュを苦しめることになった。

当然、国際世論は中国政府を批判し、アメリカ連邦議会では「北京の虐殺者」を指弾する声が高まった。「なんとも、手に負えない事態になってしまった」と、大統領はベーカー国務長官に嘆いた。[23] 米中接近以来、アメリカは対ソ牽制に中国を利用しようとしてきた。「チャイナ・カード」論である。そのソ連が脅威でなくなりつつある中で、中国共産党の危険性が浮き彫りになったのである。俄かに、戦略的三角形は不安定化する。

ブッシュは中国からの政治亡命者を受け入れ、経済制裁を科した。だが同時に、彼はスコウクロフトとイーグルバーガーを密使として北京に派遣して、米中関係の維持に努めた。機密保全のために外交電報を避け、旧知のジェームズ・リリー駐中国大使をわざわざワシントンに呼び戻して、両者の訪中計画を北京政府に伝達させるほどの慎重ぶりであった。[24] そう、「慎重」(プルーデンス)はブッシュ外交のキーワードである。

アメリカの対アジア政策は、ニクソン政権で対中重視になり、それ以降、フォード時代で対日重視、カーター時代に対中重視、レーガン時代で再び対日重視と揺れ動いてきた。ブッシュ政権でこれが再び対中重視に振れるかと思われた矢先に、天安門事件がこの振り子を止めた。大国化する中国との戦略関係と民主化のバランスをどうとるのかは、その後のアメリカの歴代政権を悩ませる。また、中国問題をめぐっては、共和党保守派と民主党人権派の間に奇妙な連合が時として成立し、両党の穏健派と対立する。

日米関係も、難問が山積であった。ソ連の軍事的脅威が低下するにつれて、日本の経済的脅威にアメリカ世論と連邦議会の関心が集まっていた。いわゆる「ジャパン・プロブレム」である。これ八九年になると、日米貿易摩擦の原因を、日本社会の異質性に求める議論までが噴出した。これに対して日本では、ソニー会長の盛田昭夫と小説家の石原慎太郎が、『「NO」と言える日本』を出版する。同年末には日経平均株価が三万八九一五円と、史上最高になる。当然、日本は自信過剰である。だが、これは一時的なバブルであり、九〇年九月に株価はほぼ半減する。

国際政治の変化は、東欧でさらに加速していた。民主化運動が急速に高まり、ゴルバチョフがこれに干渉しない姿勢を示した。フランク・シナトラの往年の名曲「マイ・ウェイ」に因んで、ソ連の態度は「シナトラ・ドクトリン」と呼ばれた。そのため、共産主義体制は次々に倒れ、一九八九年一一月九日には、ついにベルリンの壁が倒壊し始めた。七一年前に、第一次大戦に敗れてドイツ帝国が崩壊した、ちょうど同じ日であった。こうして、短期的には、レーガンの呼びかけが現実となり、長期的には、アメリカの「封じ込め」戦略が功を奏した。

だが、ブッシュは「壁の上でダンスを踊るのはご免だ」と、側近に洩らしていた。アメリカが「冷戦の勝利」を喧伝すれば、ゴルバチョフが国内的に窮地に陥るからである。[25]「過激なレトリックは新聞の見出しにはいいが、外交問題の解決には必ずしも役立たない」。[26]外交では、「最後のエスタブリッシュメント」は、まだ自制心を保持していた。

一九八九年一二月に地中海のマルタ島で、ブッシュ大統領とゴルバチョフ書記長との初の首脳会談が開かれた。船上でのサミットは、第二次大戦期のローズヴェルトとチャーチルの会合を彷彿させた。「いいか、あの男がペレストロイカなんだよ」と、ブッシュは政権内にも根強い警戒論を退けて、サミットに臨んだ。ペレストロイカとはロシア語で「建て直し」を意味し、ゴルバチョフが懸命に推進した改革の呼称である。ブッシュは、ペレストロイカへの支持を表明した。逡巡している間に、東欧で「さらに多くの『天安門』が起きると予測できた」と、ブッシュは回想している。「われわれのだれもが、いま歴史上の重大な岐路に立っていると感じています」「戦略としてもイデオロギーとしても、冷戦時代のやり方はすでに過去のものになりました」と、ゴルバチョフはさらに踏み込んで、冷戦の終焉に言及した。[27]やはりゴルバチョフが主、ブッシュが従ではあったものの、この二人の信頼関係が冷戦を平和的に終わらせたのである。ベーカーも、ソ連のエドゥアルド・シェワルナゼ外相（のちにジョージア大統領）と固い絆を結んでいた。

それから一年もせぬ九〇年一〇月に、東西ドイツと米ソ英仏の協議を経て、ドイツが再統一される。しかも、統一ドイツのＮＡＴＯ加盟さえ決まった。「万物は流転する」と、ゴルバチョフはこれを許容した。[28]この過程で、ベーカーがゴルバチョフに「ＮＡＴＯの管轄権は統一ドイツから東方へ一インチたりとも動くことはない」と口約したが、最終的に文書化されることはなかった。ワシントンでは、外交当事者のベーカーよりも、スコウクロフトらがソ連に対して慎重な態度を保持し、こちらが優勢になっていった。冷戦の産物であるＮＡＴＯを活用した点で、冷戦後のヨーロッパの秩序は簡易な「プレハブ・モデル」であった。[29]実務的なブッシュらしい「工法」である。そもそも、ブッシュはあくまでも同盟国との信頼関係を重視する「同盟大統領」であった。[30]

ブッシュは中国やソ連という大国相手には自制的でも、近隣の小国にはそうでもなかった。パナマの独裁者マヌエル・ノリエガ将軍は長年のＣＩＡへの協力者であり、レーガン政権も支援してきた。だが、ノリエガは麻薬で私腹を肥やし、その害毒はアメリカを席巻していた。ついにパナマでノリエガ排斥のクーデターが起こり、米軍も協力したが、失敗に終わった。海兵隊員も殺された。「このままだと、ジミー・カーターですら決意ある男に見える」と、民主党のある下院議員は語った。[31]

マルタ会談直後に、ブッシュは「正義作戦」の名の下に二万三〇〇〇人の米軍をパナマに送り、ノリエガを政権から放逐した上で、アメリカに連れ帰って逮捕した。このパナマ侵攻の法的正当性は内外ともに心もとなかったが、アメリカの世論はこれを歓迎した。かつての「弱虫」は「男らしさのテスト」に、まずは合格したのである。

やがて、本当の「男らしさのテスト」がやって来た。しかも、敵はノリエガの比ではなかった。イラクの独裁者サダム・フセインである。イランに対する防波堤として、レーガン政権、そして、ブッシュ政権もこの独裁者を支援してきた。今度は腕力だけでなく叡智が必要であった。

一九九〇年八月に、イラクは隣国クウェートに侵攻し、これを「一九番目の州」として併吞した。イランとの長年の戦争に疲弊したフセインが、クウェートの石油利権を欲したのである。今ならまだソ連がイラク攻撃に反対するだろうが、米ソ冷戦が終われば、アメリカの圧力がさらに強まってくるだろうと、独裁者は危惧していた。

「侵略は認められない」――これは、ブッシュの政治的人生で最も重大かつ毅然たる決断であった。次の標的はサウジアラビアかもしれなかった。サウジを守り、クウェートを解放する。そのためには、ソ連の支持を確保し、アラブ諸国の同意を得る。ブッシュ政権は、素早く方針を固めた。ベーカー国務長官が精力的な「シャトル外交」を展開し、パウエル統合参謀本部（JCS）議長とノーマン・シュワルツコフ中央軍司令官が軍事作戦を練った。一九八六年の法改正（ゴールドウォーター・ニコラス法）で、JCS議長は大統領の「軍事上の筆頭顧問」と位置づけられ、権限が強化されていた。国連大使時代からブッシュが培ってきた豊富な人脈も、国際協力に大いに役に立った。

ブッシュは「ビジョンとかいうもの」と語るなど、派手な外交構想を嫌った。だが、湾岸危機に直面して、彼は「新世界秩序」を提唱した。侵略の阻止、大国間協調、国連重視が、その三大原則である。「民主主義的な政府」と「市場経済」の拡大も力説された。

また、この間に、大統領は内政にも対処しなければならなかった。財政赤字が拡大する中で、湾岸危機による原油価格の高騰のため、税収の減少が予想された。連邦議会の与野党指導者と協議を重ね、ブッシュはついに公約を破って増税する決意を固めた。だが、共和党保守派にとっては、これは裏切り以外の何物でもなかった。ふり返ると、この時の増税への怒りは、二一世紀に起きるティーパーティー運動の先触れであった。一一月の中間選挙では、上下両院で民主党が議席を微増させた。

一一月末には、国連安保理決議六七八号が可決された。翌一九九一年一月一五日までにイラクがクウェートから撤兵しなければ、「あらゆる必要な手段」の行使を容認するという内容である。ソ連は賛成し、中国は棄権した。アメリカを中心に二八カ国が最大で八五万人に上る多国籍軍を形成し、合計一二もの国連安保理決議がこれを支えた。また、サウジは四〇万人以上の米軍を受け入れた。

ベーカーはぎりぎりまでイラクと交渉を重ねたが、ここでは「一ミリたりとも譲歩」を得られなかった。[32] 国内では、民主党主導の連邦議会がついに、大統領に武力行使を認める決議をまとめた。外交、軍事、内政と、開戦の準備は万端となった。この折、上院軍事委員長のサム・ナン(民主党、ジョージア州)は最後まで開戦に反対した。このために、彼は将来の大統領候補になる機会を失う。ジョー・バイデンも反対したが、彼が大統領になるのは、これから三〇年近く先の話である。

一九九一年一月一七日未明に、米軍を主力とする五〇万人の多国籍軍が「砂漠の嵐」作戦を開始した。イラクはイスラエルを攻撃して反撃を誘い、アラブ諸国の足並みを乱そうとした。イスラエルの若い外務次官、ベンヤミン・ネタニヤフは流暢な英語で自国の大義を滔々と説いて、アメリカ政府を苛立たせた。ベーカーは彼の国務省訪問を禁止したほどである。

アメリカの強い要請で、何とかイスラエル政府は自制を貫いた。米軍はハイテク兵器を駆使して空爆を重ね、二月二四日に地上軍が突入すると、戦闘はわずか一〇〇時間で終息した。ソ連が武器と訓練を提供してきたイラク軍は、驚くほど脆かったのである。

それでも、フセインは生き残った。「遠方の人口二〇〇〇万人の国を制圧し、占領するわけにはいかなかった」「サダムが失脚すれば、……結局は、名前の違う別のサダムが登場するだけである」と、パウエル将軍は回想している[33]。また、「元国連大使のブッシュは、仁川で勝利後に南北朝鮮の境界線を越えたマッカーサーの決断［失敗］を教訓としたのだろう」と、キッシンジャーも推測している[34]。

湾岸危機・戦争での日本の対応は、稚拙をきわめた。日本は中東に石油の七割を依存していた。だが、海部俊樹首相は外交に不慣れで、その権力基盤も脆弱であった。彼は首相官邸ではなく、外務省に主導権を委ねた。海部や栗山尚一外務次官（ともに一九三一年生まれ）らの世代は、かつての軍国主義と敗戦の記憶に強く支配されていた。

国内の様々な抵抗から、日本は後方支援や輸送、医療協力さえ提供できず、アメリカからの「外圧」で小出しに資金提供を重ねた。日本の対応は「あまりに小さく、あまりに遅い」と批判された。石油税増税で捻出した一三〇億ドルを提供して、日本は「なお軽侮の対象にとどまった。

それはまさしく日本の『敗北』であった」と、外交史家の五百旗頭《いおきべ》真は言う。[35]

レーガン政権と異なり、ブッシュ政権には、日本への深い理解者が少なかった。日本は「おそらく最も御しがたい国」と、スコウクロフトも回想している。[36]また、ヨーロッパや中東で忙殺される中で、ブッシュ外交はアジアでは総じて「保身的で受け身」であった。[37]やがて、日米間の「同盟漂流」（栗山）が深刻化する。

さて、湾岸戦争が終結してしばらく後、八月にクレムリンで政変が生じた。ゴルバチョフが別荘で幽閉され、保守派が政権を奪取しようとしたのである。天安門広場では市民が戦車に立ちはだかったが、赤の広場ではボリス・エリツィン（ロシア共和国最高会議議長）が戦車を阻止した。クーデターは失敗に終わったが、ゴルバチョフの威信も地に堕ちた。ソ連崩壊の足音が近づく中で、アメリカは素早くソ連核脅威軽減法（ナン・ルーガー法）を成立させ、ソ連の核兵器の平和的な解体に協力する態勢を整えた。

一九九一年八月には、ソ連共産党が解散し、年末にはソ連そのものも解体した。「アフガニスタン侵攻の日からちょうど一二年、ボルシェヴィキ革命からちょうど七四年後に、ソ連最後の指導者はアメリカ大統領に電話でよいクリスマスを願い、核攻撃を始めるのに必要な暗号をエリツィンに渡し、ペンに手を伸ばして、ソ連を正式に終結させる政令に署名した」。[38]ソ連のGDPは七〇年にはアメリカの四割に及んだが、この時にはわずか一三パーセントにすぎなかった。

「あなたが世界の平和のためになさったことに感謝します」と、ブッシュは旧友に告げた。[39]遂に、ケナンの予言も成就したのである。だが、アメリカが文字通り唯一の超大国になると、国内ではこれまでの冷戦コンセンサスは溶解し、対外的には自制心を失っていく。

「こちらはブッシュ前大統領です！」

一九九二年には、大統領選挙が巡ってきた。湾岸戦争の圧勝で、一時はブッシュの支持率は九割にも達していた。ブッシュは再選を疑わなかった。しかし、失業率が七％を超え、アメリカ経済はすでに景気後退に入っていた。ところが、共和党の保守派は、人工中絶や家族の価値などの「モラル・イシュー」に固執していた。また、ギングリッチら保守派の多くは、増税をめぐる大統領の違約にまだまだ憤っていた。さらに、冷戦が終焉したことで、皮肉にも、大統領の外交的手腕はそれほど重要ではなくなってしまった。ブッシュに求められていたのは、「砂漠の嵐」ならぬ「国内の嵐」作戦だったのである。[40]

一月に日本を訪れた折も、ブッシュはアメリカの大手自動車会社の首脳陣を引き連れ、自由貿易の原則を放逐して「仕事！　仕事！　仕事！」と連呼せざるをえなかった。「ぜひ私を助けてほしい」「もし今回失敗して帰国すれば、保護主義を防止することはできなくなる」と、ブッシュ大統領は宮澤喜一首相に懇願した。その夜の晩餐会で、ブッシュは嘔吐して首相の膝に頽《くずお》れた。意に反した言動による重圧であったろうか。宮澤はブッシュより五歳年長で、この二人のエリートは去り行く世代に属していた。

ヤルタからマルタへの長い旅の果てに、ソ連が崩壊して冷戦は終わった。すると、第一次世界大戦と同様に、バルカン半島が再び「世界の火薬庫」になり、サラエボが発火点になった。ユーゴスラヴィア連邦が解体し、ボスニアで内戦が起こったのである。歴史の針が逆行しているかのようであった。地上軍投入が話題になると、パウエル将軍は二〇万人以上の兵力を要求し、軍への「愛の大きさ」を試した。すでに湾岸戦争とソ連解体で疲弊したブッシュ政権は、この「求愛」には応えられなかった。[41]やがて、「新世界秩序」は「新世界無秩序」と呼ばれるようになり、ブッシュも「われわれの敵」は「予測不可能性」だと認めざるをえなくなった。

アメリカにとって、湾岸戦争が「完勝」であったが故に、他の地域紛争への関与はいずれも問題を伴うように見えた。また、第二次世界大戦後には、アメリカは「平常への復帰」を果たす前にソ連という強敵と対峙したが、冷戦後の世界には、当面そのような「明白かつ現在の危機」は存在しなかった。そのため皮肉にも、唯一の超大国は優柔不断で視界不良に陥ってしまったのである。「ジョージ・H・W・ブッシュの最大の欠点は、彼がしたことではなく、彼がしなかったことの中に存在したのである」と、ブレジンスキーは批判している。[42]輝かしい「単極の瞬間」は、思いのほかに不安定であった。

「経済なんだよ、わかったか!」——ベビーブーマー世代(一九四六-六四年生まれの世代)に属する無名のアーカンソー州知事ビル・クリントンが民主党の大統領候補になり、ブッシュの外交重視、共和党のイデオロギー重視を批判した。共和党内でも、増税や移民の増加に憤るパット・ブキャナンが、「アメリカ・ファースト」を叫んで、大統領を執拗に攻撃した。彼はかつてニクソンのスピーチ・ライターを務め、少年時代にはマッカーシーを尊敬していた。二〇年後には「より頭のいいトランプ」と呼ばれる。そこに、テキサスの大富豪ロス・ペローという第三候補まで出現して、ブッシュは追いつめられていく。

義父の醜悪な風刺画を目にするたびに、この選挙で「政治は醜い争いへと変貌」したことを、ジョージの妻ローラは痛感した。[43] そうした政治の変貌には、義父や夫も大いに手を貸してきたのだが。

この間、連邦最高裁判所では、初の黒人判事だったサーグッド・マーシャルが二四年の務めを経て、引退した。彼は公民権運動の象徴であった。そこで、ブッシュは黒人保守派のクラレンス・トーマスを後任に起用した。上院は僅差でこれを承認したが、トーマスは女性スキャンダルを抱えていた。正義の殿堂にも、性的スキャンダルが忍び込んできた。

苦戦の中で、せめて副大統領候補を代えるべきだと、長男のジョージは父に進言した。彼が推したのは、剛腕のチェイニー国防長官である。黒人票を狙って、パウエル将軍を副大統領候補に推薦する者もあった。だが、ブッシュはクェールを選んだ。ブキャナンやクェールは、「文化的分断」や「宗教戦争」を煽って、浮動票の喪失に大いに貢献した。とうとう、ブッシュはベーカー国務長官を大統領首席補佐官に迎えて、選挙戦の陣頭指揮をとらせた。だが、この人事もすでに時宜を失していた。

クリントンには女性問題やベトナム徴兵忌避などスキャンダルが多いことから、ブッシュは自分の経歴を誇示して、「信頼性」や愛国心の重要性を力説した。前者については、増税をめぐるブッシュ自身の公約違反が改めて問われた。後者についても、クリントンはブッシュの批判をマッカーシズムだと鋭く反撃した。「私は戦争に反対したが、祖国を愛している」。その上、投票のわずか四日前に、ワインバーガー前国防長官が、イラン・コントラ事件に関する偽証罪で起訴された。

こうして、ブッシュは一敗地にまみれた。若き日に第二次世界大戦に従軍した経験を持つ「最も偉大な世代」の退場が始まった。大統領でいえば、ケネディからこのブッシュまでの世代に当たる。ブッシュとクリントンには二二歳の年の差があり、アイゼンハワーとケネディ（二七歳差）に次ぐ大きな世代交代であった。

テレビのインタビューで、キャスターが敗北の確定したブッシュを「こちらはブッシュ前大統領です！」と紹介した。「まだだ！」と、珍しくブッシュが怒気を込めてキャスターを睨みつけた。「辛い、辛い、辛い。これはプライドのなせる業でもあろう」と、大統領は敗北当夜の日記に綴っている。[44] この選挙の二週間後には、ブッシュの母ドロシーが九一歳で亡くなった。母は息子に自制と中庸を説き続けたが、息子は不本意ながら母に背き、選挙にも敗れた。

最後の冷戦大統領にして最初のポスト冷戦大統領の敗北は、リーダーたちの世代交代だけではなく、一つの時代の終わりをも告げていた。ホブズボームによれば、それは「危機の時代」、さらには「短い二〇世紀」の終わりであった。激動の時期をふり返って、「最後のエスタブリッシュメント」の世界平和への貢献に、人びとは感謝するようになる。とりわけ、クリントン夫妻は、ブッシュ夫妻の温かい助言に敬意を抱く。結局、ブッシュは中庸を取り戻し、紳士に立ち帰ったのである。

第五章

ホワイトハウスのベビーブーマー
——クリントンの台頭と汚辱

ワシントンで開催された募金集めの夕食会に出席したクリントン大統領とヒラリー夫人（1996年5月9日）〔写真：ロイター/アフロ〕

ホープから来た男

少年は農場暮らしを楽しんでいた。

「一頭、近寄ってはならないとても凶暴な雄羊がいるのは知っていたが、わたしたちは無謀にも運試しを試みた。これが大きな間違いだった。……羊はすぐにわたしをとらえ、両脚に体当たりして転倒させた。……わたしは血だらけになり、猛烈な痛みを覚えた。……そしてわたしは、自分が手ひどい攻撃にも耐えられることを学んだ」[1]。

おそらく、ビル・クリントンはこの「羊」を、政界で何度も思い出すことになる[2]。

一九四六年に南部のアーカンソー州の小さな町ホープで、クリントンはウィリアム・ジェファーソン・ブライス三世として生まれた。その三カ月前に、父は交通事故で亡くなっていた。四年後には、母のヴァージニアは自動車のセールスマン、ロジャー・クリントンと再婚した。継父は善良だがアルコール依存症であった。

クリントンが中学三年生の時のことである。「母が床に倒れ、父さんがのしかかって殴りつけていた。今すぐ暴力をやめなければ、ゴルフクラブで思いきり殴ってやる、とわたしは告げた。継父はあっけなく従い、ベッドわきの椅子に坐り込んでうなだれた」[3]。

保守的で貧しいアーカンソーの風土と複雑な家庭環境、そして戦後の世相が、この優秀な若者を理想主義的だが貪欲な政治的動物に育て上げたのである。のちには伴侶ヒラリーの影響も、そこに加わる。

一九六三年のことである。将来リーダーをめざす高校生のための全国大会「ボーイズ・ネーションに、クリントンは親友のマック・マクラーティとともに参加し、ワシントンに赴いた。「ボーイズ・ネーション」の一行は、ホワイトハウスを訪問した。そこで、彼らはケネディ大統領の歓迎を受けた。「大統領就任から二年半のあいだ、ますます熱心に支持してきた人物が、目の前にいる。友人が写真を撮ってくれた。のちになって、ケネディ図書館に握手の録画映像があることを知った」と、クリントンは回想する。

クリントンはカトリックではなくバプティストだが、ケネディと同様にアイルランド系である。大統領就任時の年齢も四六歳と、ケネディの四三歳に次いで若かった。若くハンサムで理想主義的でスキャンダルに事欠かない——クリントンはしばしば「第二のケネディ」と呼ばれた。

さらに同年、「私には夢がある」というキング牧師の有名な演説に、クリントンはテレビで接した。彼はしばらく涙がとまらず、牧師の夢を叶えるために「今後の人生を賭けて、できることをすべてやろうという決意」を固めた。[4] クリントンは公民権の拡大にきわめて熱心であり、のちに「初の黒人大統領」とさえ呼ばれた。

政治の途に進もうと、クリントンはワシントンにあるジョージタウン大学に進学した。政治や外交の分野では定評のある名門である。当初、ホープから来た若者は、この保守的なイエズス会系の大学と必ずしも肌が合わなかった。それでも、クリントンは学生自治会の代表に数度選ばれ、早くも選挙政治の手腕を磨いた。彼はまた、数多くの哲学書を旺盛に読み耽った。マルクス・アウレリウスの『自省録』が、愛読書の一つだという。

　さらに、クリントンはアーカンソー州選出の民主党上院議員ウィリアム・フルブライトの事務所で、インターンの機会を得た。フルブライトは上院外交委員会委員長であり、リベラルな国際主義者と保守的な南部人の顔を併せ持っていた。ベトナム戦争が激化するにつれて、彼はジョンソン大統領を厳しく批判するようになる。ベトナムで戦死したアーカンソー州出身の若者たちのリストを、フルブライトは毎日入手していた。ある日、クリントンはそこにかつての同級生の名前を見つけた。「わたしは初めて、学生として、ヴェトナムでの死をただ遠方から眺めていることに罪悪感を抱いた。少しのあいだ、大学を中退して軍に志願しようか考えてみた」[5]。

　もちろん、クリントンはその考えを実行しなかった。それどころか、彼は大学卒業後に権威あるローズ奨学金を獲得して、イギリスのオックスフォード大学に留学する途を選んだ。イギリスの政治家セシル・ローズが創設したこの奨学金制度は、大英帝国とアメリカの優秀な若者をオックスフォード大学の大学院で学ばせるものである。アメリカでこれを模したのが、フルブライト奨学金である。フルブライト上院議員も、かつてのローズ奨学生であった。

　同期の奨学生として、クリントンはロバート・ライシュやストローブ・タルボットらと出会った。前者はハーヴァード大学教授に、後者は『タイム』誌のロシア特派員になる。そして、彼らは労働長官、国務副長官として、クリントン政権に参画する。オックスフォードで勉学に励みながらも、彼らはベトナム戦争にますます批判的になっていった。ロンドンで開かれた大規模な反戦デモにも参加した。

ところが、そのクリントンが徴兵された。彼は一時帰国し、アーカンソー大学ロースクールに一旦入学し、そこの陸軍予備役将校訓練部隊（ＲＯＴＣ）に参加することにした。そうすれば、徴兵が二年は猶予されるからである。やがて、ニクソン政権が徴兵選抜の方法を変更したため、クリントンが選抜される可能性はほとんどなくなった。そこで、彼はＲＯＴＣを辞退し、名門イェール大学のロースクールに進むのである。これがのちに、徴兵忌避問題として浮上する。

法律の勉学以上に、クリントンは一九七二年の大統領選挙に強い関心を抱き、民主党のマクガヴァン候補を応援した。マクガヴァン陣営で選挙対策本部長を務めたのが、ゲリー・ハートである。だが、マクガヴァンやハートではなく、彼らの学生ボランティアが最終的にホワイトハウスに到達する。しかも、ハート以上の不倫報道を乗り越えて。

さらに、イェール大学で、クリントンは運命の人と出会った。「あなたがわたしを見つめずにはいられなくて、わたしもそのたびに見つめ返すんだったら、お互い、名前ぐらいは知っておいたほうがいいでしょう。わたしは、ヒラリー・ロダム。あなたは？」と、図書館で彼女から問いかけられた。[6] ヒラリーは中西部の中流家庭に生まれ、高校時代には共和党支持者であった。だが、彼女はリベラルな名門女子大学、ウェルズリー大学に学び、ベトナム戦争反対に傾いていった。大学の卒業式では、総代として演説し、メディアにも注目された。[7] やがて、クリントンとヒラリーは同棲し、マクガヴァンの選挙キャンペーンに共に加わった。

ロースクールを卒業すると、クリントンはアーカンソー大学ロースクールで教鞭をとった。地元で政治家になるための準備である。ヒラリーは児童問題に打ち込んだ後に、連邦下院でウォーターゲート調査委員会のスタッフになった。ニクソンが辞任すると、ヒラリーは恋人を追ってアーカンソーに赴いた。この「都落ち」は、彼女の友人たちを大いに驚かせたという。その頃、クリントンは二八歳の若さで、連邦下院議員に立候補していた。だが、若者は僅差で敗れ、再び教壇に戻った。

一九七五年一〇月に、二人は結婚した。最強のパワー・カップルの誕生である。翌年には、クリントンはアーカンソー州司法長官に立候補して、今度は当選を果たした。こうして、彼は地方政治に精通し、地元に人脈を広げていった。また、同年の大統領選挙では、カーター候補のために、アーカンソー州の選挙対策委員長も務めることになった。他方、ヒラリーは地元の名門法律事務所に職を得て、弁護士としての評価を高めていく。

一九七八年には、クリントンは知事選挙に挑み、圧勝した。実に三二歳と、全米で最も若い知事であった。知事の就任演説で、ホープから来た男は人々に「誇りと希望（ホープ）」を語った。だが、若い知事は急ぎすぎていた。確かに、クリントン知事は教師の賃上げなど教育改革には成果を挙げたが、道路整備のために自動車免許の登録料を値上げして、有権者の猛反発を買った。また、保守的な南部にあって、知事夫人がヒラリー・ロダムと旧姓を用い、クリントンを名乗っていないことも批判された。彼女は「地球にやって来た異星人」のように風刺された。[8] しかも、知事公邸には、イェールやハーヴァードのエリート臭が充満していた。

その上、難民問題である。カーター政権がキューバからの難民をアーカンソー州内の空軍基地に移送したところ、そこから一〇〇〇人もが脱走したのである。当然、地元は大混乱に陥った。

「わたしはキューバ人とナンバープレート（自動車登録証）の流砂のなかにずぶずぶと沈みつつあった」と、クリントンは回想している。[9] 当時、アーカンソー州知事の任期は二年であった。一九八〇年の知事選挙で、彼は敗れてしまう。同時に行われた大統領選挙で、カーターも敗退した。もちろん、クリントンは意気消沈した。しかし、彼は落選という「羊」に挫けず、再起した。「もし敗れなかったら、わたしはおそらくけっして大統領にはなれなかっただろう」「既成の利害関係のすべてをいっぺんに叩くことは誰にもできない。そして人の話に耳を傾けないと思われるようになったら、おしまいだ」。

次の知事選挙で、前回は彼に投票しなかったが、今回は投票するという有権者に、クリントンは出会った。なぜ前回は投票してくれなかったのかと問うと、やはり「おれの車の登録料を値上げしたからさ」という答えである。では、今回はなぜ投票してくれるのか。「ビル、あんたはばかじゃない。また値上げするなんて、いちばんしそうにもない人間だ」[10]。「父は同じことで私を二度もぶったりしなかった」と、クリントンは早速このエピソードを選挙キャンペーンに取り入れた。彼の強みは、打たれ強さと庶民性にある。彼の浩瀚な回顧録には、市井の人々の名前が溢れている。

しかも、辣腕の選挙コンサルタント、ディック・モリスがクリントン陣営に加わった。さらに、ヒラリーもイメージ・チェンジした上、クリントン姓を名乗った。こうして、一九八二年にクリントンは現職を破って、州知事に返り咲いた。ホープから来た男は、州都リトル・ロックで「カムバック・キッド」になったのである。

クリントン知事は、さっそく経済と教育の再建に取り組んだ。アーカンソー州は全米でミシシッピ州に次いで貧しく、大学卒業者の割合は最も低かった。知事は新たに教育基準委員会を設置し、ヒラリーを委員長に起用した。彼女の活躍ぶりに、「われわれはどうも、違うクリントンを選んでしまったようだ！」という感嘆の声も上がった。だが、夫も負けてはいない。三洋電機が州内の工場を閉鎖すると知ると、クリントンは大阪に飛んで旧知の井植敏社長に直談判した。井植は閉鎖を見送り、クリントンの恩人となる。

クリントンは一九八四年、八六年、九〇年と再選を重ねていく（八六年から知事の任期は四年になった）。この間、全国的にはレーガン、ブッシュの時代であり、共和党の全盛期であった。そこで、民主党のリベラル色を抑えて、中間層や白人男性にも支持を広げるべく、八五年に民主党指導者会議（DLC）が発足し、やがて「ニュー・デモクラット」を称するようになった。クリントンはDLCの当初からのメンバーであった。[11]

一九八八年に、クリントン知事は全国的な注目を集めた。民主党大会でデュカキスが大統領候補に選ばれる際に、クリントンに指名演説を依頼したのである。発奮したクリントンは、三〇分以上も演説を続け、会場とテレビの視聴者を飽きあきとさせてしまった。何しろ、最も大きな喝采が起きたのは、彼が「おしまいに」と口にした時であった。だが、数日後には、クリントンはテレビのトーク番組で自虐的なジョークを飛ばして、イメージ回復に努めている。

四年後の一九九二年には、クリントンが大統領候補になっていた。当時、ブッシュ大統領の支持率はきわめて高く、ニューヨーク州知事のマリオ・クオモすら挑戦を諦めていた。そこに、クリントンが出馬を表明した。しかし、これは大胆な賭けであった。全国知事会の会長を務めたとはいえ、彼はまだ四五歳と若く、貧しい州の知事にすぎなかった。しかも、現職の知事から大統領に当選した例は、戦後に一人もなかった（カーターやレーガンの大統領就任は、知事退任後）。

クリントン陣営の選挙戦略担当には、ジェームズ・カーヴィルが起用された。この歴戦の強者は、自らのオフィスを「戦時作戦室」（ウォールーム）と称した。他にも、ジョージ・ステファノポロス、ラーム・エマニュエル（オバマ政権の大統領首席補佐官、バイデン政権の駐日大使）らが、クリントン陣営に参加した。ブッシュのネガティブ・キャンペーンに屠られたデュカキスの二の舞は演じまいと、彼らは決意していた。

民主党の予備選で、ポール・ソンガス元上院議員ら年長のライバルを抑えて、クリントンは大統領候補の指名を獲得した。しかし、その間に、ジェニファー・フラワーズという女性との不倫騒動や徴兵忌避疑惑など、新たな「羊」が次々にクリントンに襲いかかった。ヒラリーや一二歳になる娘チェルシーさえも、批判や攻撃の対象になった。保守勢力による組織的な陰謀だと、ヒラリーは思いつめていた。

それでも、クリントンは「中間層の味方」を強調して、予備選を乗り切った。「人格に問題のある候補者」というイメージが定着し、皮肉にも、スキャンダル耐性が強まったとも言える。やはり、彼は「カムバック・キッド」であった。メディア担当のステファノポロスは、その後もリークや特ダネ、独占インタビューなどを駆使してメディアを懐柔し、クリントンを多くのスキャンダルから守る。

クリントンは、テネシー州選出のアル・ゴア上院議員を副大統領候補に選んだ。ゴアは上院議員を父に持つエリートで、四四歳とはいえ、前回の大統領選挙に出馬した経験もある。環境問題や通信情報問題などの政策にも通じていた。クリントンとゴアの年齢は近いし、二人の州も隣接していた。クリントンはあえて、二人の若さと「変革」イメージに賭けたのである。

いよいよブッシュとの対決である。すでに湾岸戦争の熱狂は過ぎ去り、ロサンジェルスで大規模な暴動が発生するほど、世相は荒んでいた。クリントン陣営の「戦時作戦室」は、冷戦後の複雑な外交問題での論争を避け、「変革か、現状維持か」「経済なんだよ、わかったか!」「医療保険も忘れるな」をスローガンに、内政シフトに徹した。

さらに、この選挙には、ロス・ペローという第三候補が乱入した。二度にわたる討論会で、ブッシュは「実績」を、クリントンは「変革」を、そして、ペローは「反ワシントン」を訴えた。有権者は「変革」を選んだ。クリントンは三二州で勝利し、三七〇人の大統領選挙人を獲得した。しかし、一般得票は四三%と過半数に遠く及ばなかった。ペローが一九%も獲得したからである。しかも、民主党は上下両院で多数を維持したものの、下院では九議席を失った。圧勝とはいいがたい。ますます先鋭化した保守勢力は、クリントン夫妻を偽善的なリベラルと、蛇蝎のごとく毛嫌いしていた。クリントンはブッシュとペローに投票した人々に向けて、「再統合したアメリカ」を築こうと呼びかけた。だが、共和党の上院院内総務ドールは「クリントンは過半数の信任を得ていない」と、さっそく攻撃を開始した。それでも、民主党はホワイトハウスと上下両院を制し、一四年ぶりの「トリプル・ブルー」となった。

また、上院では史上初めて四人の女性が当選し、合計で女性上院議員の数は六人になる（いずれも民主党、うち一人は黒人）。そのため、一九九二年は「女性の年」とも呼ばれた。トーマス最高裁判事の女性スキャンダルをめぐって、上院司法委員会に女性が一人もいなかったことに、世論が衝撃を受けた結果であった。民主党はますますジェンダーやマイノリティの問題に敏感になり、クリントンはそれを巧みに利用した。

こうして、ホープから来た男はベビーブーマーとして初めて、ついにホワイトハウスに向かう。

混乱と学習——一期目

「本日、冷戦の影のもとで育った世代が、世界のなかで新たな責任を引き受けます。その世界は自由の日差しに暖められてはいるものの、いまだに古い憎しみや、新たな災いに脅かされています。比類なき繁栄のなかで成長したわたしたちは、今なお世界一の強さを誇る経済を受け継ぎました。しかしその経済は弱体化しています。……アメリカの正しいところをもってすれば、アメリカには癒せない問題などありません」[12]

ただし、このニュー・デモクラットは「自分がなにもせずに政府や同胞に期待するという悪しき習慣を絶つべきときです」とも語り、レーガン・ブッシュ時代からの自己責任論を踏襲した。[13]

大統領就任演説で、クリントンは簡潔に自らの時代認識を示した。だが、四二〇〇語からなる演説のうちで、外交への言及はわずか一四一語、つまり全体の三％にすぎなかった。[14] その後に発表されたアジア政策でも、一〇項目を列挙しながら「順不同」と優先順位は示されていなかった。[15]

南部の州知事出身で外交経験がない点で、クリントンはカーターと同じであった。また、二人とも意思決定に際して詳細な情報を求めた。ただし、クリントンはカーターとは異なり、個人のレベルでの道徳や人格の問題には融通無碍であった。

とはいえ、一二年ぶりの民主党政権は、外交政策でカーター時代の人材に頼らざるをえなかった。ウォーレン・クリストファー国務長官やウィリアム・ペリー国防副長官（のちの長官）、アンソニー・レイクNSA担当大統領補佐官も、カーター人脈である。モンデール元副大統領も、駐日大使に起用された。ここに駐日大使の「大物」路線が定着する。ただし、マデレーン・オルブライト国連大使（のち国務長官）らを除くと、ブレジンスキーの下で働いた者は少なく、外交面では、「ブレジンスキーなきカーター政権」の観があった。内政では、クリントンの旧友やアーカンソー人脈が中心になった。

経済重視のクリントン政権では、かつて副大統領候補にもなった大物ベンツェン上院議員が財務長官に就任した。また、新たに国家経済会議（NEC）が設置され、ゴールドマン・サックス共同会長の「天才」ロバート・ルービンが起用された。

若いクリントン政権では、自由闊達な議論が奨励され、ゴア副大統領も政策決定の中枢に参与した。だが、この政権で誰よりも大統領に強い影響力を行使したのは、ファースト・レディである。ヒラリーは医療保険制度改革チームの議長になり、具体的な政策に携わった。ただし、連邦議会と既得権益集団は、彼女の改革案に頑強に抵抗した。しかも、夫の性的スキャンダルの再燃、さらには、夫妻の土地開発をめぐる不正融資疑惑までもが加わり、ヒラリーはやがて一敗地にまみれる。この敗者復活がオバマケアである。

クリントンが大統領就任早々に持ち出した争点が、米軍での同性愛者（ゲイ）の容認問題であった。米軍は同性愛者の勤務を認めていなかったが、クリントン支持の人権派はこれを強く批判していた。ワシントンでは、数十万人ものゲイがデモに参集した。結局、軍はゲイか否かを問わないし、当事者は答えない、という妥協で落ち着いた。徴兵忌避疑惑もあり、大統領と軍部の関係はただでさえ微妙だったが、これで一層険悪なものになってしまった。

「経済なんだよ、わかったか！」と訴えたクリントンのことである。財政赤字は、実に二九〇二億ドルに達していた。レーガンの大統領就任時のほぼ五倍、名目ＧＤＰの四・四％である。そこで、増税と歳出削減により五年で財政赤字を四九三億ドル削減するなどの経済再生計画を、一九九三年二月にクリントンは連邦議会で発表した。この包括的予算調整法案には、共和党は猛反対し、増税を嫌う民主党からも造反が出たが、僅差で可決された。だが、この努力がのちの経済成長につながる。

この頃、若い政治学者のフランシス・フクヤマ（アラン・ブルームの弟子）は、自由民主主義の勝利によってイデオロギー闘争としての歴史は終わると、大胆に論じた。これに対して、ハーヴァード大学教授のサミュエル・ハンティントン（フクヤマの恩師の一人）は、文化の多様化が進み、文明間の衝突が国際政治の軸になると予想した。[16] 前者を信じて民主化のために対外介入すれば、結果的に、後者の予想どおり文明の衝突をもたらす。とはいえ、文明間の境界線も相当に曖昧であった。イデオロギー闘争と文明の衝突は、むしろアメリカ国内で深刻化する。

大統領選挙中に、クリントンはブッシュの対中軟弱外交を批判して、「バグダッドから北京に至る独裁者を甘やかさない」と豪語していた。ここには、対中貿易赤字の拡大と中国の人権状況への苛立ちが共存していた。

だが、アメリカの経済界は、ますます中国との貿易拡大を望むようになっていた。一九九三年五月には、クリントンは中国への最恵国待遇を更新し、一一月にシアトルで開かれたアジア太平洋経済協力会議（ＡＰＥＣ）で中国の江沢民国家主席と初めて会談した。ソ連に対する「チャイナ・カード」はもはや不要であったが、中国そのものの経済的な重要性が増していた。そのため、天安門事件に対する対中経済制裁は、徐々に解除されていった。中国市場へのアクセスと冷戦後の世界秩序への中国の編入――この二つの願望がクリントン政権を突き動かしていた。前者は成功し、後者は失敗に終わる。しかも、中国は安価な労働力を提供したが、やがて、それはアメリカの製造業に大きな打撃を与える。こうした対中関与政策には、連邦議会のタカ派はもとより人権派からも批判が強かった。関与政策どころか、「乱交政策」だという声すら上がった[17]。

クリントン政権はさらにカナダ、メキシコとの自由貿易協定（ＮＡＦＴＡ）などを通じて、自由貿易を積極的に推進した。いわば「レーガンの夢」の実現である。連邦議会でＮＡＦＴＡは超党派で合意されたが、下院では民主党議員の大半が造反した。彼らの危惧したように、自由貿易とグローバル化は国内の貧富の格差を拡大し、一九九六年には、所得で上位一％の層の富の総和が下位五〇％のそれと同じになる（八〇年には、前者は後者の半分）。

しかも、富裕層の子弟は高学歴化してさらに富裕になり、貧困層の子供たちは低学歴にとどまり貧困から脱出できなくなっていた。こうなると、格差というより階層化である。「アメリカン・ドリーム」どころではない。

また、一九九四‐九五年にはメキシコの通貨危機もあり、中南米からの移民が急増した。九〇年代を通じて移民は増え続けた。移民の総数は、八〇年には一五〇〇万人弱だったが、二〇〇〇年には三〇〇〇万人を超える。社会の階層化に反移民感情が手伝って、民主党は労働者層の支持をさらに失っていく。

ロシアの民主化についても、クリントン政権は積極的に支援しようとした。一九九四年には、同政権はロシアや東欧諸国とNATOによる「平和のためのパートナーシップ」を主導し、エリツィン大統領をサミットに招き入れた。ロシア支援の拡大がアメリカの財政を圧迫すると、危惧する向きもあった。それでも、クリントンは経済的低迷と国内対立に苦しむエリツィンを助け、「封じ込め」に代わる「関与と拡大」路線を模索した。対ロシア政策の陣頭指揮をとったのはタルボット国務副長官であり、「関与と拡大」という概念を案出したのはレイクNSA担当大統領補佐官であった。この試みは「ケナン懸賞金」と呼ばれた[18]。

ロシア以外の旧ソ連に残る核兵器の解体も、大問題であった。米英ロがウクライナと交渉の末、一九九四年には三カ国がウクライナの安全を保障し、ウクライナが核兵器を廃棄するブダペスト覚書が交わされた。ロシアのウクライナ侵攻を知る今日となっては、まったく皮肉である。

当時、民主主義国間には戦争は起こらないという「デモクラティック・ピース」論が盛んであり、安全保障上の観点からも、中国やロシアの民主化が期待された。かつてのワイマール共和国からナチが台頭したように、民主化の途上が最も脆弱であり、そこから独裁が復活するかもしれない——「ワイマール中国」や「ワイマール・ロシア」のシナリオも語られた。

経済重視のクリントン政権は、同盟国の日本には貿易赤字解消のために、管理貿易的な「結果重視」を強く迫った。そのため、対日政策では、ミッキー・カンター率いる通商代表部（USTR）や商務省の影響力が増していた。民主党が多数を占める連邦議会も、日本に厳しかった。

しかも、「日本異質論」が、当時のアメリカ言論界を席巻していた。日本からすれば、一方的な「ジャパン・バッシング」（日本叩き）であった。だが、一二年に及ぶ共和党政権の下で、民主党との人脈を弱体化させた責任は、日本側にもある。

そのため、一九九三年四月の宮澤首相との、そして、九四年二月の細川護熙首相との日米首脳会談は、ともに失敗に終わった。この間、冷戦の国内版である五五年体制がようやく崩壊した。クリントンと宮澤では一世代異なっていたし、細川以降の日本の政治は急速に流動化する。クリントン時代に、日本の首相は実に七人も交代する。

こうした大国間関係とは別に、クリントン政権は冷戦後の地域紛争に慢性的に悩まされた。バルカン半島が、再び世界の火薬庫になっていた。ユーゴスラヴィア解体後、ボスニアではセルビア勢力によるムスリム虐殺「民族浄化」が起こっていた。大統領選挙中には、クリントンはブッシュの弱腰を批判して、セルビア勢力への空爆を主張していた。だが、軍部やヨーロッパ諸国が難色を示す中で、クリントンは何度も変節した。「ボスニアの悲劇は、その後二年以上も長引き、二五万人を超える死者と二五〇万人もの難民を出すことになる」と、クリントンは後悔している。[19]

さらに、「アフリカの角」に位置するソマリアである。国連の錦の御旗があれば、ソマリアのほうがボスニアよりも対処しやすい――こうした安易な判断は明らかに裏目に出た。ソマリア内戦への介入で一八人の海兵隊員が殺害され、彼らの遺体が市中を引き回された。派兵支持のアメリカ世論は急速に退潮し、一九九四年春にはクリントンは米軍を撤収した。この失敗のために、アメリカはルワンダでの大量虐殺を傍観することになる。湾岸戦争の完勝とソマリアでの失敗から、米軍の人命損失を極力避けようとする「ゼロ・カジュアルティ」の原則が、唯一の超大国を強く拘束したのである。

「アメリカの裏庭」にあるハイチでも、軍事クーデターが起きていた。クリントンは難民流入を恐れて、手が出せなかった。だが、ハイチ情勢は悪化し、他の地域紛争も手詰まりであったために、クリントンは介入を決意した。「レーガン政権は、レバノン派兵で海兵隊員を失ったが、そのあとすぐに、カリブ海のグレナダに侵攻して人気を保ったじゃないか！」と、大統領は側近に語ったという[20]。結局、カーター元大統領らが特使として現地に赴き、平和裏の政権移行が一旦は実現した。

さらに、北朝鮮では核開発疑惑が浮上していた。一九九三年三月に、北朝鮮はついに核拡散防止条約（ＮＰＴ）からの脱退を表明した。翌年の南北朝鮮の実務レベル会議では、北朝鮮の代表が「もし戦争が勃発すればソウルは火の海になるだろう」と恫喝した。クリントン政権は北朝鮮に経済制裁を発動し、在韓米軍司令部は「作戦計画５０２７」の準備に着手した。全面戦争になれば、最初の九〇日で米軍の死傷者は五万人を超え、韓国軍のそれは四九万人に達すると予想された。しかも、同盟国・日本には、ほとんど後方支援の準備がないことも明らかになった。

再び、カーターが訪朝を申し出た。かつて在韓米軍の撤退を試みた大統領経験者は、まさに適任であった。彼はしばしば「史上最高の元大統領」と呼ばれる。カーターは金日成と交渉し、北朝鮮に核開発の凍結を約束させた。意に反して、クリントンはカーターに二度まで救われたことになる。この約束の代償として、日米韓の三カ国が北朝鮮にエネルギー支援を行うことになった。だが、この妥協も束の間で、北朝鮮はミサイルと核兵器の開発にその後も邁進していく。「あいまいな定義と運に頼った即興の混合」——この北朝鮮政策はクリントン外交の典型だとの声もある[21]。

しかし、冷戦に封印されてきた歴史と地理が復活し、地域紛争がこれだけ頻発したのである。「ときどき、冷戦時代がとても懐かしく思えてくる」というレイク補佐官の嘆息も、もっともであった[22]。

この間、クリントンは連邦最高裁判所判事に、二人のリベラル派を起用することに成功した。ルース・ベーダー・ギンズバーグとスティーブン・ブライヤーである。特に、前者は女性の人権の向上に貢献し、RBGの略称でリベラル派のアイコンになる。他方、大統領はわずか一年でレス・アスピン国防長官（前下院軍事委員長）を、そして、その半年後には親友のマクラーティ首席補佐官を更迭した。いずれも、政権の混乱を反映している。

一九九四年の中間選挙に向けて、共和党は反転攻勢に出た。その中心になったのが、ギングリッチ下院院内幹事である。彼は「アメリカとの契約」という公約を掲げて、選挙を戦った。そこには財政均衡の実現や減税、犯罪対策などが盛り込まれていた。

そこで、支持率四割のクリントンは、かつての選挙参謀モリスを再び呼び寄せた。「上院だけでなく下院でも負けます」と、モリスは告げた。「まさか」と、大統領は信じなかった。結果はモリスの予想通りで、共和党は上院で九議席増やして多数を制し、下院では二三〇議席と、民主党の二〇四議席を大きく引き離した。「羊」の再来である。共和党が下院を制するのは、実に四〇年ぶりであった。民主党では、現職の下院議長トム・フォーリーまでもが落選した。下院議長の落選は、南北戦争後初めてのことであった。クリントン政権の二期目に、フォーリーは「大物」として駐日大使に起用される。

後任の下院議長には、ギングリッチが就任した。下院議長も一九二〇年代生まれから四〇年代生まれへと、一世代若返った。ギングリッチ新議長は大統領夫妻を攻撃し、何の根拠もなく、ホワイトハウス職員の二五％近くが麻薬を使用していると非難した。[23]

連邦議会共和党の強硬な対決姿勢に対して、クリントンは「多数党派による専制」の危機を有権者に印象づけ、拒否権を効果的に発動した。減税など共和党の主張を取り込み、より中道にシフトする——モリスはこれを「三角測量」と呼んだ。[24]また、多数の専横に対して拒否権で対抗するのは、「建国の父祖」の一人マディソンの考案であった。クリントンはモリスに支えられ、マディソンを再発見したのである。やがて、予算案をめぐる対立から、連邦政府の一部が二度も閉鎖されるに至り、ギングリッチの強硬姿勢は世論の支持を失っていった。

一九九五年二月には、クリントン政権は「東アジア戦略報告」をまとめ、この地域に一〇万人規模の兵力を維持すると表明した。だが、ほどなく東アジアで二つの事件がアメリカ外交を直撃する。まず、九月に沖縄で米海兵隊員による少女暴行事件が発生した。沖縄の世論は、これに激しく反発した。こうして、日米同盟の中核をなす在日米軍基地の安定的使用が、危殆に瀕した。

だが、社会党出身の村山富市首相は、十分なリーダーシップを発揮できなかった。何しろ、彼は半世紀にわたって自衛隊違憲、日米安保反対を唱えてきたのである。「少女暴行事件とか、ああいうことに対するアメリカの反応は厳しいんだね」と、他人事のごとく回想している。[25]村山は一九二四年生まれで、竹下、カーター、ブッシュと同年である。まさに、五五年体制、冷戦時代の旧世代に属した。彼は従軍経験のある最後の首相でもある（学徒動員で陸軍軍曹）。この社会党、さきがけとの連立で、自民党は政権与党に復帰していた。

また、七‐八月に中国が台湾海峡でミサイル演習に踏み切った。翌年三月の台湾総統選挙でも、中国は同じ威嚇を試みる。この折、クリントン政権は空母二隻を台湾海峡に派遣して、事態の鎮静化に努める。唯一の超大国の抑止力は、まだ圧倒的であった。これを機に、中国は空母建造に血道をあげる。かつてソ連も、六二年のキューバ・ミサイル危機ののちに、核戦力の増強に乗り出した。

沖縄と台湾海峡――前者は「直下型激震」、後者は広範な「海洋プレート型」大地震であり、冷戦時代の軍事インフラの問題点と古典的なパワーゲームの今日性を同時に見せつけた。[26]

旧ユーゴスラヴィアでも一九九五年七月に、国連が設定した「安全地帯」でムスリムが虐殺されたため、クリントンはＮＡＴＯ諸国を説得して、ついにセルビア人勢力に対して空爆を断行した。この結果、一一月にはセルビアの暴君スロボダン・ミロシェヴィッチにオハイオ州デイトンでの和平合意を承諾させた。交渉をまとめたのは、剛腕のアメリカ代表リチャード・ホルブルックである。彼はアメリカの力と正義を信じ、「アメリカの世紀」を体現した外交官であった[27]。ホルブルックの熱意と手腕もあって、デイトン合意後に、クリントン政権はＮＡＴＯの東方拡大に向かう。

一九九六年四月に、クリントンが訪日し、橋本龍太郎首相との間で、冷戦後の「日米安保再定義」をめざす共同声明を発表した。すでに日本のバブル経済は破綻しており、「ジャパン・バッシング」の季節は終わっていた。むしろ、朝鮮半島や沖縄、台湾で危機が相次ぐ中で、日米同盟の「漂流」が深刻化していた。ワシントンでは、ウィリアム・ペリー国防長官やジョセフ・ナイ（九五年まで国防次官補）らが、この再定義の路線を主導してきた。やがて、沖縄で市街地に隣接する危険な普天間飛行場の移設も、合意された。これには、モンデール駐日大使の尽力が大きい。

「カムバック・キッド」の醜聞

「大きな政府の時代は終わった」と、クリントン大統領は一九九六年の年頭教書で語った。モリスの「三角測量」の反映である。同時に、「大きな政府」を支えた民主党の変容を意味していた。景気も好調で、前年に比して新たに二五〇万人の雇用が創出される。失業率も五％と、アメリカとしてはきわめて低かった。しかも、インターネットをはじめとする新たな技術が、経済を力強く牽引していた。むしろインフレが懸念されたが、ＦＲＢ議長のアラン・グリーンスパンは金利を引き上げず、株価は上がり続けた。「ニュー・エコノミー」の到来である。もちろん、急速な技術革新は労働者から仕事を奪い、多くの落伍者を生む。

その水面下では、人工中絶や同性愛者の人権、銃規制などの「モラル・イシュー」をめぐって、左右の文化戦争が激化していた。人種対立も先鋭化していた。何しろ、前年に最も世論の注目を集めた出来事は、O・J・シンプソン裁判であった。有名なアメリカン・フットボールの元選手シンプソンが元妻とその恋人を殺害したとされる事件の裁判で、シンプソンが黒人、被害者二人が白人であったことから、人種問題に発展したのである。裁判官も日系（ランス・イトー）であった。肌の黒いヒーローが嫉妬から愛する女性を殺す――この事件は、シェークスピアの「オセロ」を想起させた。

こうした中で、共和党はドール上院院内総務を大統領候補に選んだ。彼は第二次世界大戦に従軍して、片腕の機能を失った。同じイタリア戦線で同じく右腕を失ったダニエル・イノウエとは一時同じ病院に収容され、二人は党派を超えて生涯の友人となった。「年齢には強みがある。知らない人々が神話と呼ぶアメリカとの懸け橋になりたい」と、ドールは語った。だが、彼は「ロサンジェルス・ドジャース」を「ブルックリン・ドジャース」と呼んでしまった。この球団が西海岸に移ったのは、一九五八年のことであった。

これに対して、クリントンは「二一世紀への懸け橋」になると宣言した。勝負は自明であった。四年前すでに、有権者はベビーブーマーをホワイトハウスに送っていたのだから。ペローも再び参戦したが、今回はほとんど影響を及ぼさなかった。クリントンは圧勝し、民主党の大統領としてはＦ・Ｄ・ローズヴェルト以来初の再選を果たした。知事選での敗北やスキャンダルを乗り越え、クリントンはワシントンでも中間選挙の痛手から復活して再選した。まさに「カムバック・キッド」である。だが、上院では共和党が二議席増やして多数を維持し、下院でも共和党の支配が続いた。

これまでほとんどの場合、共和党と民主党の正副大統領候補はすべて、白人でアングロサクソン、プロテスタント（ＷＡＳＰ）の男性であった。だが、そのような組み合わせは、今のところ一九九六年の選挙が最後である。これも、アメリカ社会の多様化を反映していよう。

また、ブッシュからクリントンへ急速な世代交代が進み、モンデールを唯一の例外として「沈黙の世代」（一九二八‐四五年生まれ）の政治家は、二〇世紀にはついに正副大統領になることはなかった。デュカキスもフェラーロもジャック・ケンプ（ドールの副大統領候補）も敗れたし、サム・ナンは出馬すらできなかった。さらに一九三〇年代に絞れば、下院議長も一人としていない。冷戦の初期（例えば、ＮＡＴＯ創設や朝鮮戦争）を記憶する最後の世代は、ポスト冷戦の初期に手腕を発揮できなかったのである。同様に、五〇年代生まれの大統領も下院議長もいない。

二期目には、クリントンの外交チームは大きく交代した。まず、国務長官にはマデレーン・オルブライト国連大使が起用された。初の女性国務長官の誕生である。国防長官も、ウィリアム・コーエンに交代した。彼は共和党の上院議員（メイン州）であった。ＮＳＡ担当の大統領補佐官には、サンディ・バーガー次席補佐官が昇格した。

二期目のクリントン政権も、決して安泰ではなかった。大統領自身の相次ぐスキャンダルが、政権を直撃したからである。とりわけ、ホワイトハウス実習生のモニカ・ルインスキーとの不倫騒動は深刻であった。大統領は彼女との「性的関係」を否定したが、彼の体液のついたドレスまでもが証拠として提出された。やがて、クリントンは彼女と「不適切な関係」にあったと認めた。恐るべき「羊」の一撃である。

ヒラリーは「巨大な右派の陰謀」を疑っていたが、事実を知って驚愕する。「どういうこと？　いったい何を言ってるの？　どうして私に嘘をついたの？」と、彼女は夫を難詰した。「自分がなぜあんな愚かな間違いを犯してしまったのか、いまだに納得のいく理由を見つけられずにいた」と、クリントンは改悛している。[28] 一九九八年は、クリントン夫妻にとって「アナス・ホリビリス」となった。

それでも、世論はクリントンより、強引な共和党や執拗な独立検察官ケネス・スターに批判的になった。同年の中間選挙では共和党は上下両院で多数を維持したものの、議席を減らしてしまった。そのため、ギングリッチは下院議長を引責辞任する。しかし、連邦議会、特に下院で礼節が失われて久しく、共和党保守派は反クリントンの感情に凝り固まっていた。そこで、共和党は大統領を偽証や司法妨害などで弾劾しようとした。下院は弾劾訴追を認めたが、上院では有罪に必要な三分の二の多数に遠く及ばなかった。

大統領が弾劾裁判にさらされたのは、アンドリュー・ジョンソン以来、実に一三〇年ぶりのことであった。「カムバック・キッド」は、またもや生き残った。この間、あのニクソンは一九九四年に亡くなっている。アメリカ政治がようやくニクソンの長い影をふり払った頃に、クリントンも大統領制を大きく毀損したのである。ニクソンやのちに二度弾劾にさらされたトランプの場合とは異なり、当時のアメリカに衰退ムードがなかったことは、クリントンとアメリカにとって不幸中の幸いであった。

そうした中でも、クリントンは学習と経験を重ね、外交で成果を挙げていった。まず、一九九八年六月にクリントンは中国を訪問し、米中関係の改善を図った。アメリカ合衆国大統領の訪中は、天安門事件以降初めてのことであった。前年の香港返還の前に、鄧小平はすでに亡くなっていた。この訪中の際に、クリントンが台湾の独立反対など「三つのノー」を表明し、また、日本経済の再建の遅れを批判したことは、台湾を打ちのめし日本を傷つけたし、共和党の親台湾派を刺激した。

一方では、「ジャパン・バッシング」が転じて「ジャパン・パッシング」（日本無視）と囁かれ、他方では、中国の人権状況への懸念も強まった。それでも、クリントン政権は対中関与政策を維持し、中国の世界貿易機関（WTO）加盟に合意した。だが、自由貿易の促進をめざしたWTOのシアトル会議は、五万人を超える反グローバル派のデモに遭遇した。一九九七年以降二〇二〇年までに、実に九万一〇〇〇もの工場が閉鎖され、五〇〇万人以上が失業する。特に、中国からの輸出は集中豪雨的で、〝チャイナ・ショック〟とまで呼ばれた。

ヨーロッパとの関係では、一九九九年四月に「史上最も成功した同盟」NATOの創立五〇周年が寿がれた。ロシアをなだめつつ、ハンガリー、チェコ、ポーランド三カ国のNATO新規加盟が認められたのも、「関与と拡大」政策の流れである。だが、このNATO東方拡大は、ロシアに不安と屈辱を感じさせるものであった。「ロシアに大国をやめろと強制することはできない」[29]（高坂正堯）という常識を、冷戦の勝者アメリカは見失いつつあった。

本格的なライバルのいない「戦略的休暇」の間に、アメリカが対中関与とＮＡＴＯ拡大により慎重であれば、かつてブッシュの提唱したような「新世界秩序」を確立できたであろうか。実際には、市場経済はグローバルに拡大を続け、民主主義は停滞していく。この間、連邦議会の支出反対で、アメリカは国連分担金を滞納し、対外援助も縮小していった。共和党穏健派は衰退し、湾岸戦争時の国連重視の姿勢などは消え失せてしまっていた。

ただし、クリントンが北アイルランドや中東で、和平に積極的な調停役を演じたことも、十分に記憶されてよい。特に、中東については、一九九三年にクリントンはオスロ合意をまとめて、イスラエルとパレスチナ解放機構（ＰＬＯ）を相互承認させ、ヨルダン川西岸とガザ地域でのパレスチナの暫定自治をイスラエルに容認させた。だが、パレスチナの暫定自治の拡大に合意したイスラエルのイツハク・ラビン首相は、九五年に国内の反対派に暗殺されてしまう。エジプトのサダト大統領の二の舞である。それでも、クリントンはイスラエルのネタニヤフ首相やその後任のエフード・バラック首相、ＰＬＯのヤセル・アラファト議長を招いて、その後も膝詰めの首脳会談を繰り返した。カーター外交の踏襲である。だが、とりわけアラファトは頑なであった。「私は失敗者だ。議長、あなたのせいで失敗者になったのです」と、最後にはクリントンも匙を投げざるをえなかった。[30]

また、クリントン政権は一九九五年にＮＰＴの無条件・無期限延期に賛成し、九六年には包括的核実験禁止条約（CTBT）も締結した。二〇〇〇年には、紆余曲折を経てロシアとの間で第二次戦略兵器削減交渉（STARTⅡ）をまとめ上げた。しかし、CTBTとSTARTⅡは、上院の承認が得られなかった。スキャンダルに疲れた政権には、もはや調整能力はなかったのである。この間の九七年にも、上院は九五対〇で、エネルギー消費の規制でアメリカ経済を害するような国際条約への反対を表明していた。唯一の超大国は、すでに単独主義への衝動を強めていた。

一九九八年六月には、下院に中国の軍事・経済問題についての特別委員会が設置された。このコックス委員会は、アメリカの先進軍事技術が中国に盗まれているとの報告書をまとめた。一〇年ほど前の日本脅威論に代わって、中国脅威論が超党派で高まりつつあった。

それでも、クリントン政権は大幅な軍備削減には成功した。国防予算は一九八五年の四〇〇〇億ドル（連邦政府予算の二八パーセント）から、九七年には二五〇〇億ドル（同一五パーセント）にまで縮小し、海外の米軍も五〇万人から二〇万人に削減された。この「平和の配当」も、好景気に貢献している。

一九九八年八月に、北朝鮮が日本列島越しに「テポドン」ミサイルの発射実験を行った。日本は大混乱に陥ったが、韓国の金大中大統領は北朝鮮に宥和的な「太陽政策」を進め、二〇〇〇年六月には訪朝した。クリントン政権もこの流れに合流し、一〇月にオルブライト国務長官が訪朝した。彼女は北朝鮮の独裁者と並んで非人道的なマスゲームを鑑賞し、「素晴らしい」という感想を口にした。実は、クリントン訪朝さえ検討されていたが、さすがに、それは実現しなかった。

他方で、北朝鮮のミサイル開発は、レーガン時代のＳＤＩから発展したアメリカのミサイル防衛構想を加速させた。

さらに、中東では、クリントンはイラクとイランに対する「二重の封じ込め」政策を実施していたが、その実効性は疑わしかった。イラクのフセイン大統領は国連の査察を再三にわたって妨害し、一九九八年には米英軍による一時的な空爆を招いた。イギリスのトニー・ブレア首相は前年に政権に就いており、クリントン同様に労働党を中道化させ、対外介入にも積極的であった。クリントンとブレアは、緊密なパートナーとなる。この頃、アメリカは「封じ込め」から踏み出して、フセイン排除による民主化をめざすイラク解放法まで成立させている。湾岸戦争の第二幕は、着実に準備されつつあった。

バルカン半島では、セルビアからの独立を求めるコソボ自治州のアルバニア系住民に対して、ミロシェヴィッチが弾圧を加えていた。今度はホルブルックの調停も不調に終わった。オルブライト国務長官は「道義的要請」を力説して、武力介入を唱える。だが、国連安保理決議を得ようにも、自国内の独立運動に敏感なロシアや中国の反対が予想された。そこで、一九九九年三月に、米軍を主体とするＮＡＴＯ軍がユーゴ全域に空爆を開始した。ベオグラードの中国大使館が誤爆され、一時は米中関係が緊張した。ロシアのエリツィン大統領の仲介もあり、三カ月後には、ミロシェヴィッチは屈服した。だが、アメリカはついに地上軍を投入できず、ＮＡＴＯ内部では空爆の賛否も分かれた。「人道的介入」の基準や正当性にも、疑義が残った。

テロの脅威も、アメリカ国内外で広がっていた。かつて共和党のブキャナンらが「文化戦争」

を煽ったこともあって、国内では極右の武装集団（ミリシア）が活発になっていた。暴力の行使すら人民の権利だという思想は、合衆国の建国以前にまで遡る。[31]また、一九九八年八月には、ケニアとタンザニアでアメリカ大使館が爆破された。首謀者と目されたオサマ・ビン・ラディンは、米軍のサウジアラビア駐留に反発していた。クリントン政権はアフガニスタンにビン・ラディンの身柄引き渡しを求めたが、拒否された。国連安保理決議も無視された。そこで、アメリカはアフガニスタンとスーダンをミサイル攻撃したが、象徴的な意味しかなかった。否、むしろテロリストたちを増長させたといえよう。「テロとの闘い」も、すでに始まっていたのである。

冷戦が終わると、地域紛争がにわかに多発した。国内の対立や亀裂も深刻化していった。それでも、ベビーブーマーの大統領は、試行錯誤を重ねながら、みなぎる活力でこれらに対処していった。何よりも、彼はアメリカ経済の再生に成功した。クリントン時代の八年間で、ITバブルにも助けられて、アメリカの平均株価は実に三倍に増加している。財政赤字も解消した。だが、相次ぐスキャンダルで、彼が大統領の品格や政治の節度を損なったことも事実である。その意味では、クリントンもトランプの登場を幇助していた。

二〇世紀最後となる二〇〇〇年の大統領選挙は、民主党のゴア副大統領と共和党のジョージ・ブッシュ・ジュニア・テキサス州知事との間で戦われた。ゴアはクリントン路線を継承しながらも、大統領のスキャンダルと距離を置かなければならなかった。妻は夫の不倫を許したが、副大統領は大統領の嘘を許してはいなかった。

この選挙は文字通りの激戦となり、最後にはフロリダ州の集票をめぐって連邦最高裁判所に持ち込まれて、前大統領の長男が勝利を収めた。「〝ブッシュ対ゴア〟は最高裁判所の最悪の判例の一つとして歴史に名を残すだろう」と、クリントンは回想している。[32]

二一世紀最初の大統領は、一般得票で敗れながら選挙人獲得数で勝利した。こうした「マイノリティ大統領」は一九世紀には三人いたが、二〇世紀には一人もいなかった。また、ゴアの敗北は民主党中道路線の挫折を意味した。

クリントンの退任と入れ違いに、ヒラリーは上院に議席を得た。めざすはホワイトハウスである。また、夫妻はクリントン財団を設立して、巨額の富を蓄えていった。この夫妻の去就もまた、民主党とアメリカ政治に長く大きな影を差しかけるのである。

第六章

「放蕩息子」、テロと闘う
——ブッシュ・ジュニア政権の果敢な失敗

イラク戦争開戦を宣言し、国民向けの演説を終えたブッシュ大統領（2003年３月19日、大統領執務室）〔写真：AP/アフロ〕

「放蕩息子」の帰還

「VPKは辛いものだ」と、かつてジョージ・ウォーカー・ブッシュ・ジュニアは嘆息した。VPKとは副大統領の息子（Vice President's Kid）の略である。彼の父ジョージ・ブッシュは、レーガン政権の副大統領に就任したばかりであった。やがて、その父が大統領になると、ブッシュ・ジュニアは側近の一人に、歴代大統領の子供たちの行く末について調べさせた。成功した者はごくわずかで、偉大な父の重圧の下で、多くは不幸な人生を歩んだことが、明らかになった。[1] もちろん、ブッシュ・ジュニアの成功も挫折も、父の影響を抜きには論じられない。

難産であった。一九四六年七月六日、つまり、独立記念日の二日後に、ブッシュ・ジュニアはコネチカット州ニューヘイヴンで生まれた。父が海軍を除隊して、まだイェール大学の学生だったからである。ブッシュ・ジュニアの一カ月ほど前にはトランプ、一カ月半後にはクリントンと、のちの大統領たちが相次いで生まれている。二年ほどして、ブッシュ一家はテキサスに移住した。母のバーバラによると、ブッシュ・ジュニアは「とても可愛らしい、少し甘やかされた少年」として育った。

ブッシュ・ジュニアが七歳の時に、三歳の妹ロビンが白血病で亡くなった。母の髪の毛は見るうちに白くなった。父はますます仕事に打ち込んだ。友達が遊びに誘うと、「だめだよ」と、長男は答えた。「お母さんのそばにいないといけないんだ」[2]。彼は立派な父を尊敬しつつも、勝気で繊細な優しさを母と共有していた。

この少年は東部のエリート家庭に生まれ、テキサスを経て、父と同様にフィリップス・アカデミーとイェール大学に学んだ。ブッシュ・ジュニアは歴史学を専攻し、日本の俳句の授業も受けたという。しかし、「とりたてて優秀な学生ではなかった」と本人も認めている。[3]ブッシュ・ジュニアが最も熱心だったのは社交活動であり、パーティーと飲酒であった。祖父、父に次いで、彼もまた秘密結社スカル・アンド・ボーンズの一員となった。

父とは異なり、息子はすでにテキサスに巧みに同化していた。むしろ、息子は東部のリベラルなインテリ気質に反発していた。ブッシュ・ジュニアが大学一年生の時に、父は上院議員選挙に敗れた。父の学友だった大学所属の牧師が、お父上は「もっと優れた男に負けた」と平然と語りかけて来たのに、息子は唖然とした。「その独善的なふるまいは、私が大統領だったころに多くの大学教授に浴びせられた毒のある言葉の先触れだったといえなくもない」[4]。キャンパスで高まるベトナム反戦運動にも、ブッシュ・ジュニアはほとんど関心がなかった。

大学を卒業すると、ブッシュ・ジュニアはテキサス州兵航空隊に入隊した。日本軍と戦った海軍のパイロットと、安全な州兵のパイロットでは大違いである。「お父上の記録に近づきなさい、とはだれも言わない。私もやろうともしない」と、彼は率直に告白している。[5]この州兵勤務はベトナムへの徴兵逃れの算段であったと、のちに疑われる。トランプやクェールら、同世代の有力者の子弟も巧みに徴兵を逃れた。もちろん、クリントンも同類である。

父の選挙活動を支えたのちに、ブッシュ・ジュニアはハーヴァード大学のビジネス・スクールに進んだ。「ここは資本主義のウェストポイント（陸軍士官学校）だよ」と、キャンパスで彼を降ろしたタクシーの運転手が言った。このビジネス・エリート速成校で、彼はジーンズやブーツで武装して、テキサス流を演出した。ブッシュ・ジュニアはのちに、ＭＢＡを持つ初のアメリカ合衆国大統領となる。東部エリートの恩恵を十分に享受しながら、反骨の南部人としてふるまう――これがブッシュ・ジュニアの処世術であった。

両親はニューヨーク（国連）、さらには北京に赴いたが、ブッシュ・ジュニアは父に倣ってテキサスで石油のビジネスを始めた。第一次石油危機で、商機は明らかに拡大していた。「可能性は青天井」であったという。

これまで、ブッシュ・ジュニアは何度か交通違反を犯し、飲酒運転で逮捕されたことすらあった。立派な父からすれば、彼はまさに「放蕩息子」に他ならなかった。将来の二人の大統領が、親子で怒鳴り合ったこともある。ところが一九七七年に、この「放蕩息子」は美しく穏やかな小学校の司書、ローラ・ウェルチと出会った。「私は決断を下すのを怖れたことは一度もない」と、ブッシュ・ジュニアは言う。ほどなく、彼は彼女に求婚し、二人は結ばれた。「放蕩息子」は誠実な夫になり、双子の姉妹の優しい父親になった。

温かい家庭を獲得すると、ブッシュ・ジュニアはまだ三二歳の若さで、一九七八年の中間選挙で下院議員に立候補した。彼の目には、時のカーター政権のエネルギー政策がヨーロッパの福祉国家の模倣と映った。民主党の対立候補は、ブッシュ・ジュニアが東部出身であると執拗に攻撃した。この中間選挙では、与党の民主党が上下両院で多数を維持したが、南部では共和党保守派の台頭が目立った。しかし、ブッシュ・ジュニアは惨敗した。この経験から、将来の大統領はネガティブ・キャンペーンの威力を痛感した。また、彼は選挙コンサルタントのカール・ローブと出会い、生涯の友となる。

父が副大統領の頃である。一九八五年に、ブッシュ・ジュニアは父を介して、著名な伝道師ビリー・グラハムに出会った。「私はグラハムにすっかり心を奪われた」。やがて、「放蕩息子」は毎週の聖書研究会に顔を出すまでになった。彼は両親の属するエピスコパル派から妻のメソジスト派に転じ、さらに「ボーン・アゲイン」を体験して福音派に接近した。上流階級の宗派から中流、大衆のそれへの転向である。

祖父プレスコットは東部の正統派を誇りとし、父は南部と福音派に迎合したが、受け入れられなかった。ところが、ブッシュ・ジュニアは南部と福音派の懐に見事に飛び込んだ[6]。

ただ、家庭と信仰を得ても、ブッシュ・ジュニアの飲酒癖は治まらなかった。父の家で来客の女性に、「それで、五〇を過ぎると、セックスはどうなるんですか?」と、副大統領の嫡男は酔いに任せて尋ねてしまった。この出来事を悔いて、ブッシュ・ジュニアはついに禁酒した。四〇歳の時である。「さよならジャックダニエル（ウィスキーの銘柄）、よろしくジーザス」というわけである。まさに、「放蕩息子」の帰還であった。そもそも、父の大統領選挙出馬を控えて、これ以上のスキャンダルは避けねばならなかった。

さて、一九八〇年代に石油の価格は下落し、ブッシュ・ジュニアの会社も苦境に陥った。だが、彼は会社の合併と転売、そして有力者からの投資で危機を乗り切った。ブッシュ・ジュニアは一万五〇〇〇ドルで会社を興し、最終的には八四万ドルでそれを手放した。[7]

一九八八年の大統領選挙では、ブッシュ・ジュニアは父を熱心に支えた。フランシス・コッポラ監督の映画『ゴッドファーザー』(一九七二年)で、コルレオーネ一家の長男ソニーは猪突猛進で家族を守り、敵と戦う。ブッシュ・ジュニアの役割も、それに近かった。この選挙活動を通じて、彼は父の選挙参謀アトウォーターから政治のイロハを学んだ。人々に過小評価されることを巧みに利用する術すら、彼は習得していった。[8]

父が大統領になると、ブッシュ・ジュニアはテキサス州に戻り、一九八九年にはプロ野球の「テキサス・レンジャーズ」の買収に成功して、その共同経営者になる。ただし、彼は六〇万ドルを出資しただけで、七五〇〇万ドルは他の投資家たちに頼った。これまで彼を助けた投資家の多くは、レーガン、ブッシュ政権で公職を手にした。また、遠く離れたテキサスの地から、ブッシュ・ジュニアは父の政治にしばしば関与していた。調整力のないスヌヌ大統領首席補佐官に辞任を迫ったのも、彼である。

一九九二年の大統領選挙で、父は再選を果たせなかった。ブッシュ親子にとって、この年は「アナス・ホリビリス」となった。増税を避け、民主党主導の議会を信用せず、福音派を取り込む――息子は父の敗北から教訓を導き出した。[9] 禁酒の時と同様に、彼はマラソンで心身を浄化しようとし、やがて、自らが政界に踏み出すことを考えた。親友のローブがこれを助けた。

一九九四年のテキサス州知事選挙で、ブッシュ・ジュニアは民主党現職で人気の高いアン・リチャーズに挑みかかった。ところが、弟のジェブも同時にフロリダ州知事に立候補していた。そこで、リチャーズ知事は対抗馬を「ブッシュ王朝のジョージ王子」と呼び続けた。しかも、あのロス・ペローまでがリチャーズ知事を応援した。それでも、ブッシュ・ジュニアは教育を争点にした上、福音派を巧みに取り込んだ。結果は、三〇万票の大差をつけた圧勝であった。この年、テキサス州の人口はニューヨーク州を抜き、カリフォルニア州に次ぐ全米第二位になっていた。アメリカ政治の中で、保守化する南部がますます重要性を増していたのである。

テキサス州知事として、ブッシュ・ジュニアは「思いやりのある保守主義」を標榜した。彼は教育分野で共通テストの成績の開示を学校に求め、成績に応じて補助金を提供した。他方、ブッシュ・ジュニア知事は、高校を上位一割で卒業した黒人やヒスパニックの生徒たちを州立大学に進んで受け入れた。また、彼は「信仰」に基づく政策を掲げ、青少年の犯罪防止にも熱心に取り組んだ。こうした政策の実現のために、知事は民主党のボブ・バロック副知事（州上院議長を兼務）を味方につけた。他方で、知事在任中の六年間に、ブッシュ・ジュニアは一五二件もの死刑の執行を許可している。超党派の政策と保守派の支持固めという、いわば二刀流である。

一九九六年の大統領選挙で共和党のドール候補が敗れると、ブッシュ・ジュニアは俄かに次の有力な大統領候補として浮上した。ドールの副大統領候補ケンプは保守派に人気があったが、元下院議員にすぎなかった。パウエル将軍の名前も挙がったが、共和党にとってはリベラルにすぎ、しかも、家族の反対もあって、本人に立候補の意欲がなかった。クェール前副大統領は、軽量級とのイメージを払拭できなかった。

そうした中で、ブッシュ・ジュニアはローブの協力を得て、まずは、一九九八年の知事選挙で再選を果たした。前回以上の圧勝で、しかも、ヒスパニックや女性、浮動層からも多くの票を獲得した。その結果、九九年だけでブッシュ・ジュニアの陣営は七〇〇〇万ドルもの寄付を集めた。知事としての実績と全国的な知名度を兼ね備え、今や彼は「共和党のクリントン」になったのである。

共和党の大統領予備選挙で、最後までブッシュ・ジュニアに抗ったのは、アリゾナ州選出のジョン・マケイン上院議員である。海軍提督の祖父と父を持ち、本人も海軍のパイロットとしてベトナム戦争に従軍して、五年半も捕虜を経験した。まさに英雄である。マケインはレーガン流の「強いアメリカ」を信奉していたが、福音派とは距離を置き、政治的には「一匹狼」と呼ばれた。「レーガンの弟子」たちの一騎打ちである。アイオワではブッシュ・ジュニアが、ニューハンプシャーではマケインが勝ったが、最後には資金力に勝る前者が大統領候補の指名を獲得した。

民主党の大統領候補は、ゴア副大統領であった。ブッシュ・ジュニアが教育や減税を争点にしたのに対して、ゴアは社会保障や医療を力説した。だが、前者は政策以上に大統領のあるべき人格を問題にした。つまり、クリントン批判である。ゴア候補も大統領とは距離を置いたが、彼には冷徹なエリートのイメージが強かった。大統領候補者同士の討論会で、ゴアはブッシュ・ジュニアを見下し、わざとらしい溜息を洩らした。ところが、選挙戦の終盤になって、ブッシュ・ジュニアのイメージも大いに傷ついた。飲酒運転で逮捕された過去が、発覚したためである。

さて、ブッシュ・ジュニアは、父に仕えたチェイニー元国防長官を副大統領候補に選んだ。この人選には、「第二次ブッシュ政権」という批判を呼ぶリスクがあった。しかも、チェイニーは心臓に持病を抱えており、彼の出身地は全米で最も人口の少ないワイオミング州で、わずか三人の大統領選挙人を擁するにすぎない。

それでも、ブッシュ・ジュニアが父の元閣僚を選んだのは、選挙に勝つため以上に、勝利の後に連邦政府を運営するためであった。チェイニーはワシントン政治を知悉していた。また、父はすでに息子に、国際問題の指南役としてライス博士を紹介していた。彼女を中心に、かつてレーガン、ブッシュ政権で活躍した専門家たちが、ブッシュ・ジュニアの外交チームを構成した。彼女の郷里にある女神像から、このグループは「ウルカヌスの群像」と呼ばれた[10]。

対するゴア候補は、コネチカット州選出のジョー・リーバーマン上院議員を副大統領候補に選んだ。彼は民主党内の保守派で、「モラルの代弁者」として、クリントン大統領のスキャンダルを厳しく糾弾していた。クリントンとの差異化には、適当な人選であった。しかも、リーバーマンは正副大統領候補としては史上初のユダヤ教徒で、マイノリティの支持拡大も期待できた。

まさに大接戦であった。投票日から日付が変わって翌朝二時に、フォックス・ニュースがフロリダ州でのブッシュ・ジュニアの勝利を報じた。とすれば、彼の当選が確定する。謹厳なゴアは、すぐにブッシュ・ジュニアに祝意の電話をかけた。その後、副大統領は敗北宣言に向かったが、その途中でフロリダ州の結果は未確定と知らされた。ゴアは再び政敵に電話をかけた。「事情が変わりました」。三五日間にわたる、未曾有の泥仕合の幕開けである。

共和党はベーカー元国務長官、民主党はクリストファー前国務長官を中心とする弁護士やコンサルタントを、フロリダ州に送り込んだ。機械で再集計すると、二人の候補者の票差はわずか五三七票にまで縮小した。そこで、ゴア陣営はいくつかの郡で手作業によるさらなる再集計を求めた。だが、フロリダ州のキャサリン・ハリス州務長官は再集票作業に期限を設け、ブッシュ・ジュニアの獲得票数のほうが多いと表明した。時のフロリダ州知事は、ブッシュ・ジュニアの実弟ジェブであった。すると、ゴア陣営は新たな再集計を求めリベラル派の多い州裁判所に、そして、ブッシュ・ジュニア陣営は再集計の中止を保守派が多数を占める連邦裁判所に提訴した。大統領選挙人の確定期日である一二月一二日に、連邦最高裁判所は五対四で再集計を禁止する判決を下した。ゴアは再びライバルに祝意の電話をかけた。「もうかけ直さないとお約束します」。こうして、一般得票数は五〇万票ほど少ないのに、大統領選挙人の獲得数でわずか五人上回る結果で、ブッシュ・ジュニアが勝利を収めた。組閣のために次期大統領に残された日数は、三八日しかなかった。

連邦議会では、共和党が議席をわずかに減らしたものの、上下両院で多数を維持した。ただし、上院は五〇対五〇で、上院議長たる副大統領の最後の一票が頼みの綱であった。ほどなく共和党上院議員が一人離党し、その一縷の望みも絶たれる。

二一世紀を目前にして、アメリカの社会と政治に深刻な亀裂が走りつつあった。

「二重の戦間期」の終わり――九・一一からイラク戦争へ

みぞれまじりの冷たい雨の降る日であった。

二〇〇一年一月二〇日、ジョージ・W・ブッシュ・ジュニアは第四三代大統領に就任した。父と息子は抱擁し、涙を抑えきれなかった。親子二代の大統領就任は、第二代ジョンと第六代ジョン・クインシーのアダムズ親子以来、二度目のことであった。息子のアダムズも「マイノリティ大統領」である。やがて、ブッシュ親子はオーバル・オフィスで対面した。「大統領」と父が呼びかけ、「大統領」と息子が応えた。「二人が言葉にできないほど感動的な一瞬だった」と、息子は回想している。[11]

大統領就任演説で、ブッシュ・ジュニアはまずゴア前副大統領の「気迫あふれる戦いと潔い引き際」に謝意を表した。

「アメリカは本来、礼儀に配慮を払いつつ原理への確約を果す国である。礼節のある社会は、われわれ一人一人に、善意と尊敬、そして公正な扱いと寛容を求める」

激戦の末にこの日にたどり着いた新大統領は、和解と団結を呼びかけた。これぞ「思いやりのある保守主義」というわけである。

また、「アメリカは本来、勇気のある国でもある」。

自由に敵対し、わが国に敵対する者は、次のことを忘れてはならない。アメリカは引き続き、歴史に基づき、また自らの選択によって、世界に関与し、自由を促進するような力の均衡を形成していく。われわれは同盟国を守り、アメリカの国益を守る。傲慢になることなく、決意を示していく。そして、すべての国家に対して、わが国の建国以来の価値観を主張していく。

「力の均衡」や「同盟」「国益」といった共和党リアリストの伝統的な概念が、勢揃いしている。

だが同時に、「建国以来の価値観」も強調され、リアリストの自己抑制を超える契機も看取される。「自由に寄与する力の均衡」（ライス）である。

さて、ブッシュ・ジュニア政権で、大統領に最も大きな影響力を発揮したのは、チェイニー副大統領である。彼はブッシュ親子から絶大な信頼を得ていたし、ワシントンでの経験も豊富であった。フォード政権の大統領首席補佐官としての経験に鑑み、そのチェイニーは連邦議会の攻撃から行政府を守り抜く決意であった。また、父ブッシュの国防長官時代には、外交重視の有力者たちに牽制されたが、副大統領となった今、彼は国益と国力至上主義の保守派を代表するようになる。新大統領も自分の副大統領を、レーガン時代の父のように処遇したくはなかった。

リベラルな民主党政権では、すでにモンデールやゴアが強い副大統領を演じたが、保守的な共和党政権にあって、チェイニーは史上最強の副大統領となり、ブッシュ・ジュニアとの「大統領二人制」とさえ呼ばれるようになる。[12] この陰気な副大統領は、政権の「ダース・ベイダー」とまで揶揄される。歴代の正副大統領の中で、彼とモンデール、そしてバイデンだけが「沈黙の世代」に属する。

国務長官には、国民的人気を誇るパウエル将軍が起用された。初の黒人国務長官である。職業軍人として、彼は軍事力の行使にはきわめて慎重であった。そのため、湾岸戦争時にも、パウエル将軍は上司のチェイニー国防長官としばしば対立した。ブッシュ・ジュニア政権でも、二人の対立は繰り返される。また、大統領にとっても、パウエルの声望はやがて重荷になっていく。

国防長官には、ラムズフェルドが再登板した。フォード政権では史上最年少、この政権では史上最高齢の国防長官である。彼はチェイニーのかつての上司であり、父ブッシュのかつての政敵であった。副大統領と国防長官はしばしばタッグを組み、穏健派の国務長官と対峙する。

予定どおり、NSA担当の大統領補佐官には、聡明なライス博士が用いられた。父とスコウクロフトとの緊密な関係を想起して、ブッシュ・ジュニアは「きわめて有能で、なおかつ全幅の信頼が置ける人間」を求めた。[13] それが、コンディ・ライスであった。だが、チェイニーやパウエル、ラムズフェルドら巨人の政争の間で、ゲートキーパーとして「第二のスコウクロフト」を演じ切るには、彼女は若年にすぎた。また、ライス自身が大統領の意向に沿うことを最重要の指針としており、大統領に諫言するタイプではなかった。

選挙戦でライスが率いた外交チーム「ウルカヌスの群像」も、政権の中枢に起用された。パウエルは盟友でアジア通のリチャード・アーミテージを国務副長官に、ラムズフェルドは保守派の論客ポール・ウォルフォウィッツを国防副長官に、そしてライスはシャープな実務家のロバート・ゼーリックを次席補佐官に、それぞれ充てた。とりわけ、アーミテージとウォルフォウィッツは、上司たちの代理戦争を熾烈に展開する。前者は映画『ランボー』（一九八二年）のモデルと噂されるほどの強者、後者は一見穏やかながら「肉食恐竜」と呼ばれるほどの信念の人であった。[14]

また、ウォルフォウィッツの他に、「暗黒の王子」ことリチャード・パール（国防政策委員長）、ダグラス・ファイス国防次官らは、「新保守主義者」（ネオコン）と呼ばれた。アメリカの国力、特に軍事力を重視する点では、チェイニーやラムズフェルドと同じだが、「ネオコン」は国益を超えて他国の民主化（場合によっては体制転換）に熱心であった。「歴史の終わり」や「デモクラティック・ピース」といった議論に重なる。この「ネオコン」には、リベラル派から保守派に転じたユダヤ系の知識人が多く、政権の内外に広く勢力を伸ばしつつあった。ブッシュ・ジュニアの南部的な保守性と「ネオコン」は、親和性が高かった。「二〇〇〇年までには、フランケンシュタイン手術によって、北東部ネオコンの身体なき頭が、南部原理主義の頭なき身体の上に縫い合わされることとなった」と、外交専門家のマイケル・リンドは表現している。[15]

このように、ブッシュ・ジュニアの新政権は、穏健な外交重視派と強硬な国益重視派、そして、イデオロギー過剰な「ネオコン」の三つ巴の構成になっていた。とはいえ、いずれも政治的な師（レーガン）と実父を支えた古強者ばかりである。外交経験のないブッシュ・ジュニアは、この合従連衡に身を委ねた。

選挙戦の余韻と連邦議会の拮抗状況から、少なくとも当面、新政権は内政では野党にも配慮した政策をとると予想された。確かに、テキサス州知事時代と同様に、ブッシュ・ジュニアは教育問題には超党派で取り組んだ。学力格差の是正をめざす「どの子も置き去りにしない法」では、民主党のケネディ上院議員が力強い協力者になった。

しかし、新大統領は内政で、早くから保守派の神髄も示した。一兆六〇〇〇億ドルに及ぶ大幅減税案である。「レーガンの弟子」の面目躍如たるものがある。だが、この減税を可能にしたのは、クリントン時代からの財政黒字であった。民主党議員はもとより穏健派の共和党議員もこの大幅減税に反対し、ポール・オニール財務長官ですら消極的であった。それでも、「もはや交渉の時ではない」と、大統領の決意は固かった。妥協の末に、減税額は一兆三五〇〇億ドルになり、減税期間は一〇年間と定められた。減税で富裕層が潤えば、貧困層にも余滴が及ぶと、ブッシュ・ジュニア政権は「トリクル・ダウン」効果を強調した。実際には、この減税はむしろ貧富の拡大をもたらす。

さらに、ブッシュ・ジュニア大統領は、胚性幹細胞（ES細胞）研究への連邦政府の助成を大きく制約した。ES細胞には「奇跡的な可能性」があると、アルツハイマー症の夫を持つ老婦人は、大統領に手紙を送った。ナンシー・レーガンである。だが、それは神の領域を冒し、オルダス・ハクスリーのディストピア小説『すばらしい新世界』（一九三二年）を実現してしまうという懸念が、とりわけ福音派に根強かったのである。[16]

外交でも、ブッシュ・ジュニア政権は、穏健と強硬の両面を示した。例えば、二〇〇一年四月に中国の海南島沖合で生じた米中軍機の衝突事件では、新政権は国務省を中心にして慎重に対応した。アジアでは、この政権は主に機能的な分野ごとの「ミニラテラル」協力にも熱心であった。[17]他方で、同政権は地球温暖化防止のための京都議定書からの離脱を表明した。そもそも、上院がこの議定書を批准する見込みはほとんどなかった。そんなことに、政治的な体力を消耗するわけにはいかない。だが、この決定を受けて、ヨーロッパ諸国はワシントンに冷たい目を向けるようになった。また、ブッシュ・ジュニア政権は、ミサイル防衛の推進にも熱心で、旧ソ連とのABM（弾道弾迎撃ミサイル）制限条約からも離脱の意向を示していた。前者はレーガンのSDIの変形版であり、後者もレーガンと同様に相互確証破壊への不信に基づいていた。

新政権は冷戦後のアメリカの国家安全保障戦略を確立しようとしていたが、それはあくまでイランや北朝鮮、イラク、中国、ロシアなどを念頭に置くものであった。[18]
だが、アメリカを震撼させる攻撃は、まったく異なるところから飛来した。九月一一日の朝、ブッシュ・ジュニア大統領はフロリダ州で小学校を視察していた。教育改革こそは、この大統領の重要課題である。教室到着の直前に、ワールドトレードセンター（WTC）・ビルに飛行機が突っ込んだと、大統領は知らされた。さらに数分後に教室内で、アンディー・カード大統領首席補佐官がブッシュ・ジュニアに耳打ちした。「二機目もうひとつのタワーに激突しました」、「アメリカが攻撃されています」。国防省の五角形のビル（ペンタゴン）にも、飛行機が激突した。
やがて、大統領はテレビカメラの前に立った。「わが国に対するテロリズムは打倒されるでしょう」「この侵略行為は打倒されるでしょう」と、湾岸戦争の際に彼の父は語った。無意識に、息子は父の言葉をなぞったのである。[19] 二つの言葉の結末は大いに異なったが。ブッシュ・ジュニアはさらに、「テロとの闘い」に勝利すると語り、テロリストを「邪悪なもの」と呼んだ。
すでにクリントン時代から、オサマ・ビン・ラディン率いるイスラーム過激派のテロ組織アルカイーダがアメリカを標的にする危険性が指摘されてきた。しかし、政権移行の情報の洪水の中で、ブッシュ・ジュニア新政権は、これに十分注意を向けなかった。大統領を支える古強者たちにとっても、このテロ攻撃は予想外で経験のない「ブラックスワン」であった。ラムズフェルド流に言えば、「知らないことすら知らない」事態となろう。[20]
ブッシュ・ジュニアはすぐにワシントンに戻ろうとしたが、電話でライス補佐官がそれを諫めた。「大統領。そこにいてください。ここに戻ってきてはいけません」[21]。ワシントンが再び攻撃されるかもしれないからである。事実、ホワイトハウスをめざしたと思われるハイジャック機が、ピッツバーグ郊外で墜落していた。結局、大統領を乗せたエアフォース・ワンは安全のために二カ所の空軍基地を経由して、ワシントンに戻った。

この九月一一日の同時多発テロは、約三〇〇〇人の人命を奪った。当時、しばしば「第二の真珠湾」と比喩されたが、外部勢力によるアメリカ中枢部への大規模武力攻撃は米英戦争以来、ほぼ二〇〇年ぶりのことであった。

「私たちの同胞市民、私たちの生活様式、私たちの自由そのものが、周到に計画された恐ろしい一連のテロ行為によって攻撃されました」「これらの行為を犯したテロリスト、テロリストをかくまうものを区別しません」と、ブッシュ・ジュニアは語った。「たといわたしは死の陰の谷を歩むとも、わざわいを恐れません。あなたがわたしと共におられるからです」と、大統領は旧約聖書の「詩編」二三篇を引用した。さらに、彼は被災地のWTCを訪れ、救助関係者を前に「きみたちの声は聞こえている。世界もきみたちの声を聞いている。そして、これらのビルを崩壊させた者たちも、まもなくわれわれの声を聞くことになるだろう」と語りかけた。

全米で愛国心が高揚し、「マイノリティ大統領」は「戦時大統領」に変じた。ブッシュ・ジュニアの支持率は、九割を超えた。これほどの支持率を得た大統領は、湾岸戦争直後の彼の父以外にはいない。政敵たちも協力を誓った。民主党のトム・ダシュル上院院内総務（サウスダコタ州）も、バイデン上院外交委員長も、ヒラリー・クリントン上院議員も、である。保守とリベラルの分極化、貧富の格差が進み、冷戦コンセンサスも崩壊していたが、未曾有の国難はアメリカに束の間の団結をもたらしたのである。

フランスの高級紙『ル・モンド』すら、一面で「われわれはみなアメリカ人だ」と共感を示した。ただし、人びとがはためかす星条旗の多くは、実は中国製であった。

「わたしは自らの不運を呪った」と、ある黒人の地方議員は言う。オバマである。オサマ・ビン・ラディンの名前が連日報じられていた。オサマとオバマは韻を踏む。[22] イスラームへの偏見と嫌悪は、全米に広がっていた。

そのビン・ラディン率いるアルカイーダは、アフガニスタンに潜んでいると見られた。

「あらゆる地域のすべての国家は、今決断を下さなければならない。われわれの味方になるか、あるいはテロリストの側につくかである。今後アメリカは、テロリストに避難場所を提供したり、支援したりする国家を敵対的な政権とみなすことになろう」と、ブッシュ・ジュニア大統領は連邦議会の上下両院合同会議で演説した。アメリカ外交に伝統的な善悪二元論が、見事に現れている。テロリストの引き渡しについて、大統領は西部劇さながらに「生死を問わない」とも言った。

しかし、アフガニスタンのタリバン政権は、アルカイーダの身柄引き渡しを拒否した。国家主権を盾にとりながら、国内では実権をアルカイーダに奪われていたのである。テロの防止と制圧に協力する国連安保理決議がいくつも成立した上、NATOは史上初めて集団的自衛権の行使を決めた。連邦議会でも、武力行使容認決議が難なく可決された（反対は下院で一人のみ）。湾岸戦争のデジャブの観があった。決定的な相違は、攻撃されたのが中東の小国ではなく、「唯一の超大国」だという点である。

ウラジーミル・レーニンの言うように、「テロの目的は脅すこと」である。九・一一同時多発テロには、犯行声明すらなく、目的も不明であった。当然、アメリカは次のテロ攻撃に怯えていた。テロリストは、自らの選んだ場所と時期に攻撃できる。しかも、議会や世論の支持を必要としない。それなら、思い切って攻勢に転じるべきだというのが、ブッシュ・ジュニアの考えであった。「テロとの闘い」は、「我々の選ぶやり方と時間で終わる」[23]「わたしが迷えば、間違いなくいろいろな迷いが生じるだろう」と、大統領は開戦の決意を固めた。[24]

一〇月七日に、アメリカはイギリスと共同で、アフガニスタンに対する「不朽の自由」作戦を開始した。一一カ国が多国籍軍を構成し、九〇カ国以上が軍事的な協力を行った。本格的な「テロとの闘い」の始まりである。この「非対称戦争」に当たって、圧倒的な軍事力を誇るアメリカは束縛を嫌い、正式な同盟よりも、争点ごとに協力し合う「有志連合」を望んだ。

大統領選挙では、ブッシュ・ジュニアは中国を「戦略的ライバル」と呼んでいたが、「テロとの闘い」のためには、北京とも協調しなければならなかった。ブッシュ・ジュニア大統領は、ロシアのウラジーミル・プーチン大統領についても、初対面で「魂に触れた」と信頼を語った。中ロ両国とも、国内に過激な独立運動を抱えていた。しかも、両者とも国連安保理で拒否権を持つ常任理事国である。ブッシュ・ジュニア政権は国連分担金の未納分の一部を払い、政府開発援助（ODA）を増額した。

日米関係は、サンフランシスコ講和条約締結五〇周年を寿いだばかりであった。小泉純一郎内閣は早急にテロ対策特別措置法を成立させ、海上自衛隊を補給支援のためインド洋に派遣した。

湾岸戦争の教訓が、ここには強く生きていた。しかも、WTCでは二四人の日本人も命を奪われていたのである。以後、小泉はブッシュ・ジュニアの盟友の一人となる。そもそも、この二人は世襲政治家、直感に頼る勝負師という共通点を持っていた。

こうして、「二重の戦間期」の一角が崩れた。今度の敵はソ連のような超大国ではなく、グローバルなテロリズムであった。アフガニスタンでの戦いは、「テロとの闘い」の第一段階にすぎなかった。一一月にアフガニスタンの首都カブールは陥落したが、肝心のビン・ラディンを捕らえることはできなかった。ブッシュ・ジュニア政権は当面の短期圧勝に安堵したものの、やがてテロリズムという抽象概念との戦い、「とらえどころのない戦争」の困難に直面する。[25] アルカイーダを追い続けるうちに、アフガニスタンも「砂漠のベトナム」と化していく。一九世紀のイギリス、二〇世紀のソ連、そして、二一世紀のアメリカと、アフガニスタンは常に「帝国の墓場」を用意してきた。

ベトナムと同様にアフガニスタンでも、多くの民間人が「随伴被害」（コラテラル・ダメージ）を受けた。当然、テロリストたちは、アメリカの大規模な軍事行動と「随伴被害」を予測していたであろう。その意味で、彼らは「二重の殺人者」であった。

この間、アメリカ国内でも「テロとの闘い」が繰り広げられていた。早くも、二〇〇一年一〇月には、「愛国者法」が成立し、国土安全保障局（のちに国土安全保障省）が新設されるなど、「戦時大統領」の権限は強化され、法執行機関の役割も拡大していった。ホワイトハウスの法律顧問たちは、戦時下のリンカーンやF・D・ローズヴェルトを例に行政権を拡大解釈し、盗聴や事実上の拷問を可能にした。政権の「ダース・ベイダー」ことチェイニー副大統領が、こうした「ダークサイド」を司った。

実は、あのケナンはもう一つ重要な予言を残していた。「ソビエト共産主義というこの問題と取り組むにあたり、われわれに降りかかりかねない最大の危険は、われわれが取り組んでいる当の相手のようになるのを、みずからに許すことであろう」[26]。彼の予言は、冷戦後の「テロとの闘い」で現実になろうとしていた。この展望のない戦争を憂いながら、ケナンは二〇〇五年に一〇一歳で亡くなる。

さらに、グローバルな「テロとの闘い」の第二段階が始まった。

二〇〇二年一月の一般教書演説で、ブッシュ・ジュニア大統領は北朝鮮、イラン、イラクの名を挙げ、「悪の枢軸」と呼んだ。この表現は、第二次世界大戦での日独伊の「枢軸国」やレーガンによる「悪の帝国」演説を想起させた。確かに、クリントン時代から、「悪の枢軸」諸国は大量破壊兵器の保有や保有の意志が警戒されていた。これにテロリストを連動させてはならないというわけだが、「とらえどころのない戦争」を続けるには、所在の明確な主権国家が必要という事情もあった。

とりわけ、ブッシュ・ジュニア政権が標的にしたのが、イラクである。北朝鮮を攻撃すれば、韓国や日本が巻き込まれる。イランは地域大国であり、フランスやドイツ、日本と深い経済関係にある。それに対して、フセインのイラクは湾岸戦争を引き起こし、その後一二年間で一七の国連安保理決議を無視して、国連査察団も追放していた。九・一一でアメリカ国民の安全保障への関心が高まったことから、ウォルフォウィッツら政権の一部は、ようやくイラク問題に対処する「機会の窓」が開きつつあると認識していた。ブッシュ・ジュニア自身も、「人々の窮状があり、心を痛めるのが当然だろう」と、イラクでの「体制転換」（レジーム・チェンジ）の可能性を語っていた。

専門家の多くは、イラクとアルカイーダとの関連は乏しいとみなしていた。しかし、この先イラクがアルカイーダに大量破壊兵器を提供しない保証はないと、大統領や副大統領、ラムズフェルド国防長官らは考えていた。フセインには、クルド人に化学兵器を用いた前科もあった。しかも、イラクを打倒すれば、イランや北朝鮮、リビアなど他の「ならず者国家」を威嚇し、大量破壊兵器開発を断念させられるかもしれない（実際、リビアはのちに核兵器を放棄した）。

ついに、ブッシュ・ジュニア政権は、クリントン前政権でお蔵入りした対イラク攻撃計画の改定作業に入った。アメリカ単独でイラクを攻撃すべきか、それとも、国連の関与を強めるべきか。「パウエルの国際主義対チェイニーの単独行動主義の対決」（ウッドワード）であった。

イギリスのブレア首相も、国連安保理決議を求めるようブッシュ・ジュニアに助言していたという。彼は「善のための力」を強調しつつ、アメリカとヨーロッパとの仲介を試みていた[27]。だが、ドイツのゲルハルト・シュレーダー首相は、総選挙を控えて、国連安保理決議の有無にかかわらず、ドイツはイラク攻撃に協力しないと表明した。フランスとロシア、中国も、イラク攻撃に反対した。のちにロシアが国連を無視してウクライナに侵攻し、中国がこれを非難しなかった事実からも、平和や正当性だけがこうした大国の判断基準でないことは、もとより明らかである。そもそも、ロシアと中国、フランスは、一九九九年にイラクに対する査察体制を強化する国連安保理決議一二八四号の採択に揃って棄権している。そのため、イラクはこの決議を軽んじ、査察に協力しなかった。これらの大国の間では、アメリカへの牽制はもとより、自国内のイスラーム勢力への配慮や、石油利権など、様々な思惑が交錯していた。こうして、九・一一以後のアメリカへの同情は後退し、国際世論は分裂していった。

アメリカ国内でも、意外な批判の声が挙がった。「サダムを攻撃するな」と、父ブッシュの側近だったスコウクロフト将軍が『ウォール・ストリート・ジャーナル』紙に寄稿したのである。将軍によると、フセインはお馴染みの独裁者にすぎず、自分のことにしか関心はない。イラク攻撃は「テロとの闘い」を攪乱させるだけでなく、高くつく。[28] 政権内では、パウエル国務長官がこの考えに近かった。

だが、こうした伝統的リアリストの見解は、大統領にとっては、もはや九・一一以前の世界観にすぎなかった。「九・一一同時多発テロという悪夢のあと、国を護るために必要なことはなんでもやると、私は誓った。アメリカに公然と敵対する国が、大量破壊兵器保有についての釈明を拒否するのはとても見過ごせない」[29]。父ブッシュは、息子の政策に一切の批判を控えた。

ブッシュ・ジュニア政権は、大量破壊兵器を保有する敵への先制攻撃を正当化し、他国の追随を許さない軍事力の優位を堅持して、中東で民主化を推進するという方針を、二〇〇二年九月の「アメリカの国家安全保障戦略」で表明した。いわゆる「ブッシュ・ドクトリン」である。これは、イラクへの公然たる圧力であった。

一〇月には、連邦議会の上下両院も圧倒的な多数で対イラク武力攻撃決議を容認した。民主党でも、バイデン、クリントン、ジョン・エドワーズ（ノースカロライナ州）、ジョン・ケリー（マサチューセッツ州）、リーバーマンらの有力上院議員が賛成に回った。アメリカ国内では、「戦時大統領」の威信は、まだまだ絶大だったのである。

一一月の中間選挙でも、共和党が下院では多数を維持し、上院でも多数を奪還した。一期目の中間選挙で与党が両院とも議席を増やしたのは、第二次大戦後初のことである。特に、下院は予算の先議権を有しており、戦費を捻出する「金の蛇口」（チェイニー）になる。こうして、国内基盤のさらなる安定を見たブッシュ・ジュニア政権は、国際協調路線を当面は維持しながら、単独主義も担保する姿勢を示した。

言論界でも、意見は分かれていた。例えば、リベラル派のチャールズ・カプチャン（ジョージタウン大学教授）は、国際政治でパワーの拡散が進んでおり、アメリカが「保安官」のようにふるまえる「アメリカ時代」は終わったと論じていた[30]。他方で、「ネオコン」の論客ロバート・ケーガンは、軍事力の理解をめぐって、アメリカ人とヨーロッパ人は今や「火星人と金星人」ほど異なると、単独主義を唱えた[31]。火星は軍神マース、金星は美と愛の神ビーナスを意味する。こうした意見の対立は、「唯一の超大国」の不安と過信を投影していた。

さて、国連では妥協の末、一一月にイラクに無条件・無制限の査察受け入れを求め、これに対する妨害や武装解除義務の不履行があった場合は「深刻な結果」を招くと警告し、安保理で対応を協議することが、満場一致で決まった。つまり、イラクの核開発への疑念は、国際社会にも共有されていたのである。ただし、湾岸戦争の時とは異なり、「あらゆる必要な手段」という文言は含まれていない。国連安保理決議一四四一号である。

ジョージ・テネットCIA長官に至っては、イラクの大量破壊兵器保有は「まちがいない」(スラムダンク)と大統領に報告していた。九・一一を予防できなかったCIAは、その反動で脅威を過大視するようになっていた。

大統領は米軍をクウェートに展開するよう命じた。ブッシュ・ジュニアは開戦に際して国際協力の確保を過信し、戦争のコストを過小評価していた。当初は一〇〇〇億ドルと見積もられた戦費は、実際には二兆ドルに達する。米軍の戦死者も四万四〇〇〇人を超える。

他方で、アメリカは大きな犠牲を恐れてイラクを攻撃するはずがないと、フセインは計算していた。その意味で、彼の認識は伝統的リアリストのそれと合致していた。彼に都合のよいことに、国際世論も揺れ動いていた。捕縛後のFBIの事情聴取によると、フセインはイランに軟弱と思われることを案じていた。[32]だが同時に、この独裁者はアメリカの攻撃を恐れてもおり、愚かにも、それを抑止すべく大量破壊兵器を保有している可能性を仄めかしたのである。[33]つまり、アメリカもイラクも、過信と不安を抱えながら対峙していた。

そのため、イラクは小出しの査察協力しかせず、米英とスペインはイラク攻撃を可能にする新たな国連安保理決議を模索した。だが、これにはフランスが拒否権行使の可能性を示して立ちはだかった。実は、フランスは水面下でアメリカに既存の国連安保理決議一四四一号を根拠に行動するよう示唆し、新たな決議に自国を巻き込まないよう伝えていたという。[34]

この間、中東に駐留する米軍は、二〇万人に達した。湾岸戦争時の半分の規模である。湾岸戦争では、パウエル将軍が明確な戦争目的と圧倒的な兵力の優位を求めた。だが、ラムズフェルド国防長官は、米軍の再編効果とハイテク技術を重視して少数精鋭で戦おうとしていた。それでも、これだけの兵力を長期に展開することは、コストと安全性の両面で、ほとんど不可能であった。時は迫っていた。

この年末に、ノーベル賞委員会がカーター元大統領に予防外交などの功績で平和賞を授与したことは、ブッシュ・ジュニア政権に対する痛烈な皮肉でもあった。同委員会は、二〇〇七年にはゴア前副大統領にも平和賞を贈る。環境問題への啓蒙活動が理由だが、ここでも「金星人」による「火星人」批判は明らかである。

二〇〇三年一月には、ブッシュ・ジュニアは新たな国連安保理決議なしの武力行使を決意しつつあった。「これしか方法はないだろう」と語る大統領に、「あの国を所有することになるのもおわかりですね?」とパウエルは問うた。「だが、これはやらなければならないと思う」とブッシュは言った[35]。しかし、近隣諸国や後方地域の安全保障について、軍部は十分に検討できていなかった[36]。また、大統領も副大統領も戦後のイラク占領に楽観的で、アメリカが「解放者」として受け入れられるだろうと期待していた。

かくして、フセイン親子への四八時間以内の国外退去という最後通牒の後、三月二〇日に米英軍を中心とした「イラクの自由」作戦が開始された。今回も「有志連合」で、作戦にはオーストラリアやポーランドも加わった。

ここに、湾岸戦争からイラク戦争へと、もう一つの戦間期も終わった。「二重の戦間期」に、アメリカは「唯一の超大国」として「新世界秩序」や「関与と拡大」などに代わる戦略を模索したが、相次ぐ地域紛争にうまく対処できず、中国とロシアへの対応も誤った。「二重の戦間期」の終点が中東であったことから、アメリカはその後もこの地域で消耗し、中ロの挑戦に十分対処できなくなる。しかも、国内政治は混乱し、ベビーブーマー世代のクリントンとブッシュ・ジュニアは外交の経験に乏しかった。

早くも四月九日には、バグダッドが陥落した。五月一日にはおそらく、ブッシュ・ジュニアは人生の頂点に立っていた。彼はサンディエゴ沖の空母エイブラハム・リンカーンに戦闘機で着艦し、制服姿で歓声に包まれた。イラクでの主要戦闘終結宣言である。背後には「任務完了」の横断幕が風になびいていた。おそらく、大統領はトニー・スコット監督の大ヒット映画『トップガン』(一九八六年)を強く意識していたであろう。

日本は戦闘には参加しなかったが、イラク戦争に支持を表明し、七月にはイラク復興支援のための特別措置法を迅速に成立させた。やがてサマワなど「非戦闘地域」に自衛隊が派遣される。イギリスのブレア首相、スペインのホセ・マリーア・アスナール首相、「アメリカの副保安官」を名乗るオーストラリアのジョン・ハワード首相らと共に、小泉首相はブッシュ・ジュニアの最も親しいサークルに加わった。

中国が台頭し北朝鮮が核開発を進める中で、小泉は靖国神社参拝を繰り返して、中国や韓国との関係を悪化させていた。そのため、彼は強力な日米同盟関係を外交と内政の権力基盤にしようとした。「ショー・ザ・フラッグ」「ブーツ・オン・ザ・グラウンド」というアーミテージ国務副長官ら知日派の求めもあり、首相は「日本の国力にふさわしい貢献」を、「そこはもう常識でやりましょう」と、自衛隊派遣を決断したのである。[37]

ブッシュ・ジュニア政権には、日米関係を米英関係に似た「特別な関係」に仕立てたいという思惑が、かねてよりあった。[38]「同盟漂流」からの反転である。日本の「大物」好みを容れて、ハワード・ベーカー（元上院院内総務、レーガン政権の大統領首席補佐官）が大使として東京に派遣されていた。とりわけ、ベーカーは福田康夫官房長官（のちに首相）と良好な関係を構築した。[39]

小泉もブッシュ・ジュニアと映画や野球を語り、やがてはエルヴィス・プレスリーのヒット曲まで熱唱して、二人の「特別な関係」を演出した。二人が語ったフレッド・ジンネマン監督『真昼の決闘』（一九五二年）は、保安官が孤軍奮闘して悪党たちを倒す映画で、孤立しても正義を貫くアメリカという自己イメージに好都合であった。日米関係のためだけではなく、首相と大統領はお互いを必要とすると察し合っていた。プレスリーの歌詞のように、「アイ・ニード・ユー」である。この関係がなければ、小泉の北朝鮮訪問を、アメリカはそう簡単に認めなかったであろう。二人の関係は、明らかに「ロン・ヤス」関係を凌駕していた。また、小泉を支えた安倍晋三官房副長官（二〇〇六年九月から首相）も、祖父、父と親子三代にわたって、ブッシュ家と交流があった。

国連のコフィ・アナン事務総長はのちに、イラク戦争を「違法」と呼んだ。これに対してアナンがイラクの数々の違法行為を非難しなかった上、イラクでの平和再構築に関与しない口実を諸国に与えてしまったと、「ネオコン」の一人、カークパトリック元国連大使は鋭く指摘している。彼女はイラク開戦には反対であり、これは単なるアメリカ擁護とは一線を画する。[40]

さらに、国連は湾岸戦争後のイラクに対して石油・食糧交換プログラム（一九九六－二〇〇三年）を実施していたが、ここで二〇〇億ドルもの予算の不正処理があり、アナン側近の事務次長が関与していたことも、明らかになった。国連の闇もまた、深かったのである。

二〇〇三年末には、逃走中のフセインが故郷のティクリート近郊で逮捕された（〇六年に処刑される）。巨額の米ドルを抱えて、かつての独裁者は身を潜めていた。それでも、アメリカはイラクで大量破壊兵器の備蓄も計画も発見できなかった。五月に早々と「任務完了」を謳ったことを、やがてブッシュ・ジュニアも「私たちの演出は裏目に出た。大失敗だった」と認めることになる。[41]

「戦時大統領」と「唯一の超大国」の凋落

数枚の写真が、ブッシュ・ジュニア大統領を奈落に突き落とした。全裸の捕虜たちが侮辱され、拷問されていた。イラクのアブグレイブ刑務所での捕虜虐待問題が内部告発され、二〇〇四年五月にメディアに報じられたのである。大量破壊兵器が発見されない中で、この事件はアメリカのイラク攻撃の正当性を改めて大きく傷つけた。ブッシュ・ジュニア大統領は「不快感を持っている」と述べたが、「民主主義は完全なものではない」と謝罪を避けた。ラムズフェルド国防長官は引責辞任を申し出たが、大統領は慰留した。

こうした中で、共和党穏健派のチャック・ヘーゲル上院議員（ネブラスカ州）は、外交の復権を強く訴えた。「外交政策とは、アメリカと世界、過去と現在と未来を架橋する営みである」とヘーゲルは述べ、力の限界という認識に立って同盟国・友好国との関係を再構築し、地理的・歴史的な属性を重視して、将来への展望を示すべきだと説いている。[42] 事実上のブッシュ・ジュニア外交批判であり、「ネオコン」批判であった。ほどなく「ネオコン」は失墜するが、こうした良識的な声も、それから一〇年ほどの内に、共和党からほぼ完全に駆逐されてしまう。

アメリカはイラク政策の重点を民主化に移したが、占領当局が世俗的な支配政党バース党を不用意に公職追放に処したため、少数派のスンニ派と多数派のシーア派の対立が激化し、イラク国内は内戦状態に陥っていた。こうして、「戦争への正義」（目標）に続き、「戦後の正義」（結果）も揺らぎ出した。さらに、米英軍が劣化ウラン弾を使用したことなども判明し、交戦中の「戦争における正義」にも深刻な疑義が生じた。圧倒的な軍事力の優位が傲慢につながり、総合的な国力を蝕む――まさに「パワーの逆説」（ジョセフ・ナイ）であった。あるいは、理想や正義を求めて罪を犯す「アメリカ史のアイロニー」（ニーバー）でもある。

この年の秋には、大統領選挙が控えていた。民主党では当初、リベラル派の前バーモント州知事ハワード・ディーンがデジタル・ネットワークを駆使して注目された。しかし、ディーンは失言や事実誤認などで失速し、ジョン・ケリー上院議員が民主党の大統領候補になった。彼も東部エリートの出身だが、ブッシュ・ジュニアとは異なり、ベトナム戦争に従軍して、赫々たる戦果を挙げていた。大統領候補としてケリーは、ケネディ以来のカトリック信者であった。だが、もはやそれを問題にする者はいなかった。民主党の副大統領候補には、ジョン・エドワーズ上院議員が選ばれた。医療過誤訴訟で名を上げた辣腕の弁護士である。

「私はジョン・ケリー、任務のために出頭しました」「私は決して国民を騙して戦争に引きずり込むような最高司令官にはなりません」と、ケリーはボストンでの民主党大会で語った。だが、彼は上院でアフガニスタンとイラクに駐留する米軍の予算増額案に反対したことがあり、やがて、エリートの反戦リベラルというレッテルを貼られた。

その民主党大会では、一介のイリノイ州上院議員が堂々と基調講演を行った。「私はある時点でリズムをつかんだ。聴衆のざわつきが消えて、静寂が支配した」と、オバマは「魔法の夜」の体験を回想している。[43]また在野では、マイケル・ムーア監督がドキュメンタリー風の映画『華氏911』（二〇〇四年）を公開して、ブッシュ・ジュニア政権を徹底的に風刺していた。

この年の五月には、マサチューセッツ州が同性婚を合憲と認めていた。そこで、ブッシュ・ジュニア陣営は同性婚や人工中絶で保守派の不安を煽り、テロ対策の成果を強調して、さらなる減税を約束した。もちろん、ライバルへの個人攻撃は、お手のものである。

政権内では、イラク戦争で不人気なチェイニーが副大統領退任を申し出たが、ブッシュ・ジュニアは続投を求めた。パウエル国務長官も、大統領選挙前の辞任を提案した。大統領はこれも退けた。選挙前にパウエルに辞められては、ダメージが大きいからである。

前回に引き続き、激戦であった。大統領選挙人の獲得数では、ブッシュ・ジュニアが二八六、ケリーが二五一であった。それでも、一般得票数では、ブッシュ・ジュニアは史上最多の六二〇〇万票を得て、「マイノリティ大統領」の汚名を返上した。上下両院でも、共和党が議席を伸ばした。「最初は希望のもてなかった二〇〇四年の選挙は、大勝利に終わった」と、ブッシュ・ジュニアはふり返っている。

二〇〇五年一月の大統領就任式で、ブッシュ・ジュニアは「テロとの闘い」という言葉を一度も使わず、「自由」という言葉を四二回も用い、その対極にある「圧政」についてもしばしば語った。また、大統領はアメリカの力の限界を認め、同盟諸国に友情と支援を求めた。さらに、彼はコーランにも言及して、異文化理解への姿勢を演出した。

二期目が始まると、パウエルの辞表が受理された。後任の国務長官には、ライス博士が起用された。他方、主戦派のラムズフェルド国防長官は留任した。解任すれば、イラク戦争の非を認めることになるからである。ただし、上級実務レベルでは、ウォルフォウィッツら「ネオコン」の多くが政権の中枢から追われた。

二〇〇五年一月には、イラクで国民議会選挙が実施された。パレスチナとイスラエルも、軍事作戦の停止で合意した。五－六月には、レバノンでも三〇年ぶりに自由な総選挙が行われた。サウジアラビアでも地方選挙が実施され、クウェートでは初の女性参政権が認められた。イラク戦争という代価を払って、中東の民主化が進展するかに思われた。

だが、残る「悪の枢軸」の一つ北朝鮮は、二〇〇五年二月に「自衛のための核兵器を開発した」と発表した。翌年一〇月には、北朝鮮は最初の核実験に着手した。「交渉に次ぐ交渉で、わが国の外交官たちは北朝鮮に武器を放棄させるという本来の目的を見失ってしまったのだ」と、強硬派のチェイニー副大統領は立腹していた。[44] さらに、イランでも二〇〇五年六月に、保守強硬派のマフムード・アフマディーネジャードが大統領に当選し、核開発の続行を決定した。北朝鮮もイランも、核開発の意義をイラク戦争から学んだのである。

内政では、二〇〇五年初頭にブッシュ・ジュニアは社会保障の民営化を図り、早々に挫折した。一期目の減税とは異なり、この争点をめぐって、共和党はまとまらず、民主党は分裂していなかった。

さらに、夏には嵐が襲ってきた。ハリケーン「カトリーナ」である。被害はルイジアナ、ミシシッピ、アラバマの三州に及び、死者は一八〇〇人以上、避難生活を余儀なくされた人の数は三〇万人に上った。被害総額は九六〇億ドルで、アメリカ史上最大の天災であった。とりわけ、ニューオーリンズ市の損害が深刻で、実に同市のおよそ八割が水没した。しかも、被災者の九割は黒人であり、その三－四割は貧困層であった。「カトリーナへの対応に関して人種差別主義者だといわれるのは、なによりも嫌な気持ちになる」と、ブッシュ・ジュニアは嘆息している。[45]

ところが、市も州もこの緊急事態に有効に対処できず、連邦緊急事態管理庁（ＦＥＭＡ）もまったく機能しなかった。イラク戦争とテロ対策で州兵は不足し、ＦＥＭＡは人手も予算も欠いていた。しかも、マイケル・ブラウン長官は大統領の友人というだけで、緊急事態対処に何の経験も知見も持ち合わせていなかった。ブッシュ・ジュニア大統領は飛行機で被災地を上空から視察しただけで、長官に「ブラウニィ、きみはどえらい仕事をしている」と激励した。大統領としては、現場の救援活動を妨げず、志気を高めるつもりであった。だが、瞬く間に「大統領・無関心の巻」と「大統領・無能の巻」がメディアによって創出された[46]。

この頃、連邦最高裁でオコナー判事が辞意を表明し、さらに、ウィリアム・レンキスト長官が死去した。そこで、ジョン・ロバーツとサミュエル・アリートが後任に起用された。二人とも優秀な法律家で、保守的なカトリック信者であった。ほどなく、まだ五〇歳のロバーツが長官に任命された。共和党の望むように、連邦最高裁の保守化が着実に進んだ。

さらに、スキャンダルが続く。チェイニー副大統領の首席補佐官ルイス・リビーが、イラク戦争をめぐる世論操作のために機密情報を漏洩し、偽証や司法妨害まで行ったとして、二〇〇五年一一月に起訴された。疑惑は副大統領にも及び、「暗雲」という言葉が広く人口に膾炙していく。政権には大ダメージである。再選による政治的余裕は、わずか一年ほどですっかり失われていた。二〇〇七年三月には、リビーの有罪が確定する。実は、リビーは日本を舞台にした小説を草したこともあり、知日派として日米関係に貢献してきた。

二〇〇六年も、ブッシュ・ジュニアには厳しい年になった。まず、連邦最高裁判所が政権のテロ対策の一部を違憲とした。軍やＣＩＡによる過酷な拷問についてである。イラクでの戦争も三年になり、夏には一日に平均で一二〇人のイラク人が亡くなっていた。この三年間では、三万人のイラク人が命を失った。イラクの人口はアメリカの一五分の一であり、「毎週九・一一同時多発テロの被害者と同数の死者が出ている勘定になる」[47]。

そして、ブッシュ・ジュニアにとって最後の選挙となる中間選挙がやって来た。イラク戦争への評価が最大の争点であった。「カトリーナ」の傷跡も生々しい。その結果、民主党が下院では三二議席、上院でも五議席増やして、両院で多数を制した。下院では、人権派のナンシー・ペロシが史上初の女性議長に就任した。彼女は、イラク開戦に反対票を投じていた。上院でも、かつてイラク開戦に賛成した有力者も含め、民主党議員は大統領批判を強めていく。こうして、九・一一による一時的な国内政治コンセンサスはほぼ崩壊し、「戦時大統領」はレイムダック化した。この間、イラク戦争を支持した穏健派は自信を、リアリストは信頼を失った。結果として、左右両派の対立が以前よりも激しくなる。

こうした中で、ブッシュ・ジュニア大統領はついに、イラク開戦の「主犯」の一人、ラムズフェルド国防長官を更迭した。側近に恩赦を与えず、盟友を解任されることに、チェイニー副大統領は激怒した。[48] 大統領と副大統領の関係は冷却化し、チェイニーは政権内で影響力を急速に低下させていく。国防長官の後任には、ロバート・ゲーツが起用された。父ブッシュ政権でＮＳＡ担当大統領次席補佐官やＣＩＡ長官を務めたベテランで、ベーカーやスコウクロフトの系譜に連なる典型的なリアリストである。さすがに、新国防長官は副大統領の反発を恐れた。すると、大統領が答えた。「チェイニーか? 彼の意見は重要だが、一つの意見にすぎないよ」。[49] この政権の変容ぶりを、如実に物語っていよう。

イラク問題をめぐって、国連は混乱していた。アメリカ国内では、上院のバイデン外交委員長が、イラクをシーア派とスンニ派、クルド人に三分割する案を提唱した。また、ベーカー元国務長官を中心とする超党派の「イラク研究グループ」は、近隣諸国と協力しながらイラク軍に治安維持機能を移譲し、二〇〇八年冒頭に米軍の戦闘部隊をイラクから撤収するよう勧告していた。

これに対して、ブッシュ・ジュニアは久しぶりに「決断者」に立ち戻った。二〇〇七年一月に「掃討」作戦の名の下で、二万人を超える米軍の増派を決定したのである。イラク情勢に通暁した米軍のホープ、デヴィッド・ペトレイアス将軍が現地司令官に任命された。彼はベトナム戦争の教訓をテーマに、プリンストン大学で博士号を取得した人物である。この増派は、バグダッド周辺の治安回復につながった。専門家や連邦議会、世論の反対を押し切って、大統領は強い決意を示し、そして、賭けに勝った。しかし、長期化するイラク戦争の中で、それは実にささやかな勝利であった。しかも、アフガニスタンでは治安の悪化が続いていた。

そこに、二〇〇七年夏には、アメリカ国内で住宅バブルがはじけ、サブプライム・ローン（信用度の低い人々向けの住宅ローン）が回収不能に陥った。クリントン政権も低所得者の持ち家拡大を図っていたが、ブッシュ・ジュニア政権はさらに所有権社会（オーナーシップ・ソサエティ）を推進した。これらが、度を過ぎた投機を招いたのである。

所得なし、職なし、資産なし（NINJA）でも、融資を受けられた。ローン審査の担当者は陰ではサブプライム・ローンを「ゲットー・ローン」と呼び、黒人の利用者を「泥の人たち」と呼んでいた。不況で住宅ローン残高が住宅価値を上回ると、「水面下住宅ローン」になり、夢の持ち家を奪われていった。[50]

こうして、国民の資産と収入の双方が、同時に下落し始めた。しかも、サブプライム・ローンが金融商品化して世界中に売りさばかれていたため、国際金融市場の混乱をもたらした。株価は下落し、石油価格は高騰した。

二〇〇八年三月に、全米で五番目に大きな投資銀行ベア・スターンズが経営破綻し、J・P・モルガン・チェースに救済買収された。「決断者」たる大統領は、ヘンリー・ポールソン財務長官（ゴールドマン・サックス前会長）に対処をほぼ丸投げした。辣腕の財務長官は、公的資金によるこれ以上の救済には反対であった。そのため、九月一五日には、一五八年の歴史を誇る大手投資銀行リーマン・ブラザーズが倒産するに至った。負債総額は六〇〇〇億ドルに上り、史上最大の倒産劇となった。九・一一ならぬ九・一五の金融危機である。いずれも、アメリカが主導したグローバル化の帰結であった。

やがて、米最大手の保険会社アメリカン・インターナショナル・グループ（AIG）も八五〇億ドルの融資を受けて、政府の管理下に置かれることになった。こちらはさすがに、大きすぎて倒産させるわけにはいかなかったのである。シティグループに至っては、四七六〇億ドルと、史上最高の公的資金注入を受けた。時の会長は、六八〇〇万ドルの退職金を得て会社を去った。

かつて、レーガン時代の末期にも、貯蓄貸付組合が無責任な投資を繰り返し、連鎖的に倒産した。父ブッシュの時代に、金融機関改革救済執行法が成立するも、一〇年間で金利を含めて一六六〇億ドルの損失を出した。一九八七－二〇〇六年の間にFRB議長を務めたグリーンスパンは、この時の公的資金投入は正しかった、これを教訓にすべきだと発言した。しかし、今回はその比ではなかった。しかも、この金融界の「マエストロ」が採用してきた低金利政策が、住宅バブルの一因とされた。むしろ、レーガンの失策から、その後の歴代政権は多くを学ばなかったのである。

結局、「小さな政府」を標榜してきたブッシュ・ジュニア政権は、緊急経済安定化法を成立させ、総額で七〇〇〇億ドルもの公的資金を注入しなければならなくなった。それでも、世界大恐慌に無為無策だったハーバート・フーヴァー大統領のようになりたくはないと、ブッシュ・ジュニアは決意していた。[51]

もとより、未曾有のテロを受けて、ブッシュ・ジュニア政権が過剰反応したことは、是認はできずとも理解できよう。その後のテロ対策が効果を挙げた面もある。また、イラク戦争については、他の大国の思惑やフセインの重大な責任も考慮すべきである。金融危機も、過去三〇年の経済政策の失敗の延長線上にある。とはいえ、ブッシュ・ジュニア政権は軍事と経済の二つの危機に多くの判断ミスを重ねて、「唯一の超大国」を消耗させ、国際社会にも多大なダメージをもたらした。そのため、アメリカの国際的信用は根本的に揺らいだ。

この間、中国やインドなどが急速に台頭し、国際社会の力学は大きく変化していった。中国は二〇〇一年暮れの世界貿易機関（WTO）加盟で経済成長に弾みをつけ、外貨準備高と米国債保有（八〇〇〇億ドル）で世界一となっていた。中国のWTO加盟は、経済のグローバル化をさらに推し進めた。アメリカは中国が「責任ある利害当事者」（ゼーリック国務副長官）になることを期待したが、そうはならなかった。また、インドは二〇〇八年の米印原子力協定の締結で、核保有国としての地位を確固たるものにした。すでにワシントンは、インドを台頭する中国への牽制に利用しようとしていた。米印は「戦略的パートナーシップ」を強化していく。

二〇〇八年八月の北京オリンピックの最中に、ロシアと隣国ジョージアとの間で、武力紛争が発生した。ロシアは南オセチアを瞬く間に占領した。米中国交樹立に対するアフガニスタン侵攻と同様に、NATOがジョージアとウクライナの将来の加盟を認めたことへの、これが〝答礼〟であった。ヨーロッパにとって、二一世紀が必ずしも平和な世紀ではなさそうなこと、ロシアが実力での現状変更を辞さないことを、この南オセチア戦争は告げていた。イラク戦争に起因する原油価格の高騰が、ロシアを強気にさせていた。ケーガン流に言えば、ロシアは「金星人」ではなく誰よりも「火星人」であった。

こうした大国間の力学の変化を、「ポスト・アメリカ世界」の到来と呼ぶ者もいた。

また、ブッシュ・ジュニア政権は、対北朝鮮政策でも一貫性を欠くようになっていった。ライス国務長官とクリストファー・ヒル国務次官補らが主導して、六者協議を再開し北朝鮮に対する経済制裁を解除した。ここにも、「ネオコン」や保守派の影響力の後退が看取できる。ライスやヒルらは、米ソ軍備管理交渉の経験を、米朝交渉に当てはめたのかもしれない。だが、アジア問題と核不拡散問題の専門家たちは、足並みを揃えられなかった。52 もちろん、アメリカは再び裏切られる。

ブッシュ・ジュニア政権が終わる頃には、「強いアメリカ」と「小さな政府」を標榜したレーガンの時代も終幕を迎えた。師たるレーガン本人も長い闘病生活の末、二〇〇四年に九三歳と四カ月で亡くなっていた。さらに、〇六年暮れには、フォード元大統領も九三歳と五カ月で亡くなった。かつての保守派は行き詰まり、穏健派は絶滅に瀕していた。

この間、もう一人の「レーガンの弟子」マケイン上院議員と民主党のオバマ上院議員が、大統領選挙を争っていた。勝利を手にしたオバマは、出自も世代もイデオロギーも政策も、すべてブッシュ・ジュニアとは好対照であった。この頃、大統領の支持率はわずか二割強で、不支持率は七割を超えていた。

「自分が正しいと思うことをやるのに、大統領の地位を失う危険を冒す覚悟がある」「大統領という仕事は――だいたいそんなものじゃないか」――イラク開戦に当たって、ブッシュ・ジュニアはそう語っていたという。[53] かつてハリー・トルーマンも朝鮮戦争の最中に不人気なまま退任したが、後世の歴史家は彼を高く評価している。ブッシュ・ジュニアの夢は、今や第二のトルーマンになることであった。ただし、「そのデシジョン・ポイントに到達するのは、歴史のみなのである」と、彼は達観を装っている。

テキサスに戻ったブッシュ・ジュニアは、有り余る時間を費やし絵筆をとるようになる。イギリスの偉大な宰相ウィンストン・チャーチルも、寸暇を惜しんで油絵を描いた。だが、かつての「戦時大統領」がもっぱら描くのは、アフガニスタンやイラクで負傷した兵士たちである。そのために、彼は病院や兵士らの家々を訪問している。[54] ブッシュ・ジュニアの画業は、偉人に自らを重ねる模倣を超えて、贖罪の巡礼でもある。

第七章
「変化！」——バラク・オバマの挑戦と逆風

広島を訪問し、平和記念公園で原爆死没者慰霊碑への献花を終えて所感を述べるバラク・オバマ大統領（2016年5月27日）〔写真：時事〕

「Yes, We Can!」

二〇〇八年一一月四日の夜、オバマは地元シカゴで、二〇万人の支持者を前に勝利宣言を行った。「われわれの民主主義の力にまだ疑いをはさむなら、今夜がその答えです」「われわれは今も、そしてこれから先もずっと、アメリカ合衆国なのです」「今夜、……アメリカに変化が訪れたのです」と、彼は団結と変化を再確認した。国難の中にあって、国民に了解可能なストーリーを創出する作業であった。レーガンの雄弁を彷彿させる。ただし、レーガンが父親風なら、オバマは教師的な語り口である。

オバマという、この雄弁な黒人政治家の来歴を素描しておこう。

バラク・フセイン・オバマ・ジュニアは、一九六一年八月四日にハワイのホノルルで、ケニア人留学生の父バラク・フセイン・オバマ・シニアとカンザス出身の白人の母アン・ダナムの間に生まれた。二人はハワイ大学のロシア語の授業で出会った。ただし、父はすでにケニアで結婚し子供まで儲けており、重婚であった。そのことを、母はのちのちまで知らなかった。父はさらにハーヴァード大学の大学院に進むため、ハワイと家族から離れていった。

バラクという名前は、スワヒリ語で「祝福された者」を意味するという。「父の肌はタールのように黒く、母の肌は牛乳のように白かった。そのことが心の中ではわずかに抵抗があった」と、オバマは言う。[1] この出自は、思春期のオバマにアイデンティティの危機をもたらした。彼はバラクではなく、バリーと呼ばれて育つ。オバマは自ずからアメリカの人種的な多様性を体現していた。

オバマが生まれた一九六一年は、南北戦争勃発の年から一〇〇年後であり、ケネディがカトリックとして初めて大統領に就任した年でもあった。ブッシュ・ジュニアとは一五歳差で、オバマはベビーブーマー世代の掉尾に属する。クリントン、ブッシュ・ジュニア、オバマと三代の大統領は、養父の暴力や父の圧倒的な存在感、そして、父の不在と、父子関係に悩みを抱いていた。彼らの悩みは、「最も偉大な世代」（親たちの世代）が退場した後のアメリカの苦悩とも重なろう。他方、本書に登場する大統領はみな、母親とは深い絆で結ばれていた。[2]

ケネディが宗教の壁を破ってホワイトハウス入りを果たしたように、やがて、オバマは人種の壁を乗り越えてホワイトハウスに向かう。しかも、彼の大統領就任は、リンカーンの生誕二〇〇周年に重なる。それ故、大統領としてのオバマは、「ブラック・ケネディ」や「ブラック・リンカーン」を期待される。

さらに、オバマの父はイスラーム教徒であったし、オバマ自身も六歳から一〇歳までの間、インドネシアで暮らしている。両親が離婚し、母のアンがインドネシア人と再婚したためである。インドネシアはリベラルな無神論者で、独立心と好奇心に満ちていた。インドネシアは世界最大のムスリム人口を抱える国である。また、オバマが生まれ育ったホノルルは、文化的にも人種的にも多様な土地柄である。オバマ自身はプロテスタント（リベラルなキリスト合同教会）になったが、彼は人種のみならず、文化や宗教の多様性をも体現していた。理性は世界史の過程に自らは現れず、個人を通じてその目的を達すると、ドイツの哲学者ゲオルク・ヘーゲルは論じた。有名な「理性の狡知」である。アメリカ史におけるオバマの登場は、さしずめ「理性の狡知」であろうか。

一〇歳の時に、オバマは独りでハワイに戻った。リベラルな母は、開発独裁のインドネシアではなくアメリカで息子に教育を受けさせたいと望んだ。そこで、オバマは祖父母の下でホノルルの有名な進学校に入学した。ほどなく、実父がケニアからハワイを訪問し、束の間、父子は共に過ごした。父は優秀なエコノミストだったが失脚し、しばしばアルコールに溺れていた。それでも、オバマは父の巧みな表現力に魅了された。その後この父子が再会することはなく、父は一九八二年にケニアで交通事故死する。

高校では、オバマはバスケットボールに精を出した。父からのクリスマス・プレゼントが、バスケットボールだったのである。バスケットボールを通じて、彼は友情や競争心を育んだという。また、彼は担任のクスノキ先生から日本について学び、卒業時のダンスパーティー（プロム）では、オオスナさんという日系人を誘った。[3] 他方で、オバマは飲酒や喫煙、さらに大麻さえ経験している。

この頃、フォード大統領はホノルルを訪れ、「新太平洋ドクトリン」を発表した。のちに、オバマは自らの来歴から「太平洋大統領」を名乗ることになる。

高校を卒業すると、オバマはロサンジェルスで伝統を誇るリベラルアーツ・カレッジのオクシデンタル大学から、ニューヨークの名門コロンビア大学に転じた。オクシデンタル大学では、黒人学生は白人学生から距離を置きがちであった。オバマはここで、個人主義と共同体のバランスについて思索を深めた。コロンビア大学は、彼により広い世界を提供した。オバマは白人女性と交際しながら、反アパルトヘイト運動に携わるにつれて人種的背景を自覚し、バリーではなくバラクと名乗るようになった。自分と同じ名を持つ父の不慮の死が、契機であった。

さらに、オバマが大学を卒業する一九八三年といえば、新冷戦のたけなわであった。理想と知性を兼ね備えた若者は、漸進的に「核のない世界」をめざすべきだと、論陣を張った。

名門大学を卒業したにもかかわらず、オバマは地域社会の活動家（コミュニティ・オーガナイザー）の道を選び、シカゴに移って黒人貧困層の職業訓練支援などに携わった。大学でコミュニティの共通善や共通利益という政治思想を熱心に学んだオバマにとって、シカゴはその実践のための格好の舞台であった。「レイシズムは必然ではなかったという確信があるからこそ、私はアメリカの理念、その来し方行く末を守りたいとも思うのだ」と、オバマは語る。彼がシカゴに移り住んだ頃、ハロルド・ワシントンが初の黒人市長を務めていた。「こうした一連の展開は、私の心にひと粒の種をまいた。生まれて初めて、いつの日か私も公職に就きたいと思ったのだ」。

そこで、オバマはハーヴァード大学ロースクールに進学する。このキャンパスは、高位の公職をめざす若者で溢れていた。かつて父が学んだ大学でもある。オバマはすでに二七歳で、多くの学生より年長であり、社会経験を積んだ落ち着きを備えていた。一年目の終わりには、彼は伝統ある『ハーヴァード・ロー・レビュー』誌の編集に携わるようになった。ここでは、保守派とリベラル派が侃々諤々と論争を展開していた。オバマは再びキャンパスで反アパルトヘイト運動に加わりながら、公民権に関する有名な学術雑誌に論文を発表した。三年目になると、彼は『ハーヴァード・ロー・レビュー』の編集長の地位を手にした。黒人としては、史上初の快挙であった。『ニューヨーク・タイムズ』紙までが記事にしたことから、オバマは一躍有名になった。このため、彼はのちに、ケニアまで遡って自らの来歴を綴った著書を刊行する(『マイ・ドリーム』一九九五年)。本人はリベラル派ながら、保守派とも対話する手法を、オバマ編集長は巧みに操った。

この間、オバマはシカゴの大手法律事務所でインターンを経験した。ここで彼の指導を担当したのが、若い黒人女性の弁護士ミシェル・ロビンソンである。オバマは彼女に強く惹かれた。「今ある世界を受け入れるか、あるべき世界の実現に向けて努力するか」と問いかけるオバマに、やがてミシェルも惹かれていく。[4]

さらに、ロースクールを通じて、オバマは自らの雄弁の術に磨きをかけ、数多くの教授や学生たちの知遇を得た。こうした人脈は将来、彼の貴重な政治的資産となる。一九九一年に、オバマは優秀な成績でロースクールを卒業した。湾岸戦争の直後である。

オバマはシカゴに戻り、シカゴ大学で憲法を講じながら、再びコミュニティ活動に身を投じた。翌年には、ミシェルとトリニティ・ユナイテッド教会で結婚した。ジェレマイア・ライト牧師の司式による。この牧師は「アメリカに神罰を!」などと過激な説教を繰り返し、のちにオバマの大統領選挙を混乱させる。また、この年の大統領選挙では、オバマは熱心にクリントンを支持した。

結婚から三年後に、オバマはいよいよ政治の道に進むことになる。女性のイリノイ州上院議員が、後任にオバマを支持すると表明したのである。ところが、ぎりぎりになって現職は翻意した。

三四歳にして、オバマは初めて政治的な試練を経験する。「初めての選挙戦を戦った私は、いくつかの有益なことを学んだ。政治の基本的な仕組みを尊重しなくてはならない。細かい部分に目を凝らすことが大事で、日々の地味な仕事こそが勝敗を分ける」、「私はフェアプレーを大切にしたいと思っているが、それでもやはり負けたくはないのだ」と、オバマは回想している。[5]

一九九七年から約八年間、オバマはイリノイ州上院議員として、シカゴと州都スプリングフィールドの間を片道三時間半かけて往復した。かつてリンカーンも、この地で州下院議員を務めた。

共和党が多数を制する州議会では、オバマのような野党の新人は「キノコ」と呼ばれた。「朽ちたものから養分をとって薄暗いところに生息している存在」である。議員たちは利益団体からの要望を天秤にかけながら、有権者のイデオロギー的な関心に迎合していた。「ビジネスだと割り切ることだ。車を販売するようなものだと思えばいい」と、あるロビイストはオバマに助言した。[6]それでも、彼は超党派の合意に努力を重ね、例えば、殺人事件の取り調べに当たって、警察に録画を義務付ける法律を成立させた。彼が成立させた法案は、二〇〇本を超えるという。クリントンの中道路線を、オバマはイリノイ州で実践していたのである。

二〇〇〇年に、オバマは人生で初めて大きな敗北を喫した。現職の連邦下院議員に挑戦して、予備選で惨敗したのである。この現職は市長選に立候補して敗退したものの、元ブラック・パンサーの強者であった。「よそ者」「エリート」「奇妙な名前」と、オバマは批判された。

それでも四年後に、「ケニア人のケネディ」は、何と連邦上院選に出馬した。共和党の現職が引退を表明したため、民主党でも候補者を選定することになり、オバマが予備選で五三％の支持を確保した。地元の有力な黒人議員たちが、彼を支持してくれた。何しろ、当時の連邦上院には、一人も黒人の議員がいなかった。「私はすべての戦争に反対するものではありません。反対するのは、おろかな戦争です」と、オバマは選挙戦を通じてブッシュ・ジュニア政権のイラク政策を批判した。これがインターネット上で大きな話題を呼び、オバマ陣営にボランティアや寄付金が集まってきた。また、選挙参謀のデヴィッド・アクセルロッドが、「Yes, We Can!」という決め言葉を考案した。

二〇〇四年は、ブッシュ・ジュニアが再選を賭けた大統領選挙の年でもあった。民主党の大統領候補は、ケリー上院議員である。そのケリー陣営から、オバマに演説の依頼が舞い込んだ。正副大統領候補がブッシュ・ジュニアに攻撃的な演説をするのに対して、オバマにはアメリカの団結を語ることが期待されていた。しかも、ケリーが東部、副大統領候補のエドワーズが南部出身なのに対して、オバマの選挙区は中部（イリノイ）であり、「地理的な空白を埋めてくれる人物」でもあった[7]。かくして、上院議員をめざす一介の地方議員が、ボストンでの党大会で基調演説に臨んだ。

アフリカとアメリカという二つの大陸から、オバマは自らの物語を始めた。

「リベラルのアメリカ、保守主義のアメリカというものはない。あるのはアメリカ合衆国のみである。黒人のアメリカ、白人のアメリカ、ヒスパニックのアメリカ、アジア人のアメリカというものはない。ただ、アメリカ合衆国のみが存在するのだ」「イラク戦争を支持する愛国者もいれば、イラク戦争を否定する愛国者もいる。われわれはみな一つの国民である」[8]。

スター誕生である。ほんの数年前には忌避されたイスラーム系の名前が、たちまち多様性の象徴になった。この選挙で、ケリーとエドワーズのコンビは落選したが、オバマは連邦上院に議席を得た。当時の連邦上院ではただ一人、史上五人目の黒人上院議員である。大統領候補は敗れて、応援演説をした者が脚光を浴びるのは、一九六四年のゴールドウォーターとレーガンのパターンと同じである。

この新人の上院議員は、ロビー活動の規制や退役軍人の年金問題、核兵器の不拡散などの問題に精力的に取り組んだ。同じイリノイ州出身のディック・ダービン、民主党院内総務のハリー・リード（ネバダ州）、民主党の長老ロバート・バード（ウェストヴァージニア州）、ハワイ州選出のイノウエ、そしてケネディなど、大物の先輩上院議員たちも、この若者を引き立てた。

この間、オバマは二冊目の著書も出版し、たちまちベストセラーになった。[9] 前著のキーワードは夢、新著のそれは希望である。外交については、対話や合意、信頼の重要性が語られている。最も対話を必要とする相手は、アメリカ自身であった。

オバマはイラクを訪問して若者たちの犠牲に心を痛め、ハリケーン・カトリーナの被害に対する政府の無策に憤った。二〇〇七年二月一〇日に、オバマは厳寒のスプリングフィールドで翌年の大統領選挙に出馬を表明する。かつてリンカーンが「分かれたる家は立つこと能わず」（「マルコ福音書」三章二五節）と、連邦の団結を呼びかけた土地である。

翌月には、オバマはアラバマ州セルマ市のエドモンド・ペタス橋を渡る行進に参加した。一九六五年にキング牧師の率いる公民権運動の一行が、ここで警察隊に阻止され、流血の惨事となった。かつてモーセはユダヤの民を率いて、エジプトからカナンに向かった。だが、彼はその途次に一二〇歳で亡くなり、ヨシュアが人々を約束の地に導いた。オバマはキングらの世代をモーセに喩え、自分たちの使命はヨシュアの役割を果たすことだと語った。[10]彼によれば、それが「歴史の円弧」をつかみとることである。

まだ四五歳で一期目の黒人上院議員にとって、それは容易ならざる使命であった。まず、民主党内の予備選で、当初はヒラリー・クリントン上院議員が圧倒的な優位を誇っていた。クリントン夫妻が張り巡らしてきた人脈は、広大である。イノウエ上院議員ですら、この予備選ではヒラリーを支持していた。

だが、「夫妻がホワイトハウスにいた時代に、それをよしとしない人々が募らせた恨みやわだかまり、硬直化した思い込みから、ヒラリー自身が逃れられないだろう」と、オバマは見抜いていた。[11]ブッシュの親子に次いで、クリントンの夫婦まで大統領になることには、確かに拒否反応が強かった。しかも、ヒラリーはイラク開戦に賛成していた。彼女ではアメリカ政治に「変化」をもたらすことはできない。

「変化」か「経験」か。初の黒人大統領候補か、初の女性大統領候補か。二人の戦いは熾烈をきわめた。総じて、オバマ支持者はリベラルな大卒、高所得のホワイトカラー層であり、ヒラリー支持者はより保守的なブルーカラー層であった。政治ジャーナリストのロナルド・ブラウンスティンによれば、前者は優雅にワインを嗜む人々であり、後者は週末のビールを楽しむ人々である。このワイン党の中でも、特にリッチな人々は、「リムジン・リベラル」と呼ばれる。グローバル化の勝ち組である。

何と、緒戦のアイオワ州でオバマがヒラリーを八ポイント差で下した。オバマによれば、「羊飼いのダビデ」が「突如、巨人ゴリアテ」になったのである。有力な黒人指導者たちも、オバマ支持を表明しだした。共和党のパウエル前国務長官も、その一人であった。ジョージ・クルーニーらセレブたちも、熱狂的にオバマを支持した。ハリウッドとの蜜月ぶりは、まさに「ブラック・ケネディ」である。

四年前のディーン候補のように、インターネットを活用して、オバマ陣営は小口の個人献金を幅広く集め、資金面でもヒラリー陣営に追いつき、やがては凌駕していく。オバマ自身も、当時人気のブラックベリーというスマートフォンを愛用していた。

だが、そのインターネット上では、オバマはアメリカ生まれではないという偽情報も拡散していた。こうした主張を「バーサリズム」という。これをさらに吹聴したのが、トランプである。ヒスパニックを除く白人人口は、すでに総人口の六四％に低下していた。オバマの体現する多様性に、保守的な白人層はますます不安を募らせていたのである。[12] のちにオバマは出生証明書を公表したが、それでも共和党支持者の大半はそれを信じなかった。白人の没落とアメリカの衰退が、彼らの中では重なっていた。

二二州を争うスーパーチューズデーでも、オバマが一三州を制した。選挙権と同様に、大統領候補でも黒人が女性に先んじる。「私に夢を託してくれた女性、少女たちをはじめ、数百万人もの人々を失望させた」と、ヒラリーは無念を語った。[13]

ニューハンプシャー州ユニティという小さな町で、クリントン夫妻はオバマと同席し、民主党の団結（ユニティ）を誓った。党大会では、ミシェル・オバマが亡くなった父の謙虚な一生と夫の高潔な人柄について語り、大きな評価を博した。のちにファースト・レディとしても、彼女は子供の食育問題などに熱心に取り組む。[14]食育は貧困解消の第一歩である。

次は、副大統領候補である。オバマはバイデン上院議員を選んだ。今回の大統領選挙で、バイデンは早々に撤退していた。「国内問題では賢く堅実」「外交政策での経験は広く、深かった」「何より、バイデンには心があった」と、オバマは言う。[15]だが、バイデンは難色を示した。「リンカーンの副大統領が誰だったかいえる者はいるか？」。バイデン夫人のジルがたしなめた。「大人になりなさい」[16]。重大な決定の際には最後まで関与できることを条件に、バイデンは副大統領候補を引き受けた。オバマにとっても、バイデンの経験は貴重であった。白人と黒人のコンビによるバディ映画さながら、あるいは、「できちゃった婚」のように、愛憎に満ちた二人三脚が始まる。二人の関係はのちに、「ブロマンス」（男同士の恋愛関係）とさえ呼ばれる。[17]

共和党では、マケイン上院議員とミット・ロムニー前マサチューセッツ州知事が大統領候補の指名を激しく争い、スーパーチューズデーを乗り越えて前者が勝利を収めた。八年前にブッシュ・ジュニアに挑んだ、孤高の元軍人である。マケインは一九三六年生まれと「沈黙の世代」に属し、白人、三代にわたる海軍軍人エリート、イラク戦争支持と、オバマとは対照的な人物であった。それでも、「彼が本物の政治的勇気を示すところを、私は一度ならず目の当たりにしている」と、オバマはライバルに敬意を表している。[18]

大統領選挙を通じて、マケインは三つの過ちを犯した。第一は、ブッシュ・ジュニア大統領によるイラクへの追加派兵に賛成したことである。「戦争に負けるぐらいなら、選挙に負けたほうがましだ」と、マケインは「政治的勇気」を示した。だが、不人気なイラク戦争への肩入れは、彼の支持率低下につながった。

第二に、アラスカ州知事のサラ・ペイリンを副大統領候補に迎えたことである。「私はアラスカに住んでいるので、ロシアを監視できる」などと発言し、彼女は無知をさらした。しかし、ペイリンは福音派、とりわけ、宗教右派の間で人気が高かった。このアラスカ州知事は、オバマを「テロリストの友人」とさえ呼んだ。マケインは外交では保守派だが内政では穏健派で、かつて宗教右派を「不寛容な輩」と呼んだこともあった。その彼が、選挙対策のためにペイリンを起用したのである。ほどなく、彼はこの人選を後悔するようになる。

ブッシュ親子がネガティブ・キャンペーンに頼り、マケインがペイリンを利用したように、共和党から礼節が失われていった。その終着点には、「恐怖の男」が待ち構えている。トランプである。[19]

第三に、二〇〇八年九月に発生した金融危機に対して、マケイン候補は何ら有効な対策を提示できなかった。彼が経済政策に疎い上、この金融危機への対処をめぐって、共和党内が分裂していたからである。[20]

大統領選挙の結果は、一般得票率と大統領選挙人の獲得数で、オバマが五三%、三六五人、マケインが四六%、一七三人と、前者の圧勝に終わった。連邦議会でも、民主党が上院で八議席、下院では二一議席を増やして多数を制した。トリプル・ブルーである。イノウエは上院仮議長(大統領権限の継承順位三位)に就任する。日系人としては、史上最高位の公職である。

先述のように、オバマはベビーブーマー世代の末期に属する。これにX世代(一九六五－八〇年生まれ)、Y世代(一九八一－九五年生まれ)が続く。「最も偉大な世代」に続く「沈黙の世代」のように、政治的にはX世代はベビーブーマー世代の陰に隠れがちである。Y世代はミレニアル世代とも呼ばれ、幼少の頃からSNSやインターネットに馴染んだ「デジタル・ネイティヴ」である。人数も多い。実に、彼らの三分の二がオバマに投票した。

「今よりもはるかに分断されていた国民にリンカーンが語ったように、私たちは敵ではなく友人なのです」と、オバマはシカゴでの勝利宣言で語った。次期大統領はまた、自らに投票した一人の黒人女性を紹介した。アン・ニクソン・クーパーは実に一〇六歳で、長らく公民権運動に携わっていた。彼女たちの忍耐と努力の末に、今日の「変化」がある。「Yes, We Can!」と、オバマは静かに、しかし、力強く呼びかけた。

かつてレーガンも、勝利宣言でリンカーンを引用した。そのレーガンの路線が軍事的にも経済的にも行き詰まり、価値観をめぐってアメリカ社会に分断をもたらした末に、雄弁で魅力的な「左派レーガン」としてオバマが登場した。ある歴史家によれば、一九七四年にニクソンが失脚し、レーガン台頭の道を拓いてからの長い保守化の終わり、「レーガンの時代」の終焉である。[21]しかし、それは必ずしも、リベラルの復権を意味するわけではなかった。

「チーム・オブ・ライバルズ」――オバマ政権一期目の理想と現実

二〇〇九年一月二〇日の大統領就任式には、マイナス七度の首都ワシントンに二〇〇万人が集まったという。

「子供じみたことをやめる時が来た」と聖書（コリントの信徒への手紙）を引きながら、バラク・オバマ新大統領はブッシュ・ジュニア政権の「テロとの闘い」を暗に批判した。

「厳冬の中、希望と美徳だけが生き残ることができた時、共通の脅威に気づいた町も田舎もそれに立ち向かうために進み出た、と未来の世界で語られるようにしよう」と、今度はアメリカ独立を訴えたトマス・ペインを引用して、オバマは歴史と伝統を未来に重ね合わせた。格調高いが、総じて抑制的な演説であった。候補者としては「変化」を鼓舞しても、今や湧き上がる期待を管理しなければならない。何しろ、この日のダウ平均株価は、ついに八〇〇〇ドルを割り込んでいた。しかも、二〇〇九年のアメリカの経済成長率は、マイナス二・六％になる。

オバマは、リンカーンの伝記を数多く読んでいた。そのうちの一つが、ドリス・カーンズ・グッドウィンによるもので、原題は「チーム・オブ・ライバルズ」である。リンカーンが有力な政敵たちを入閣させ、南北戦争という未曾有の危機を乗り切った物語である[22]。

確かに、バイデン副大統領も、一時は大統領選に出馬したライバルであった。ただし、オバマはチェイニーのように強すぎる副大統領を望んでおらず、クリントン政権よりも良好な議会との関係を望んでいたという[23]。バイデンはそのための布石でもあった。

さらに、最大のライバル、ヒラリー・クリントンを、オバマは国務長官に招き入れた。クリントン国務長官の起用は、リベラルから中道への外交路線の微妙な、しかし重要な「変節」を意味している。対話重視の大統領に対して、国務長官は時には「脅し役」を引き受け、やがて「オバマのもう一人の妻」とすら呼ばれる。

ヒラリーはハードパワーとソフトパワーを賢明に組み合わせた「スマートパワー」の外交を提唱し、ジェームズ・スタインバーグ副長官やカート・キャンベル次官補（東アジア太平洋問題担当）などの側近を重用した。オバマ政権の人脈を形成する「三つのC」の一つ、クリントン人脈である。残る二つのCは、議会（Congress）とシカゴである。

スタインバーグらの強い勧めもあって、クリントン長官は最初の外遊先として東アジアを選び、二月に日本、インドネシア、韓国、中国を歴訪した。「最初の課題は、中国とのあいだに不要な摩擦を引き起こさずに、米国が太平洋国家であることを再び強調することだった」と、ヒラリーは述べている。[24]

同様に、日米同盟へのオバマ政権のコミットメントを示すため、大統領は最初の外国首脳として麻生太郎首相をホワイトハウスに迎えた。「麻生に対する特別な思い入れがあったからではない」「我々は彼が長続きしないだろうと想定していた」と、ジェフリー・ベーダー（国家安全保障会議アジア担当上級部長）は辛辣に回想している。[25] 実際、九月の総選挙で自民党は大敗し、民主党の鳩山由紀夫内閣が成立する。保守的な安倍、麻生、そしてリベラルな鳩山すら、典型的な世襲政治家（アリストクラシー）であり、実力主義（メリトクラシー）のオバマとは肌合いを大きく異にした。

他方、オバマ政権は中国との対話と協議も重視していた。何しろ、二〇一〇年には、中国の米国債保有額は一兆ドルに達する。今や、米中関係こそが「世界で最も重要な二国間関係」になっていた。クリントンもブッシュ・ジュニアも、最初は対中強硬姿勢をとりながら、対中融和姿勢で政権を終えた。オバマ政権は、これらとは逆コースを辿る。そもそも、大統領選挙期間中に、オバマはシリアやイラン、北朝鮮の独裁者とすら対話すると主張していた。

ゲーツ国防長官の留任も決まった。イラク情勢やアフガニスタン情勢の安定化のためである。政権をまたいでの国防長官の留任は、史上初のことであった。これも「チーム・オブ・ライバルズ」の一環である。こうした即戦力に頼らざるをえないほど、アメリカは深刻な危機に直面していた。だが、イラクやアフガニスタンをめぐって、ゲーツとバイデンはしばしば鋭く対立する。国防長官は関与派であり、副大統領は撤退派であった。[26] 二人の対立は、大統領の視野を広げた。

実際、外交や安全保障は、オバマにとって未経験の分野であった。NSA担当の大統領補佐官にも、海兵隊の退役大将ジェームズ・ジョーンズが起用された。彼も共和党員で、マケインとも親しかった。また、二〇一三年には、オバマは共和党元上院議員のチャック・ヘーゲルを国防長官に迎える。超党派外交の、ほぼ最後の試みである。

こと外交に関しては、オバマは父ブッシュの抑制的な手法を高く評価していた。ゲーツもブッシュ人脈である。[27] カーターの理性、理想とブッシュの手法の組み合わせ――それがオバマ外交の骨格であり、ブッシュ・ジュニアの外交とはおよそ対極にあった。だが、高邁な理想と手堅い手法は、時として齟齬をきたす。

大統領首席補佐官には、剛腕のラーム・エマニュエルが起用された。彼はシカゴ出身の下院議員で、かつてクリントン大統領の上級顧問も務めたから、「三つのC」の要となった。また、国連大使のスーザン・ライスは黒人女性であり、のちにNSA担当大統領補佐官に転じる。全体として、オバマ政権の人事は人種や地域の多様性に配慮しており、アジア系やアラブ系、女性が多く閣僚に登用された。

さて、大統領就任から二日後に、オバマは一年以内にグアンタナモの収容施設を閉鎖すると発表した。これはキューバにある米軍基地内の施設で、タリバンやアルカイーダの幹部が超法規的に隔離されていた。だが、今日に至るも、この施設は閉鎖されていない。収容者の移送先が容易には見つからず、また、釈放された者の多くがテロ活動に復帰したからである。オバマ政治の理想と現実の乖離を、何よりも雄弁に物語るものである。

オバマ政権にとって、当面の最大の政策課題は、言うまでもなく、経済危機への対処であった。その陣頭指揮をとったのが、ティモシー・ガイトナー財務長官である。彼には、一九九七－九八年のアジア通貨危機に対処した経験があった。また、一九八〇年代には、ガイトナーは大学院生として日本経済や日本語、中国語をも学んでいた。アメリカのエリートたちが真剣に日本から学ぼうとした最後の世代に、彼は属する。ただし、今度は「ジャパン・アズ・ナンバーワン」ではなく、バブル経済崩壊後の混乱について、日本から学ばなければならなかった。

二月一七日には、オバマ大統領は総額七八七〇億ドルに及ぶ大型の景気対策法案（うち二八八〇億ドルは減税）に署名した。しかし、ブッシュ・ジュニア前政権から続く巨額の公的資金の投入には、アメリカの社会主義化を懸念する声すらあった。議会内でも共和党は党派性剝き出しで反対したし、民主党の一部も財政規律の観点から批判した。皮肉にも、反オバマ勢力のほうが超党派だったのである。事態を案じたエマニュエル首席補佐官は、バイデン副大統領に上院で元同僚に働きかけるよう依頼している。共和党の中でも、とりわけ「小さな政府」に固執する保守的な反オバマ勢力は、ティーパーティー運動と呼ばれるようになる。イギリスの重税に反発した、ボストン茶会事件に因《ちな》んでいる。

政権発足当初は、オバマ大統領の支持率は七割近くあった。しかし、半年後の七月には六割を切り、一一月には五割以下に落ち込んだ。雇用回復の展望のないまま、財政赤字は史上初めて一兆ドルを超えた。

オバマ大統領は、地球環境問題に熱心であった。先の大型景気対策も、環境重視型の経済構造への転換と結び付けられて、「グリーン・ニューディール」と称された。ブッシュ・ジュニアが「第二のフーヴァー」と見えた後で、オバマは「第二のF・D・ローズヴェルト」を演じようとしていた。ワシントンのこうした姿勢はヨーロッパ諸国を大いに喜ばせ、米欧関係の改善につながった。また、この分野では米中協力も不可欠であった。

さて、四月五日に、オバマはチェコの首都プラハで、歴史に残る演説を行った。「アメリカは核兵器保有国として、そして、核兵器を使ったことのある唯一の核保有国として、行動する道義的責任がある。アメリカだけではうまくいかないが、アメリカは指導的役割を果たすことができる」と語り、「核兵器のない世界」を提唱したのである。四半世紀前のバリー青年の夢が、アメリカ合衆国大統領の政策として姿を現しつつあった。

実は、二〇年にわたる「調達の休日」（レーガン軍拡後に大規模な兵器調達が不要になった時期）が終わろうとしていた。核廃絶への現実的な動機の一つは、兵器の老朽化だったのである。それでも、同年末には、オバマはノーベル平和賞を受賞する。もちろん、「核兵器のない世界」は実現していない。理想と現実は、ここでも大きく乖離していた。

二〇〇九年四月にロンドンで開かれたG20サミットで、オバマは本格的な外交デビューを飾った。ここで、新大統領は首脳外交を重ねた。特に、ドイツのアンゲラ・メルケル首相は、オバマと同様に冷静な実務家であり、二人は密接に協力し合う。中国の国家主席、胡錦濤は地味で、首相の温家宝は金融危機について「高度な見識を示した」。

首脳陣の中でも、オバマが最も関心を持っていたのが、ロシアのデミトリ・メドベージェフ大統領である。二〇〇八年五月にプーチンは首相に転じたが、依然として実権を保持していた。二人の新人大統領は、ロシアのジョージア侵攻やイランの核開発について議論した。実務家のメドベージェフは率直であった。ただし、彼の発言がどの程度「プーチンの事前の許可を得てのものかは疑問ですが」と、ロシア専門家のウィリアム・バーンズ国務次官が洩らした。「いずれわかるさ」と、オバマは答えた。[28]

メドベージェフの招待を受けて、七月には早速、オバマはロシアを初めて訪問した。この首脳会談で、両国は大幅な核軍縮に合意した。ブッシュ・ジュニア時代に悪化した米ロ関係を「リセット」し、「核兵器のない世界」を目指すには、重要な第一歩のはずであった。だが、米ロの核軍縮が進むほど、中国の核軍拡が問題になる。また、同盟国への拡大抑止の信頼性も維持していかなければならなかった。

この間、「テロとの闘い」の主戦場は、イラクからアフガニスタンとパキスタンに移行しつつあった。オバマ政権は三月にアフガニスタンに二万一〇〇〇人を増兵すると発表し、六月にはイラクの主要都市から米軍の戦闘部隊を撤収させた。年末には、一八カ月後の撤退開始を条件に、さらに三万人をアフガニスタンに増派するとした。

だからこそ、オバマは辣腕のホルブルックを、アフガニスタン・パキスタン問題担当特別代表に充てていた。ヒラリーが大統領になっていれば、国務長官に最有力視された人物である。だが、わずか一年後に、ホルブルックはクリントン国務長官との面談中に倒れ、世を去った。「アフガニスタンでの戦争を終わらせなければならない」と言い残して。

すでに、オバマ政権は「テロとの闘い」という表現を用いなくなっていた。二〇〇九年六月には、オバマはカイロ大学で演説し、アメリカとイスラーム世界との関係の「新たな始まり」を呼びかけた。

クリントン国務長官によると、アメリカの安全保障上の重要課題は、防衛（defense）、外交（diplomacy）、開発（development）という「三つのD」であり、民主主義（democracy）は含まれていなかった。前政権からの大きな変化である。[29]

一一月には、オバマ大統領がアジア諸国を歴訪した。東京では、オバマは自らを「アメリカで最初の太平洋大統領」だと称した。当時、日米間の最大の争点は、沖縄の米軍基地移設問題であった。移設先は日本国内で見つける。鳩山首相は「私を信用してほしい」（トラスト・ミー）と語り、オバマはそれを肯じた。しかし、ほどなく鳩山の無策が露呈する。

北京では、「この地域の安定と繁栄に貢献するアジア・太平洋国家として、アメリカを歓迎する」と、中国は共同声明で述べた。両国の間には、貿易や環境、人権、台湾、北朝鮮と、数々の争点があった。だが、オバマとその側近たちも、中国を潜在的なパートナーとして受け入れようとしていた。

二〇一〇年の半ばになると、中国に対するこうした期待は急速に退潮していった。とりわけ、南シナ海で中国は露骨に拡張主義的な行動をとるようになった[30]。「中国は大きな国である。ここにいる、どの国よりも大きい」と、中国の高官が東南アジア諸国の代表の前で声を荒らげたことすらある。尖閣諸島をめぐる日中の対立も熾烈になり、日本の民主党政権は動揺する。

二〇一〇年三月に、オバマ大統領は国民皆保険をめざす医療制度改革、いわゆるオバマケアを実現させた。一四年から運用され、低所得者に補助金を支給し、未加入者には罰金を科すものである。しかし、連邦議会ではすべての共和党議員がこの法案に反対し、党派対立が一層鮮明になった。景気回復が十分でない中でオバマケアが成立したことへの反発もあり、一一月の中間選挙では、共和党が下院で実に六四議席、上院でも一六議席を増やし、トリプル・ブルーはあえなく瓦解した。

勢いを増したのは、ティーパーティー運動である。アメリカの対外関与などに、彼らはまったく関心がなかった。また、彼らは強硬に連邦予算の削減を求め、しばしば「金の蛇口」を閉じようとする。

やがて、オバマ大統領も連邦議会との協調を断念して、大統領令に依存するようになる。のちの若年層向け強制送還延期プログラム（ＤＡＣＡ）は、その一例である。条件付きながら、一六歳未満で不法入国した若者に、一年更新で滞在と就労を認める制度である。移民問題で、超党派の合意などはまったく不可能になっていた。

二〇一一年は、アメリカ外交の転機となった。

チュニジアで始まった民主化運動、「アラブの春」が、エジプト、リビア、シリアと急速に拡大していった。オバマ政権は民主化を促し、権威主義体制を牽制したが、具体的な行動では「背後から率いる」姿勢をとった。「アラブ世界の多くの人の考えとは異なり、アメリカは交渉相手となる国々を操れる巨大な黒幕などではない」と、オバマは語る。しかも、三月一一日には東日本大震災が発生し、米軍は救援のための「トモダチ作戦」で二万四〇〇〇人もの人員を投入しなければならなかったのである。

五月にはアメリカはついに、オサマ・ビン・ラディンをパキスタンで発見した。

「〈ジェロニモ〉特定……ジェロニモＥＫＩＡ」

ＥＫＩＡは〈Enemy killed in action（敵を交戦中に殺害）〉を意味する。もちろん、「ジェロニモ」はこのテロリストのコードネームである。[31]

バイデン副大統領やクリントン国務長官、ゲーツ国防長官らとともに、オバマはホワイトハウスのシチュエーション・ルームで、固唾を呑みながらこの様子を見守っていた。彼が軍事作戦をリアルタイムで観察したのは、これが最初で最後であった。「レネゲード」（裏切者）というコードネームを持つ大統領は、精密なドローン攻撃にとりわけ熱心であった。

その後、オバマ政権は七月からアフガニスタンで米軍の撤収を開始し、一二月末までにイラクから米軍を撤退すると決定した。他方で、一一月にオバマ大統領はオーストラリアを訪問し、アメリカはアジア太平洋の安全保障と経済、政治に全面的に関与すると表明した。いわゆる「アジア・リバランス」戦略である。同時多発テロから一〇年を経て、アメリカの戦略的重心が中東からアジアに移行することになったのである。一一年末には、北朝鮮の最高指導者、金正日が死去し、この独裁国家での権力の移行が注視された。

中東からアジアへの回帰の道のりは、対中政策の「失われた一〇年」でもあった。すでに二〇一〇年には、中国が世界第二の経済大国になっていた。日本は一九六四年にアジア初の東京オリンピックを成功させ、その四年後に世界第二の経済大国になった。明治維新（一八六八年）から一〇〇年目であった。中国は二〇〇八年に北京オリンピックを実現し、その二年後にＧＤＰで日本を抜いたのである。これも、辛亥革命（一九一一年）のほぼ一〇〇年後のことである。一一年にはバイデン副大統領が訪中して、国家副主席の習近平と意見交換を重ね、中国の動向を探ろうとしていた。

こうしたパワーシフトの中、アメリカ国内では、「アラブの春」さながらに、貧富の格差拡大や政府による金融機関救済に憤る抗議運動が広がった。「われわれは九九％だ」「ウォール街を占拠せよ」と、彼らは叫んだ。実際、二〇一〇年には、上位一％の富裕層が全米の富の四割以上を独占し、下位五〇％のそれは一四％にすぎなかった。連邦議会では右派、在野では庶民が、オバマ政権前に生じた事態への対処で、オバマの政府を責め立てた。アメリカ社会はリベラルと保守という左右の対立に、貧富の格差という上下の対立を抱え込んでいた。オバマの最大の落ち度は、一時的にせよ人々に「変化」の「希望」を抱かせたことであろうか。

二〇一二年は大統領選挙の年であった。

当然、米中関係は大きな争点であった。中国の首脳たちは「新型の大国間関係」、つまり、より対等な米中関係を求めていた。アメリカの疲弊と混乱を横目に、大国化した自負に溢れている。オバマ政権は揺れ動きつつも、「ルールに基づく国際システムの中で」、中国に大国としての自覚と責任を促した。中国は自らの権利を、アメリカは中国の義務を主張し合っていた。

さて、共和党はロムニー前マサチューセッツ州知事を、大統領候補に選んだ。四年前にマケインと候補を争った人物である。彼はモルモン教徒として、初の大統領候補となった。副大統領候補には、下院予算委員長のポール・ライアンが選出された。彼はX世代に属し、四二歳とオバマよりも一〇歳近く若い。二年前の中間選挙で共和党に勝利をもたらした立役者の一人でもあった。ロムニーとライアンはかつてのレーガン的な保守派に属するが、彼らですら党内では中道穏健派になっていた。

そのため、ロムニーは党内の保守派に迎合しなければならなかった。そこで、彼はオバマケアを攻撃する。だが、もともとオバマケアは、ロムニーがマサチューセッツ州で実施した制度のコピーなのであった。また、オバマが年収二五万ドル以上の富裕層への増税を訴えたのに対して、ロムニーは減税に固執した。

結果として、大統領選挙人数では、オバマが三三二人でロムニーが二〇六人、一般得票数では、前者が六六〇〇万票に対して後者が六一〇〇万票を獲得した。共和党は男性、白人、高所得者、高齢者で票を集め、民主党は女性、黒人、ヒスパニック、アジア系、若年層で票を稼いだ。社会的な亀裂が鮮明な投票結果であった。二期続く政権が三代（クリントン、ブッシュ・ジュニア、オバマ）に及ぶのは、戦後初めてのことであった。ただし、前任者を否定しながら。

上院では民主党が五三議席となり、多数を維持した。だが、下院では共和党が二三四議席を得て、多数を維持した。彼らの多くは保守的な南部を選挙区としており、オバマに妥協する必要はまったくなかった[32]。

この二〇一二年には、ロシアでプーチンが大統領に、日本で安倍が首相に復帰した。さらに、中国では習近平が共産党総書記に（翌一三年からは国家主席にも）就任した。他方で、一六年の大統領選挙を睨んで、ヒラリーが国務長官を退任し、よりリベラルなジョン・ケリー（元大統領候補）が後任となる。国際政治が厳しさを増す中で、オバマ外交は「スマートパワー」から「スマート・リトレンチメント」（穏便な退却）に向かいつつあった[33]。

レガシーを求めて――二期目

オバマ政権がアジア回帰を図っても、中東はそう簡単にアメリカを放してはくれなかった。シリアでは内戦が続いており、政府軍は反政府勢力に化学兵器を用いようとしていた。オバマ大統領は、これを許容できない一線（レッドライン）と明言した。だが、二〇一三年八月に化学兵器で一〇〇〇人もの犠牲が出たものの、オバマは限定的な空爆を連邦議会に諮《はか》り、結局はそれすら実施できなかった。シリアの内戦はその後も続き、一五年にオバマはシリア難民一万人の受け入れを表明するが、共和党は強く反発する。

また、そのシリアやイラクでは、反シーア派の「イスラーム国」がテロ活動を繰り返し、やがてはカリフ制国家の樹立まで宣言する。オバマ政権は空爆でこれに応えるのが、やっとであった。「アメリカは世界の警察官ではない」とすら、大統領は語った。ベトナム戦争後のコミットメントの縮小を図った「ニクソン・ドクトリン」を、この発言から想起する者も少なくなかった。

アジアでも、二〇一三年二月には北朝鮮が三度目の核実験を断行し、一一月には中国が東シナ海に一方的に防空識別圏を設定した。南シナ海では、中国は人工島まで造成し、軍事施設を設置しようとしていた。フィリピンは中国の拡張行動をハーグの常設仲裁裁判所に提訴して、のちに勝利するが、中国は判決を「紙屑」と峻拒する。若い金正恩の北朝鮮も習近平の中国も、ますます攻撃的になっていた。

中東では戦火がやまず、アジアでは中朝が挑発行為を繰り返し、連邦議会は反抗的と、二期目のオバマ政権にとって内外情勢は厳しかった。二〇一五年に遅れて発表された「国家安全保障戦略」では、「戦略的忍耐」がキーワードになる。そもそも、オバマは容易には結果のでない「長丁場のゲーム」を戦う覚悟であり、均衡、持続可能性、抑制、精密性、忍耐、誤謬の可能性、懐疑、アメリカ例外主義を外交政策のチェックリストにしていたと、側近の一人は述べている。[34]

そうした中で二〇一四年二月には、ロシアが再びウクライナを攻撃し、翌月にクリミアを併合してしまった。ロシアはウクライナに大規模なサイバー攻撃を仕かけた上で、軍事侵攻した。そこで、この侵攻は「ハイブリッド戦争」と呼ばれる。民主主義的な政府よりも専制的な政府のほうが、サイバー空間やビッグデータの活用には長けていた。プーチンの下で「悪の帝国」に回帰したロシアは、G8から追放される。また、オバマ大統領はNATO諸国への防衛義務を再確認した。それでも、この露骨な侵略行為に対して、オバマ政権のロシア制裁は控えめなものであった。ロシアは孤立を深めながらも、大胆な行動に自信を強める。冷戦後のアメリカは、ロシアを抱擁すべき時に追い詰め、厳しく対処すべき時に手ぬるかった。両大戦間期のイギリスの対ドイツ政策さながらである。

さて、二〇一四年一一月の中間選挙は、オバマ政権にとって最後の国政選挙であった。結果は共和党の圧勝である。同党は上院で九議席を、下院でも一三議席を増やして、ともに多数を制した。「変化」への期待が、ここに失望として表れていた。マイノリティや女性、黒人の票をまとめ続けることは容易ではなかったし、理知的で抑制的なオバマの政治手法にむしろ、人びとは「変化」を求め出していたのである。州知事選や州議会選でも共和党が善戦し、オバマと民主党は苦しい状況に陥っていった。

オバマ政権は、性的なマイノリティの人権擁護にも取り組んできた。ヘイトクライムへの処罰、米軍内での差別の禁止、企業による雇用差別の禁止など、これまでにも様々な立法や大統領令を積み重ねてきた。二〇一五年六月に、ついに連邦最高裁判所が同性婚を合憲と認定した。アメリカ政治では、もはやＷＡＳＰは死語となり、ＬＧＢＴ（レズビアン、ゲイ、バイセクシュアル、トランスジェンダーの略）が流行語となる。一〇年の国勢調査で、自らをＬＧＢＴのいずれかと認めた成人は三・五％であった。未成年や「クローゼット」（性的マイノリティであることを隠そうとする人々）を含めると、実態は五％を優に超えよう。

だが、ＬＧＢＴの台頭は、文化的、社会的な属性を軸にした政争、アイデンティティ政治をさらに加速させた。差別表現に敏感な「政治的正しさ」（ポリティカル・コレクトネス、ＰＣ）も求められ、「言葉狩り」と保守派はこれに反発する。

さて、内政が隘路に至る中で、オバマは外交にレガシーを求めた。

二〇一四年暮れには、アメリカとキューバが国交正常化に向けた協議開始を発表した。翌年には、両国は大使館を開設した。「（フィデル）カストロが権力を獲得した時、私は生まれたばかりだった。一九六一年に採用された政策が、インターネットやグーグルの時代になった今日でも効果的だと考えるのは、妥当ではない」と、オバマは語った。一六年三月には、彼はキューバを訪問した。アメリカの現職大統領のキューバ訪問は、一九二八年のカルビン・クーリッジ以来、実に八八年ぶりのことであった。キューバとの国交正常化には、ヒスパニック系有権者へのアピールという内政上の考慮と、対話と協力によって仲間を増やしていくというオバマ流の「マルチパートナー」外交の発想が、強く働いていた。

オバマ政権は、かつての「悪の枢軸」の一つイランとも核合意に達した。二〇一三年一一月から、イランを相手に、英仏独と米中ロ、それにＩＡＥＡが包括協議を進めてきた。これが一五年七月にまとまったのである。イランが一旦は核開発を休止し、査察を受け入れることで、段階的に経済制裁を解除するという内容である。キューバやイランとの和解には、共和党保守派が激怒した。当然、イランとの核合意にはイスラエルも不満であった。一五年三月の訪米の際に、ネタニヤフ首相は連邦議会で演説しながら、オバマ大統領とは会談しなかったほどである。

因みに、ネタニヤフを招待したのはジョン・ベイナー下院議長だが、彼ですら、オバマ政権に宥和的だと保守派に批判されて、やがて辞任に追い込まれる。その後任は、副大統領候補だったライアンである。就任時に四五歳と、二〇世紀以降で最年少の記録である。だが、そのライアン議長もトランプ大統領と対立して、二〇一九年には政界を引退する。

同盟国に対しても、「和解」が実現した。二〇一六年五月に、オバマが広島を訪問したのである。あくまでも「和解」であって「謝罪」ではない。それでも、アメリカ合衆国大統領の広島訪問は、これが初めてであった。「七一年前の明るく晴れ渡った朝、空から死が降ってきて世界は一変した」と、彼はリンカーンを思わせる厳粛な演説を行った。さらに、オバマは被爆者の人々と握手をかわし、抱擁さえした。「核兵器のない世界」を訴えて、ノーベル平和賞まで受賞した大統領ならではである。日本側では広島出身の岸田文雄外相らが、アメリカ側ではケリー国務長官や究極のセレブ大使キャロライン・ケネディ（ケネディ元大統領の長女）らが、周到な準備を重ねた結果でもある。

オバマと共に広島を訪れたのは、安倍首相である。二〇一二年に再登板した安倍は、靖国神社を参拝して、まずは保守派を満足させた。だがそれから、彼は歴史修正主義的な態度を戒めてきた。安倍内閣は従来の憲法解釈を改め、限定的に集団的自衛権の行使を可能にする平和安全法制も整備した。とはいえ、安倍ら「平成世代」（ケネス・パイル）の政治家たちは戦後民主主義を受容しており、これもあくまで安全保障上の必要による。何しろ、中国の国防費は過去一〇年で五倍に膨れ上がっていた。安倍による戦後七〇年の歴史談話も、抑制的なものであった。官僚たちと普遍的な価値について語る「平日の安倍」と、保守派の友人たちとゴルフに興じる「週末の安倍」と、「二人の安倍」がいると言われた。[35]オバマの広島訪問が実現すると、一六年の年末には、両首脳はハワイの真珠湾を訪問して「希望の同盟」を演出した。日米の巧みな連携プレイであった。

オバマ大統領は、多国間協力にも情熱を傾けた。早くも二〇〇九年に東京で、オバマは環太平洋経済連携協定（TPP）の促進を表明していた。一六年二月には、日米をはじめ一二カ国がこの協定に署名した。世界で最も自由化の度合いの高い協定である。さらにそこには、中国への貿易依存度を下げるという戦略的な計算も働いていた。

二〇一六年九月には、アメリカは気候変動に関するパリ協定を批准した。オバマ政権は、中国にも批准を促した。産業革命前からの世界の平均気温上昇を二度未満に抑える取り組みで、世界中のほとんどの国が加盟した。

アメリカ国内では、大統領選挙が本格化していた。民主党からは、ヒラリーのみならず、バイデン副大統領の立候補も取り沙汰されていた。だが、バイデンは立たなかった。まず、前年に長男ボーを亡くしたことのショックが、まだ尾を引いていた。「約束してくれないか、父さん」と生前に長男は頼んでいた。「僕のために諦めないと」[36]。父がこの約束を果たすのは、四年後である。また、オバマがヒラリーを支持していた。大統領は経験豊かな副大統領に敬意と感謝を抱きつつも、その高齢を危ぶんでいたのである。

むしろ序盤戦では、社会主義者を称するバーニー・サンダース上院議員（バーモント州）が善戦していた。彼は貧富の格差の解消を訴え、ますます高額になる大学の学費無償化などを主張した。オバマにはできなかった政策である。そのため、労働者や若者を中心に、サンダースの人気は高かった。バイデンと同様に、彼も「沈黙の世代」に属するが、その声高な主張はY世代やZ世代の心をつかんだのである。

結局、民主党の大統領候補になったのは、大本命のヒラリーである。しかし、一一月八日には、共和党の「ダークホース」だったドナルド・トランプがヒラリーを下した。ヒラリーは茫然自失し、ミシェル・オバマは翌朝の雨模様に「葬式を連想」した。

オバマはアメリカの団結を呼びかけ、「変化」を体現した。だが、「初の黒人大統領」の登場は国内の亀裂をより大きくし、トランプという新たな「変化」をもたらした。一期目には、オバマは金融危機と長引く「テロとの闘い」への対処に忙殺された。二期目になると、彼は中東からアジアへの戦略的リバランスを試み、様々な国々と「和解」を図ろうとした。おそらく、内政よりも外交のほうが、「和解」は容易であった。だが、オバマが努力したマルチパートナー外交の成果は、後継者によって破棄される。ＴＰＰやパリ協定がそうである。

また、このオバマ時代に、黒人の少年が警察官や自警団に殺される事件が相次ぎ、のちに「ブラック・ライブズ・マター」（ＢＬＭ、黒人の命は大切）という運動に発展していく。黒人大統領の登場は、人種差別をより可視化したといえよう。

ふり返ると、過去三代の大統領は前任者を否定することから出発した。政策面で多くを継承しつつも、クリントンは父ブッシュを、ブッシュ・ジュニアはクリントンを、そして、オバマはブッシュ・ジュニアを政治的に否定した。ブッシュ・ジュニアとイラク戦争なしにオバマの登場はなかったろうし、初の黒人大統領なしにトランプ大統領の出現もありえなかったであろう。

オバマ以前の大統領はみな白人男性であり、それを意識する必要はなかった。黒人作家のタナハシ・コーツは、逆説的に、トランプを「アメリカ史上初の白人大統領」と呼んでいる。[37]オバマとヒラリーのコンビが、有権者に白人男性を強く意識させることになった。フランケンシュタイン博士の怪物ならぬ、オバマ博士とヒラリー博士の怪物——それがトランプ大統領だったのである。

第八章
トランプ対バイデン——死闘

カナダのケベック州シャルルボワで開催されたG7 サミット2日目の討論でドイツのアンゲラ・メルケル首相らと向き合うドナルド・トランプ大統領。中央右は安倍晋三首相（2018年6月9日）〔写真提供：GERMAN FEDERAL GOVERNMENT/UPI/アフロ〕

議事堂前で就任演説するバイデン大統領（2021年1月20日）〔写真：代表撮影/ロイター/アフロ〕

不動産王と上院議員

「ポピュリズムは目新しいものではなく、カボチャのパイと同じアメリカにはおなじみのものだ」と、ジョセフ・ナイは言う。「赤狩り」のマッカーシー上院議員や、本書にも登場したロス・ペロー、パット・ブキャナンらもそうである。ただ一つ違っていたのは、ドナルド・トランプが大統領に当選したことである。[1]

ドナルド・ジョン・トランプの祖父、フリードリッヒ・トランプは一八八五年にドイツのバイエルンからアメリカに渡った。アメリカで市民権を得ると、彼はフレデリックと名を変え、簡易ホテルを営んで財をなした。[2]

フレデリックが流行りのスペイン風邪で亡くなると、長男のフレッドが会社を設立し、それが今日のトランプ・オーガニゼーションに至る。フレッドは仕事中毒で、ニューヨークの下町、クイーンズやブルックリンで不動産業を展開し、成功する。一九三六年に、彼はマリー・アン・マクラウドというスコットランドからの移民と結婚した。

一九四六年六月一四日に、二人の間に生まれたのが、ドナルドである。つまり、のちに移民制限を唱える大統領は、ドイツとイギリスからの移民の家庭で生まれたのである。また、彼はクリントン、ブッシュ・ジュニアと同年の生まれで、ベビーブーマー世代に属する。

トランプは腕白だったが、両親は躾《しつけ》に厳しかった。父は「なんでも一番になれ」と教え、病弱な母は極端に潔癖であった。トランプが握手を嫌うのは、この母の影響である。一三歳になると、父はトランプをニューヨーク・ミリタリー・アカデミーに入れた。陸軍士官学校を模した私学である。ここで、トランプは厳しい訓練生活を送り、上意下達の精神とさらなる競争心を培った。

一九六四年に、トランプは地元の名門フォーダム大学に入学した。同年の大統領選挙の共和党候補、ゴールドウォーターのバッジをつけて、彼は高級スポーツカーで通学した。だが二年後に、トランプはもっと「箔をつける」べくアイビーリーグの一つ、ペンシルヴァニア大学ウォートン・スクールに転入した。もとより、彼は大学で勉学に励んだわけではなく、彼の主たる関心は女性、それも金髪で長身の美人であった。

トランプの学生時代は、ベトナム戦争の最中であった。彼は兵役適格になったが、すぐに「医学的に不適格」と再評価された。やがて、徴兵が抽選になったため、トランプはついに徴兵されなかった。しかし、彼に引け目はなかったようである。この戦争のヒーロー、マケインのことを、のちにトランプはこう言っている。「私は捕虜にならない奴が好きだ」。

大学を卒業すると、トランプは父の仕事を手伝った。彼の夢は父を乗り越えて、ニューヨークの中心、マンハッタンでの起業であった。トランプはニューヨーク市長（父の友人）から税制優遇措置を勝ち取り、一九八〇年にグランド・ハイアット・ホテルを開業した。その後、彼は五番街にトランプ・タワーを建造し、伝統あるプラザ・ホテルも傘下に収める。しばしば際どい交渉や契約で、若い不動産王を助けたのが、辣腕弁護士のロイ・コーンである。彼はかつて「赤狩り」でマッカーシーに協力し、「死刑執行人」と恐れられた。ただし後年、同性愛者のコーンがエイズを発症すると、トランプはこの「恩師」との接触を絶った。
この間、トランプは最初の妻イヴァナと結婚した。チェコスロヴァキア出身のファッション・モデルである。二人の間には、三人の子供ができる。だが、トランプに愛人ができたため、夫婦は離婚した。次の結婚生活も五年半で破綻した。二〇〇五年に、トランプは三人目の妻を迎えた。スロベニア出身のモデル、メラニア・クナウスである。彼女は夫より二四歳若く、「肖像画」のように美しく無口であった。二人の披露宴には、ヒラリーも出席している。
トランプはカジノや航空会社、はてはアメリカン・フットボールのチームやミス・コンテストにまで経営の手を伸ばした。「トランプ」の名をブランド化することが、最大の眼目であった。時あたかも、レーガン治下の「第二次金ぴか時代」である。だが、場当たり的な投資と杜撰な経営のために、この不動産王は多額の借金を抱え、いくつかのカジノやホテルを倒産させ、航空会社やプラザ・ホテルを手放した。それでも、トランプは金融機関と粘り強い交渉を重ねて資金を調達し、のちにはエンパイア・ステート・ビルディングの所有権の半分を手にするなどの成功を収めた。「私の取引のやり方は単純明快だ。ねらいを高く定め、求めるものを手に入れるまで、押して押して押しまくる」「勝つためには法の許す範囲ならほとんど何でもすることを隠しはしない」と、トランプは「秘伝」を明かしている。[3]
「訴えるぞ！」――自社に不利な記事や自分の資産を過小評価する記者たちには、トランプは訴訟で恫喝した。彼の純資産は時に一億五〇〇〇万ドル、時には五〇億ドルとも報じられてきた。三〇年間で、トランプはおよそ一九〇〇件の訴訟を起こし、一四五〇件の訴訟を起こされている。

トランプはまた、メディアを巧みに利用した。そのためなら、彼はプロレスのリングに上がり、映画にカメオ出演を繰り返した。レーガンは「普通のアメリカ人」を演じたが、トランプは悪役（ヒール）、暴君を演じた。二〇〇四年から一二年まで続いたテレビのリアリティ番組『アプレンティス』（見習い）で、トランプはホスト役を務め、自社に就職をめざして課題に励む出演者に対して、「お前はクビだ！」を連呼した。自らの職業を問われて、「俺はドナルド・トランプをやっている」と、彼は答えた。

この番組が大ヒットしたことから、トランプは政治を強く意識するようになる。「たぶん、いつか俺は大統領に立候補する」。アメリカ政治がセレブ化して、久しかった。そもそも、アメリカは個人主義と宗教的な熱狂、それにショービジネスが融合した「ファンタジーランド」であり、トランプはその「権化」となる。[4]

トランプはニューヨーク州で優勢な民主党を支持していたが、一九八七年に共和党に転じた。格段の理由はなかったようである。彼によれば、カーターは図々しく、レーガンについても「あのスマイルの下に実体はあるのか」と疑っている。この不動産王はビルの転売よろしく、合計で七回も政党を変えている。ある時はロス・ペローが創設したアメリカ改革党に入党し、ある時はヒラリーにも献金している。ところが、一二年には共和党に戻り、大統領選挙でロムニーを応援して、オバマの出生地を問題にした。

移民や人工中絶の問題で言を左右にしながら、トランプは二〇一六年の大統領選挙をめざした。彼にPCは通用しなかった。それどころか、PC無視が人気の源になった。「元気不足のジェブ」

「ちびのマルコ」「嘘つきテッド」と、トランプは共和党の有力候補を罵倒した。さらに、トランプはブッシュ・ジュニア前大統領を「嘘つき」と呼び、ローマ教皇にすら毒づいた。この過激な候補者に、メディアは飛びついた。しかも、主流派が彼を見くびり相互牽制するうちに、トランプはどんどん有力になり、ついに共和党の大統領候補の指名を獲得してしまう。いよいよ、ヒラリー相手の本選挙である。

その二〇一六年の選挙には、バイデンは出馬しなかった。

ジョー・バイデンはトランプより四歳年上で、一九四二年にペンシルヴァニア州のスクラントンという地方都市に生まれた。地元はバイデン一家のようなアイルランド系カトリックで溢れており、誰もが聖職者に挨拶した。バイデンの祖父は熱心なトルーマン支持者であり、孫に二つのことを教えた。政治はみんなのもので、約束は守らなければならない。[5]

バイデンが一〇歳の時に、父の「ビッグ・ジョー」が失業したため、親子は不況下の地元を離れ、デラウェア州ウィルミントンに引っ越した。この地で、父はのちに中古車セールスでそれなりに成功する。バイデンは吃音で、「モールス信号のように」話した。学校ではたちまち、「どもりのジョー」とあだ名されるようになった。そこで、バイデン少年は詩やアメリカ独立宣言を暗唱して、高校時代には吃音を克服した。こうした経験が、彼を人情家、努力家に育てた。

さらに、バイデンは地元のデラウェア大学（州立）に進学して、フットボールに熱中し、夏休みにはプールの監視員のアルバイトをした。この辺りは、レーガンとそっくりである。レーガンがＦ・Ｄ・ローズヴェルトに憧れたように、バイデンはケネディにアイルランド系カトリックの献身や情熱を看取して尊敬した。ケネディに続くにはどうすればいいのか。若者は図書館で議員名簿を読み耽り、その答えを見つけた。弁護士になることである。また、大学二年生の時に、彼は将来の妻ネイリア・ハンターと出会い、「真っ逆さまに恋に落ちた」。

その後、バイデンはニューヨーク州の私立シラキュース大学ロースクールに学び、八五人中七六番の成績で卒業して、ウィルミントンの弁護士事務所に就職した。大学を出て専門職に就き、祖父や父よりも社会上昇したという意味では、バイデンも「アメリカン・ドリーム」を体現したが、クリントン夫妻やオバマのようにエリートになったわけではない。この庶民性が、政治家バイデンの武器になる。ただし、この「庶民」バイデンも、喘息の持病を理由にベトナム戦争には従軍していない。

デラウェア州では、民主党は弱体であった。ニクソン政権が始まり、反戦運動が高まる一九六九年のことである。その民主党から、ニューキャッスル郡議会の議員選挙に立候補するよう、バイデンは求められた。郡議会は火曜日と木曜日の夜に、バイデンの法律事務所の向いのビルで開かれていた。それならできる。オバマにとってもバイデンにとっても、政治の原点はローカルであった。

さらに、一九七二年の上院議員選挙の候補者選定のために、民主党再生委員会が発足し、元知事や元議員、元州最高裁判事らと共にバイデンも委員に選ばれた。もちろん、最年少である。彼らは有力者を訪ねて回り、立候補を促したが、引き受け手はなかった。何しろ、共和党現職のJ・カレブ・ボッグスは一九四六年から下院議員、知事、上院議員を歴任し、州内に幅広い人脈を築いていた。「それなら君が出るべきだ」と、若いバイデンに白羽の矢が立った。彼なら、負けても失うものはほとんどない。有権者の多くは、バイデンを候補者の息子と誤解したという。[6]

ところが、わずか三〇〇〇票、一・四ポイントの僅差ながら、バイデンはボッグスを破った。実は六二歳のボッグスはそろそろ引退を考えており、挑戦者は現職の「高齢」を争点にしたのである。こうして、のちに史上最高齢で大統領になる男は二九歳と、史上五番目の若さで上院議員に当選した。

しかし、悲劇がバイデンを襲った。一九七二年のクリスマスが近づく頃、妻のネイリアと子供たちが交通事故に遭ったのである。妻と赤ん坊は亡くなり、長男のボー（三歳）と次男のハンター（二歳）は入院することになった。ボーのベッドの横で、バイデンは上院議員就任の宣誓を行った。それから毎日、このシングル・ファーザーはウィルミントンから片道九〇分を電車に揺られて、ワシントンの連邦議会議事堂に通勤することになる。七七年にバイデンは地元の英語教師ジル・ジェイコブスと再婚したが、この通勤は変わらなかった。

バイデン上院議員は発言に周到な準備を重ね、演説の練習を積んだ。ある同僚議員は、誰もいない本会議場で独り演説するバイデンを目撃している。「あの男は練習してたんだよ、テニスのプロみたいに」[7]。それでも、饒舌で人懐っこいバイデンは、しばしば悪意のない失言を繰り返し、剽窃や誇張も指摘された。

バイデンは順調に再選を果たし、一九八七年から九五年には上院司法委員長を務めた。レーガン大統領が連邦最高裁判事に指名した保守派のロバート・ボークの承認を阻止して、バイデンは民主党内で評価を高めた。そこで、彼は八八年に大統領選挙に出馬したが、学生時代の論文盗用疑惑が浮上し、早々に撤退した。もし当選していれば、ケネディに次いで若いカトリックの大統領が誕生するところであった。

湾岸戦争に際しては、バイデンは武力行使に反対票を投じた。父ブッシュがクラレンス・トーマスを連邦最高裁判事に指名した折には、セクハラ疑惑があったものの、バイデン司法委員長はこの人事を止められなかった。こうした失敗にもかかわらず、彼は数度にわたって上院外交委員長を歴任した。とりわけ、バルカン半島問題に、彼は精力的に関与した。この間、バイデンは二〇〇二年にイラクでの武力行使には賛成し、〇七年にイラクへの米軍増派には反対している。

バイデンは二〇〇八年の大統領選挙に改めて出馬したが、すでに往年の鮮度はなく、やはり早々に撤退した。その彼がオバマから副大統領候補に指名された。かつての若手議員もすでに六五歳で、上院議員六期目、在職三六年目の大ベテランになっていた。フォード元大統領は下院に四半世紀在職したが、それをはるかに上回る議会経験である。

トランプとバイデンは同じ時期に北東部で、片やドイツ系の成金、片やアイルランド系カトリックの労働者の家庭に生まれ育った。二人は共に放言癖と愛嬌、再婚歴を持ち、酒を口にせず、ビジネス界と政界でそれぞれ成功を収めた。多くの共通点を持ちながら、二人は異なる世界で生きてきた。だが、この両者がオバマとヒラリーを介して交差し、二度にわたって対決することになる。

副大統領と大統領候補たち

バイデン副大統領は当初、リンドン・ジョンソンを目標にした。だが、そのジョンソンも副大統領としては不遇であった。そこで、彼はモンデールを手本にすることにした。コネのない大統領を上院とつなぐパイプ役である。バイデンの政治用語で、「一枚噛む」ことが重要であった。「ジョー、ぼくには君の視点が必要だ。ただし十分で伝えてほしい。六十分じゃなくてね」と、オバマは言った。[8]

二〇一二年の再選を賭けた選挙では、バイデン副大統領が貫録を示した。副大統領候補同士の討論会で、共和党の若いライアンが「ケネディも減税で経済を成長させた」と発言すると、老獪なバイデンは「おお、今度はジャック・ケネディと来たか！」と、豪放磊落に笑い飛ばした。有権者の多くは、一九八八年の選挙でのベンツェン対クェールの応酬を想起した。

外交問題では、バイデンはイラク早期撤退派であり、増派を求めるゲーツ国防長官と対立した。「一年後もアフガニスタン政府が犯罪組織だったら、軍はどうやって変革をもたらすんだ？」と、バイデンはアフガニスタンへの増派にも疑義を呈した。[9] ゲーツによれば、「重要な外交政策や国家安全保障問題についての彼［バイデン］の考え方は、過去四〇年間ずっと、ほぼすべての問題において間違っていた」。副大統領とまれに意見が一致すると、ゲーツは自ら再考したという。[10] 確かに、バイデンはゲーツのＣＩＡ長官と国防長官への就任にも、反対票を投じていた。

バイデンとヒラリーとの親交は、ビル・クリントンが大統領選に出馬した一九九二年にまで遡る。今度は、ヒラリーが大統領選に出馬しようとしていた。そこに、バイデンの長男ボー（デラウェア州司法長官）が脳腫瘍で亡くなった。バイデン家の団結と情愛は格別である。「その時が来た。ああ、わたしの息子。愛しい私の息子」と、副大統領は悲嘆に暮れた。しかも、オバマ大統領はバイデンとその家族を心から愛しながらも、ヒラリーが次期大統領にふさわしいと思っていた。バイデンは大統領選に名乗りを上げなかった。

民主党の予備選では、自称民主社会主義者のサンダース上院議員が善戦したものの、ヒラリーが指名を獲得した。二大政党では、初めての女性大統領候補である。民主党内でクリントン夫妻の影響力は大きかったが、それ故に反発も強かった。傲慢なエリートというイメージも、ヒラリーにつきまとった。その上、様々なスキャンダルが彼女を悩ませる。国務長官時代に、彼女は時として個人のメールアドレスを公務に用いていた。さらに長官退任後、彼女はゴールドマン・サックスで三回講演し、六七万五〇〇〇ドルもの謝礼を受け取っていた。たちまち、機密保持の違反や金融界との癒着が取り沙汰された。

そこに、トランプという猛獣が襲いかかった。「とびきり大きな勝利が待っている」と、この不動産王は親指を立てながら共和党大会に登場した。副大統領候補は、福音派に人気のマイク・ペンス（インディアナ州知事）である。トランプはレーガンのように「アメリカを再び偉大に」（MAGA）、リンドバーグやブキャナンのように「アメリカ・ファースト」を呼号し、PCを物ともしなかった。

トランプは不法移民の排斥を唱え、オバマケアを批判し、NAFTAやTPPをはじめとする自由貿易協定に反対して「関税男」を自称した。彼によると、NATOすら「時代遅れ」であった。やはり、否定の政治である。「メキシコ国境に壁を造ろう」「ヒラリーを刑務所に入れろ」「ヘドロをかき出せ」と、トランプは人々の怒りと恐れを操った。ヘドロとは、ワシントンに巣くうエリートのことである。[11]

確かに、二〇一七年の段階で不法移民数は一〇〇〇万人を超えており（ピークは二〇〇七年の一二〇〇万人）、社会的に大きな懸念や不安を呼んでいた。また、アメリカが世界の警察官ではないと見る点では、トランプはオバマと共通している。彼らベビーブーマー世代にとって、西欧や日本は庇護すべき対象である以上に、経済的なライバルであった。こうした内外での不安を、トランプは誰よりも直截に語ったのである。

他方で、トランプは強い指導者（ストロングマン）として、ロシアのプーチン大統領には共感を示していた。ロシアがヒラリー攻撃の秘密工作を行い、トランプ陣営もそれに加担していたとするロシアゲート事件すら、のちに浮上する。しかも、この事件の捜査を進めようとしたＦＢＩ長官を、トランプ大統領は解任している。

ワシントンのピザ屋の地下室で、ヒラリーとその側近が児童売春を手がけている――まったく荒唐無稽なピザゲート事件さえ、インターネット上で大きな話題になった。やがては、悪魔崇拝者や小児性愛者が政府を支配しようとしているという陰謀論も広がっていく。Ｑアノンである。「ヘドロ」、つまり、オバマやヒラリーのようなエリートが国益を害していると主張する点で、トランプは明らかに内向派である。グローバル化や貧富の格差、階層化の中で「忘れられた人々」は、この「労働者のための億万長者」の放言に喝采した。もはや、彼らに「アメリカン・

ドリーム」はない。今日の生活水準（ステイタス）すら、維持できないかもしれない。この不安を煽るのが、「ステイタス政治」である。

だが、ヒラリーはトランプ支持者を「嘆かわしい人々」と軽蔑し、マイノリティの人権を訴えた。そして、八年前にオバマと予備選を戦った時と同様に、彼女は自らの経験を強調して見せた。ただし、そのヒラリーも、民主党支持層の意向に沿ってTPPに反対を表明せざるをえなかった（サンダースも反対）。

多くの人々が、ヒラリーの勝利を予想した（筆者を含む）。確かに、一般得票ではヒラリーがトランプを二八七万票も上回った。ところが、トランプはペンシルヴァニア州で四万四〇〇〇票、ウィスコンシン州で二万七〇〇〇票、ミシガン州で一万票という僅差で勝利を獲得した。いずれも、製造業が衰退し人口が減少するラストベルト（錆びついた地帯）で、かつては民主党の牙城であった。ラストベルトの多くのカウンティで、これまで共和党が容易に超えられなかった得票率三八％の壁を、彼は突破したのである。

この選挙戦を仕切ったのが、右翼系メディア「ブライトバート」で活躍したスティーヴン・バノンであった。彼は巧みに白人ナショナリズムを煽った。何しろ、二〇六〇年には全人口に占める白人の割合は四割になるという。アメリカの衰退と白人の衰退を危惧する「オルタナ右翼」（もう一つの右翼）の台頭である。[12]

結果として、大統領選挙人では三〇四対二二七でトランプの勝利となった。ブッシュ・ジュニアに次ぎ二一世紀で二人目、史上五人目のマイノリティ大統領の誕生である。しかも、トランプには軍歴もなければ、いかなる公職の経験もなかった。ヒラリーの経験と実績を、MAGAの赤い帽子が破ったのである。

同時に実施された連邦議会選挙でも、共和党が上下両院で多数を維持したため、一二年ぶりに「トリプル・レッド」が成立した。ただし、民主党は下院で六議席、上院でも二議席増えたので、大統領当選の波及効果ではなかった。また、ギングリッチ元下院議長らを例外として、共和党主流派は当初トランプと距離を置いており、新政権と連邦議会が良好な関係を築くことは容易ではなかった。実際、この連邦議会の下で、予算案の対立から、トランプ政権は一カ月以上も政府機関の一部閉鎖に追い込まれる。また、共和党系の外交専門家の多くも、トランプに反対の姿勢を示していた。

一六年前にゴアがブッシュ・ジュニアの大統領就任式に出席した折の心境に思いを馳せながら、ヒラリーは元ファーストレディとして夫と共に、トランプの大統領就任式に赴いた。「深呼吸。胸いっぱいに空気を吸いこむ。こうするのが、正しいことだ。どんなに辛くても、この国で民主主義がまだ通用することを見せておく必要がある。息を吐く。悲鳴を上げるのはあとにしよう」[13]。

「アメリカ・ファースト」――怒濤のトランプ政権

「権力をワシントンから国民に返す」
「このアメリカ内部の殺戮は、まさにここで、たった今終わる」
「今日から今後は、ただひたすらアメリカ・ファースト、アメリカ・ファースト」

「あなたは二度と無視されたりしません」

「私たちは一緒にアメリカを再び偉大にする」

全米、否、全世界で抗議デモが起こり、六〇人もの連邦議会議員が就任式への出席を拒む中で、七〇歳と史上最高齢の大統領は単純で鮮烈な惹句を繰り返した。また、この大統領就任式に参集した人数は「過去最高」と、ホワイトハウスは実際とは異なる「もう一つの事実」を披瀝した。

アメリカの地位と影響力が国際的に低下し、国内の対立も激化する中で、ついに「ファンタジーランドの権化」が登場した。だが、新大統領は国政にも外交にも経験をもたず、国際派の実業家や保守的な軍人たちに補佐を求めた。トランプが最初に起用を決めたのは、元海兵隊大将で中央軍司令官だったジェームズ・マティスである。学者肌で禁欲的な将軍は、トランプにNATOの重要性を直言し、国防長官を引き受けた。[14] 国務長官になったのは、エクソンモービルCEOのレックス・ティラーソンである。ビジネスを通じて、彼はプーチンをはじめとする世界中の指導者と交流があった。NSA担当大統領補佐官のハーバート・マクマスターも、大統領首席補佐官のジョン・ケリーも、退役将軍である。わがままな大統領周辺にあって、彼らは経験豊かで冷静な「大人たち」と呼ばれた。CIA長官の若いマイク・ポンペオは陸軍士官学校を首席で卒業し、下院議員を三期務めていた。彼は福音派に属し、あくまでトランプに忠実な野心家で、やがてティラーソン後任の国務長官になる。

二〇一七年末に発表された国家安全保障戦略は「アメリカ・ファースト」の修辞を用いながらも、中ロ両国を「長期的な戦略的競争相手」と位置づけるなど、伝統的な戦略や勢力均衡を堅持していた。「大人たち」の努力の産物である。

さすがに、バノンがホワイトハウス首席戦略官になったことは、人びとを驚かせた（ただし、わずか七カ月で更迭された）。また、大統領の娘婿ジャレッド・クシュナーも、行政経験のないまま大統領上級顧問に就任した。彼はしばしば重要人事に容喙《ようかい》したとされ、「政治の私物化」と批判を浴びる。またのちには、ティーパーティー派の下院議員マーク・メドウズが大統領首席補佐官に起用される。連邦議会内での支持基盤を拡大するためである。

大統領就任早々に、トランプは連邦最高裁判事にニール・ゴーサッチを指名し、四月には上院がこれを承認した。四九歳と、史上最年少の最高裁判事の誕生である。このポストは前年二月以降空席だったが、退任前のオバマが人事を起こすことに共和党が反対してきたのである。ところが、二〇二〇年九月にギンズバーグ判事が死去すると、トランプ大統領は大統領選挙の直前（結果として退任前）にもかかわらず、保守派のエイミー・バレットを後任に指名し、上院も僅差でこれを承認する。この間、一八年にも中道派の現職の引退に伴って、トランプは保守派のブレット・カバノーを起用した。高校時代の性的暴行疑惑が浮上したが、カバノー人事も僅差で承認された。こうして、最高裁の構成は保守派六人、リベラル派三人に傾く。長期的に見て、この司法の保守化こそ、トランプ大統領の最大の「成果」になるかもしれない。

融通無碍は外交にも現れた。リベラルな国際秩序の維持には関心がなく、国内世論を強く意識して利益本位で個別の交渉（ディール）を重ねる――これがトランプ流「アメリカ・ファースト」外交の要諦である。そこに、「直観」（intuition）、「衝動」（impulse）、「無知」（ignorance）という、トランプ個人の「三つのI」（久保文明）が加わる。これらから、トランプ外交はしばしば即物的で視野狭窄な個人外交になる。トランプ大統領はTPPを拒否し、パリ協定やイラン核合意から離脱した。長期的視野に立った互恵的な多国間主義、つまりオバマ外交の成果の否定である。パリ協定からの離脱表明に際して、「私はピッツバーグの市民の代表として選出された。パリではない」と、大統領は大見得を切った。パリとの対比で、ピッツバーグは「アメリカ・ファースト」の喩えとして用いられたのであろう。だが、「われわれはパリ協定の方針に従う」と、ピッツバーグ市長は直ちに反論した。[15] さらに、ワシントン州やニューヨーク州、カリフォルニア州など一七州がパリ協定遵守を表明した。かつてレーガンの軍拡路線に反対して、マサチューセッツ州やオレゴン州が核凍結支持決議を発したように、アメリカの州や自治体はしばしば連邦政府に否を突きつける（国内での勢力均衡である）。

また、トランプは大統領令で、イスラーム七カ国からの入国を拒否した。わずか四年間で、彼は二二〇もの大統領令を発している（オバマは八年で二七六）。二〇一七年八月には、国防省はトランスジェンダーの入隊を半年間行わないと発表した。国防省は彼らへの医療コストを理由にしたが、それは国防予算の〇・〇〇一四％にすぎなかった。

この間、トランプ政権はイスラエルのアメリカ大使館をテルアビブからエルサレムに移転すると発表した。福音派やユダヤ系有権者を意識したものであり、ユダヤ系のクシュナー上級顧問らが推進した。また、のちにはトランプはイスラエルとアラブ諸国との関係正常化にも貢献している。この「アブラハム合意」にはイラン包囲の意図もあり、トランプの個人外交の数少ない成功例である。

　このように、トランプ大統領は移民やマイノリティなど前政権を支持した「異文化連合」を攻撃し、自らのコアな支持層に迎合した。オバマは団結を説いたが、トランプは分断を利用しようとしていた。共和党内でも、大統領はティーパーティー派を懐柔していった。その結果、穏健な共和党支持者は「名ばかりの共和党員」（ＲＩＮＯ）と蔑まれるようになり、共和党のトランプ化が進む。若いライアン下院議長も、引退に追い込まれた。かつてプレスコット・ブッシュが暮らしたコネチカット州グリニッジですら、トランプ派が優勢になっていた。

　さらに、トランプは金正恩を「小さなロケットマン」と挑発しながら、米韓自由貿易協定の破棄や在韓米軍の撤退を示唆した。「三五億ドル、兵員二万八〇〇〇人だぞ」。「三つのＩ」のため、ニクソンより真に迫った「狂人理論」に見える。しかも、この大統領は二〇一八年にシンガポール、一九年にはハノイで「小さなロケットマン」との米朝首脳会談に臨んだ。何の成果もなかったことは、不幸中の幸いであった。やはり、核開発など安全保障の主要問題では、国際政治の現実がトランプの独断専行を阻んだのである。

　それでも、トランプはプーチンや習近平を称賛しつつ、メルケル首相やフランスのエマニュエル・マクロン大統領らとしばしば対立した。ほぼ一世紀前に、ウッドロー・ウィルソン大統領は理念をめぐってヨーロッパと対立したが、ブッシュ・ジュニアはパワーをめぐって[16]、そして、トランプは短期的な損得で同盟諸国と対峙した。

　それに対して、安倍首相は早くからトランプの懐に飛び込み、国際的指導者の間に友を持たない新大統領の信頼を得た。外交上の選択肢に乏しい日本には、そうするしかなかったのである。だが、そうできたのは安倍の実力である。首相は大統領に日米同盟の利得を巧みに説いたのみならず、米欧間の対立の緩和にも努めた。[17] また、安倍が提唱した「自由で開かれたインド太平洋」(FOIP)という概念は、アメリカ外交の語彙にもなり、グローバルな知的財産となった。開放性と互恵性を強調することで、中国が推進する巨大経済圏構想「一帯一路」に対抗する意図もあった。

とはいえ、日米関係に関するトランプのイメージは多分に一九八〇年代に留まっていた。中間選挙を意識して、彼が鉄鋼とアルミニウムに追加関税を課した際には、日本もその対象にされてしまった。日本専門家の不足や国務省の地盤沈下のため、米軍の事故や事件でも、日本への配慮を欠く対応が目立った。ドナルド・シンゾウ関係の限界である。

先の追加関税をはじめ、規制緩和、一兆ドルの公共事業投資、一律二一%の法人税減税と、トランプ大統領は露骨な利益誘導を図った。大統領一期目の中間選挙は、与党に不利となりがちである。二〇一八年の中間選挙を乗り切り、再選に弾みをつけることが、トランポノミクスの目的であった。

かねがねトランプは、オバマ政治の象徴であるオバマケアの廃止を謳っていた。連邦議会で、共和党は何度も廃止法案を提出したが可決されなかった。二〇一七年七月には、かつての共和党大統領候補マケイン上院議員が脳腫瘍を患いながら登院し、廃止法案に反対票を投じた。結局、保険未加入者へのペナルティが廃止されたのみで、トランプは矛を収めなければならなかった。

皮肉にも、オバマケアの受益者の多くは白人労働者層であり、トランプの支持層だったのである。

中間選挙の結果、上院では共和党が二議席増やして多数を維持したものの、トランプの暴言やスキャンダルへの反発もあって、下院では民主党が四一議席も増やして多数を奪還した。久々に「青い大波」(ブルー・ウェーブ)の到来である。しかも、女性や人種・宗教上のマイノリティ、LGBTの進出が顕著であった。一九八九年生まれの民主社会主義者アレクサンドリア・オカシオ=コルテスも、その一人である。下院議長には、辣腕のペロシが復帰した。この中間選挙の前後に、政権内の「大人たち」は更迭または辞任により相次いで退場していく。まさに「お前はクビだ!」というわけである。

トランプは常に敵を求め、内政を外交に優先させる。中間選挙前には、大統領を代弁して、ペンス副大統領が中国共産党の「邪悪な本質」を指弾していた。レーガンの「悪の帝国」発言を意識したものであろう。米中の関税戦争も勃発し、アメリカは二五〇〇億ドル、中国も一一〇〇億ドルの関税を相手に新たに課した。

さらに二〇一九年五月には、トランプは中国の通信機器メーカー、ファーウェイへの輸出規制を発表し、八月には中国を「為替操作国」に認定した(二〇年一月には解除)。二〇二五年に中国内の半導体自給率を七割にまで引き上げ、「製造強国のトップ」になる――二〇一五年に国内鼓舞のために打ち出した「中国製造二〇二五」のようなプロパガンダが、アメリカを刺激してきた面もある。その意味では、中国の自業自得でもある。

しかし、ジョン・ボルトンNSA担当大統領補佐官によると、トランプは密かに翌年の大統領選挙で「自分が勝てるよう習の協力を乞うた」し、ウィグル自治区での強制収容所建設を奨励さえしたという。[18]「アメリカ・ファースト」どころか「トランプ・ファースト」と揶揄される所以であろう。この徹底した利己主義こそが、トランプの神髄である。

党派対立もますます熾烈になり、民主党が主導する下院は一二月にウクライナ疑惑でトランプ大統領を弾劾訴追した。トランプが大統領権限を乱用してウクライナのウォロディミル・ゼレンスキー大統領に圧力をかけ、バイデン前副大統領とその次男ハンターに不利な情報を得ようとしたというものである。もちろん、共和党多数の上院は、二〇年二月にトランプ大統領に無罪評決を下した。

連邦議会だけではない。巷間でも、極左の自警団アンティファと白人至上主義のプラウド・ボーイズらが、しばしば暴力的に衝突していた。アメリカの政治文化は理性と暴力の対立を繰り返してきたが、そのシーソーゲームが暴力に傾斜しようとしていたのである。[19]しかも、全米には人口を上回る数の銃器が氾濫していた。

それでも、トランプ政権は何とか「不安定な安定」を続けていた。

まず、大統領には四割近くの岩盤支持層があり、「私のメガホン」と呼ぶツイッターで彼らに効果的に訴求できたからである。SNSの普及は、自分たちでない「彼ら」に対する怒りや偏見、フェイクニュースを拡散した。いずれも、トランプの得意技である。「五番街の真ん中に立って誰かを銃で撃つことだってできるし、それでいて票を失うことはないからね」とすら、トランプは豪語した。大統領がテレビを観ながらツイートを発信する寝室には、さすがに側近も立ち入れない。ある補佐官はここを「悪魔の作業場」と呼んだ。[20] SNSの普及と並行して、地道な取材をする地方新聞は衰退の一途であった。

さらに、好景気が続き、失業率も低かった。しかも、トランプ大統領が始めた戦争はなく、従って、彼のために戦死した者もほとんどいなかった（彼によるアフガニスタン増派は四〇〇〇人にとどまる）。アフガニスタンやイラクの戦場でより、精神的、経済的な理由から帰国後に自ら命を絶った従軍経験者のほうが多かった。自殺に至らずとも、アルコールや薬物の依存症に陥った者は、さらに多い。過去の失政の産物に、トランプはあくまで鉄面皮であった。

だが、そこにウイルスが全世界を襲った。「そのうちいつか、奇跡みたいに消滅するよ」と、トランプ大統領はコロナ感染症を軽視した。だが、消滅したのはウイルスではなく、これまで「不安定な安定」を支えた諸要因であった。

まず、景気が大幅に後退した。二〇二〇年のアメリカの実質GDP成長率は、前年度比三・五％減となった。同年四月の失業率も一四・七％と、戦後最悪を記録した。

また、トランプ大統領は「三つのI」に頼って、専門家の助言や科学的分析を軽視し、感染の急速な拡大と多数の死者をもたらした。大統領は「消毒液の注射」を国民に呼びかけたのである。ホワイトハウスでもクラスター感染が発生し、その数はニュージーランド全体の感染者数を上回った。[21] ついには、大統領自身も感染した。まさに「一〇月の不意打ち」である。トランプはしばしばワシントンを「泥沼」と呼んだが、今や彼のホワイトハウスが「泥沼」化しつつあった。

敵はバイデンではない。「敵は新型コロナウイルスですよ」と、側近の一人は説き続けた。[22]だが、二〇二〇年一二月九日には、ついにコロナ感染症による一日の死者数が九・一一の死者数を上回った。[23]すでに、トランプは「戦時大統領」を自称するようになっていた。だが、コロナ感染症との「戦争」に多数の「戦死者」を出したことで、トランプの岩盤支持層の一部も離反していった（特に、白人の高齢者と子供を持つ白人女性）。こうして、大統領選を有利に戦えるはずの「現職のボーナス」は、現状の責任を厳しく問われる「現職のオーナス（負荷）」に転じていった。

しかも、コロナ感染症は国内の格差を改めて炙り出した。例えば、同じ四〇歳の男性でも、ヒスパニックは白人と比べて、コロナ感染症による死亡率が一二倍に上った。また、在宅勤務が可能な者は、年収一〇万ドル以上では六割だが、四万ドル以下だと一割にすぎなかった。アイデンティティ政治とステイタス政治の結合である。

そこに、白人警察官による黒人殺害事件を契機として、ブラック・ライブズ・マター（BLM）の運動が高まった。ジョージ・ウォーレスさながらに、トランプはこれを威圧しようとした。「サイレント・マジョリティ」の支持を語り、「法と秩序の回復」を力説した意味では、半世紀前のニクソンをも彷彿させる。しかも、リンカーンを別にすれば、自分ほど黒人に尽くした大統領はいないと、トランプは豪語した。だが、抗議デモはワシントンでも広がり、大統領はホワイトハウスの地下室「バンカー」に逃げ込んだと報じられた。

さらに、女性に対する性的虐待を糾弾する #MeToo 運動も勢いを得ていた。過去に遡って差別的な文化や習慣を見直す「キャンセルカルチャー」と、それに対する保守派の反発は激烈になっていく。[24] 南北戦争の銅像からワクチン接種、ロックダウン、マスク着用の是非をめぐってまで、人びとは対立を繰り返した。

コロナ感染症の対応をめぐって、トランプ大統領は中国と世界保健機関（WHO）を厳しく批判した。トランプは「中国ウイルス」と繰り返し、貿易のみならず投資や人的交流でも対中強硬策を相次いで打ち出していった。アジア人に対するヘイトクライムも増加した。米中関係の悪化が国際協調を乱しているとして、G2（米中二極）どころかGマイナス2とさえ呼ばれた。さらに、アメリカは二〇二〇年七月にWHOからの脱退を表明した。

トランプ大統領は一貫して内政重視（再選重視）だったが、初期には外交でそれなりに現実的な対応を示した。だが、徐々に内政が不安定化し、それが外交にも投影されるようになった。そして、コロナ感染症の拡大以降は、国内の対立がさらに激化し、大統領の個人的資質が外交にも直截に影響したのである。

同時多発テロ（ジオポリティックス）とリーマン・ショック（ジオエコノミックス）という二つの危機がトランプ大統領誕生に寄与したが、今やコロナ感染症パンデミック（ジオヘルス——御立尚資）が彼の敗北を準備し、「アメリカのワーテルロー」（ジュリアン・ゲワーツ）になりつつあった。

「アメリカは戻って来た」？——バイデン政権

現職のトランプがコロナ感染症対策でもたつく中、民主党予備選では、バイデン前副大統領の他に、左派のサンダース上院議員やエリザベス・ウォーレン上院議員（マサチューセッツ州）らが出馬した。いずれも高齢の候補者である。党を刷新し、なおかつ、トランプを打倒する——民主党にとってこの両立は困難であった。四月にはサンダースが撤退し、バイデンの指名獲得が確実になった。民主党はトランプ打倒のために、早々に団結を選択したのである。

トランプは一五〇〇人を前にホワイトハウスで指名受諾演説を行ったが、民主党は「バーチャル党大会」になった。候補者が全米を駆け巡る選挙戦であれば、高齢のバイデンには厳しかったであろう。

副大統領候補には、カマラ・ハリス上院議員（カリフォルニア州）が選ばれた。副大統領候補として、女性では三人目、黒人女性としては初めての登用であった。インド系の母を持ち、初のアジア系副大統領候補でもあった。彼女はカリフォルニア州司法長官から上院議員に転じて三年にすぎなかったが、女性、非白人、そして五五歳（ベビーブーマー世代）と、高齢の白人男性バイデンの補完が期待された。ただし、彼女の政治姿勢は慎重で、時としてマイノリティを失望させる。

一一月三日の大統領選挙も激戦となった。コロナ禍で郵便投票も増えた。これは自動車を持たない貧しい層には便利であったため、民主党は支持し、共和党は不正の温床と警戒した。結局、トランプは前回選挙を一一〇〇万票も上回る七四〇〇万票以上を獲得した。共和党の大統領候補としても、再選をめざす大統領としても、これは史上最多の得票数であった。だが、バイデンが獲得した一般得票数は八一〇〇万票以上と、トランプ票を凌駕し、選挙人獲得数ではバイデン三〇六人、トランプ二三二人となった。

この二つの数字は、前回選挙でトランプとヒラリーが得た選挙人数とほぼ同じである。今回は民主党がペンシルヴァニア州とミシガン州で競り勝ち、アリゾナ州を共和党から奪った。共和党が大統領選挙で二回続けて一般得票の多数を得られず、現職大統領が再選に失敗したのは、ベンジャミン・ハリソン大統領が落選した一八九二年以来のことであった。

しかも、民主党は上院では三議席増やして五〇議席となり、下院では一〇議席減らしたものの多数を維持した。つまり、トリプル・ブルーの出現である。一九三二年のフーヴァー以来、トランプは初めてホワイトハウスと上下両院のすべてを失う大統領になったのである。

しかし、トランプは敗北を受け入れなかった。「この選挙は盗まれた」「死者まで投票している」などと主張し、大統領は訴訟を次々に起こした。ニクソンがリチャード三世なら、今やトランプは「荒れ野に捨て置かれたリア王のような感情にはまっていった」[25]。集票マシンに細工があったと論じたトランプ陣営の弁護士は、のちに製造会社から名誉棄損で訴えられ、あれは法廷闘争のための方便だったと開き直った[26]。また、期日前に投票した高齢者の多くが亡くなっていたから、死者が投票していても不思議ではない。トランプ陣営の起こした訴訟は、裁判所にことごとく退けられていった。

こうして、物語は本書の冒頭に戻る。中国はますます挑発的となり、コロナ禍が全米を覆う中で、半裸で頭に二本の角をつけたQアノン信者たちが連邦議会議事堂を襲撃した。トランプが戒厳令を敷き、バイデンはグアンタナモ収容所に送られる——幸い、この噂はフェイクニュースで終わった。とはいえ、課題は山積で、政権移行期間は短く、混乱していた。

オバマが理性の人なら、バイデンは経験の人である。また、バイデン新大統領はトランプのように過激な言動はとらないし、国民の団結を訴え、同盟関係の信頼回復をめざした。例えば、バイデンは直ちにパリ協定やＷＨＯへの復帰を表明し、メキシコとの国境の壁建造を中止した。トランプ時代から「平常への復帰」の呼びかけであり、やはり、前任者に対する否定の政治ではある。

しかし、バイデンもやはり「忘れられた人々」つまり、中間層に働きかけようとしたし、中国には厳しい態度で臨まざるをえなかった。バイデンは副大統領として、習近平は国家副主席として、両者には長年の交流があった。「われわれは新たな冷戦を求めてはいない」と、バイデンは国連で語った。だが、そう否定しなければならないほど、米中の新冷戦が人口に膾炙していたのである。中国共産党の「邪悪な本質」を修正することなど不可能だが、その行動様式に変更を迫ることはできよう。中国の台頭と専制政治の横行に、バイデンは国際政治の「変曲点」を感じていた。「われわれは民主主義を機能させなければならない」「われわれは協調できるところではどこでも協調し、対決しなければならないところではどこでも対決する」[27]。

専制に対して民主主義の優位を確保し、中国との競争に備えて、アメリカ国内の産業やインフラを再建し、科学技術を振興する。それが畢竟、広範な中間層の利益にもつながる。こうした「中間層のための外交政策」を早くから構想してきたのが、アンソニー・ブリンケン国務長官やジェイク・サリバンＮＳＡ担当大統領補佐官である。ブリンケンの父や伯父はクリントン政権で大使を務めており、本人はオバマ政権でＮＳＡ担当の大統領副補佐官や国務副長官を歴任した。アジアへの「リバランス」政策の主導者の一人である。サリバンはヒラリーの下で史上最年少の三四歳で、かつてケナンが就いた国務省政策企画室長に起用され、その後はバイデン副大統領のNSA担当補佐官を務めた。この中西部は「ミネソタから来た神童」が、ヒラリー敗北後に「中間層のための外交政策」の想を練ってきた。[28]

ロイド・オースチン国防長官は元中央軍司令官で、バイデンの亡くなった長男ボーの友人としてバイデン家の信頼が厚い。ウィリアム・バーンズCIA長官はロシア語、フランス語、アラビア語を操り、駐ロシア大使や国務次官、国務副長官を歴任した。「白髪の大半はプーチンの賜物」と自嘲する、ワシントンきってのロシア専門家である。インド太平洋調整官という新設ポストに起用されたのはカート・キャンベルで、クリントン政権でアジア・太平洋担当国防次官補代理、ヒラリーの下で国務次官補を務めた。彼もアジア「リバランス」政策に深く関わってきた。

ブリンケンやサリバン、キャンベルらはみな、オバマ政権に参画し、その頃よりはるかに厳しい対中認識を伴ってバイデン政権に結集した。悔い改めた「二〇二一年の民主党員」である。改悛を示すためにも、彼らは対中強硬にならざるをえなかった。当時は、二〇二八年にはGDPで米中逆転が起こるとも予測されており、勢力均衡を考慮すれば、同盟関係やリベラルな国際秩序はアメリカの「武器」だと、サリバンは指摘している。トランプ政権が中ロを戦略的競争相手としたのに対して、バイデン新政権は中国を唯一の戦略的競争相手と定める。

こうした国際派リアリストを主軸に、気候変動問題大統領特使（新設）のケリー元国務長官ら、環境問題で中国との協力を重視する勢力から、国際開発庁長官のサマンサ・パワー元国連大使ら、人権問題を重視する勢力までが、バイデン新政権には混在していた。勢力均衡派と環境派、人権派の呉越同舟である。

バイデン政権の初動は早かった。内政では、まずはインフラ整備とコロナ対策、雇用創出である。二〇二一年一月には、新政権はバイ・アメリカン法の運用を強化して、政府調達でアメリカ製品の優先を明確にし、三月には、一兆九〇〇〇億ドルものコロナウイルス追加経済対策法を成立させ、一億回のコロナ・ワクチン接種を達成した。さらに、二兆二五〇〇億ドル規模のインフラ計画も発表し、一九〇〇万人の雇用創出を謳った。ここでは、人工知能（AI）や高速デジタル通信網の整備も盛り込まれ、中国に対する競争力の強化が謳われていた。

外交でも、バイデン大統領は中国を専制主義と呼ぶことを憚らず、一一一の国と地域の代表を招いて民主主義サミットを開催した。ここには、価値観や人権を重視する民主党内左派勢力への配慮も働いていた。また、中国を念頭に、オーストラリア（A）、イギリス（UK）とアメリカ（US）は、軍事技術や情報を交換するAUKUSも創設した。

また、アジア重視、対日重視を示すために、コロナ禍の中で初の対面首脳会談の相手として、バイデン大統領は菅義偉首相をワシントンに招いた。二人の首脳はほぼ同世代（菅は一九四八年生まれ）で、ともに庶民派であった。だが、菅が一年で退任に追い込まれたため、両者の関係は深まるには至らなかった。

この折の日米共同声明では、「台湾海峡の平和と安定の重要性」が謳われた。両国の共同声明に「台湾」が登場するのは、一九六九年の佐藤・ニクソン共同声明以来のことであった。日米中関係の歴史も、半世紀で一巡した感がある。ただし、中国がはるかに強大になり、日本はかなり弱体化していた。

他方、バイデン大統領は、アフガニスタンでの「アメリカの最も長い戦争」を二〇年以内、すなわち、二〇二一年九月一一日までに終わらせることに固執していた。「タリバンは北ベトナム軍とは違う」「アフガニスタンで大使館の屋上から脱出することなどありえない。比較の対象にもならない」と、大統領は語っていた。しかし、二一年四月に米軍がアフガニスタンから全面撤収を開始すると、八月一五日には首都カブールはタリバンの手に落ちた。脱出のため、人々はアメリカ大使館や空港に殺到した。四六年前のサイゴンとまったく同じ光景であった。またもや、パックス・アメリカーナの終焉が語られた。同盟諸国とも協議なしに撤収したことはバイデン版単独主義と映り、トランプと何がちがうのかとの批判も招いた。

アフガニスタンでの「不朽の自由」作戦、「自由の番人」作戦は、二兆ドルと二四四八人の米軍人の命を費やし、破綻した。中には、撤退終了間際に二〇歳で戦死した海兵隊員もいた。かれの人生は、この「最も長い戦争」と完全に重なっていた。もちろん、一〇万人ものアフガニスタン人の死者、アメリカの同盟国軍やメディア関係者、請負業者の被害も忘れてはならない。タリバンも四万人の戦闘員を失っている。

この頃を境に、バイデン大統領の不支持率が支持率を上回った。「外交のバイデン」の拙速な決定に、「老い」を感じた者も少なくはあるまい。また、「中間層のための外交政策」も、肝心の中間層の心には響かなかったようである。

二〇二一年一〇月末ごろから、ロシア軍がウクライナ国境周辺に結集している事実を、アメリカの諜報機関は正確に把握していた。二一世紀の「ピョートル大帝」ことプーチンは、ロシアの栄光を取り戻すべくウクライナ併合を計画していたのである。マーク・ミリーJCS議長がロシアのワレリー・ゲラシモフ参謀総長に照会すると、ゲラシモフは「軍事演習」にすぎないと答え、「米軍がメキシコ国境付近で演習しても、われわれは大騒ぎしない」と述べた。「われわれはメキシコ国境付近に一五万人もの兵力を結集することはない」と、ミリーは反論した。[29] バイデン政権はハイブリッド戦争の再来を恐れ、ウクライナやヨーロッパ諸国に軍事情報を伝え、メディアにも意図的にリークしたが、いずれも反応は鈍かった。

ウクライナはNATO加盟国ではなく、米ロの対決はリスクが高いことから、バイデン大統領はロシアとウクライナの紛争に直接介入しない方針を固めた。こうした消極姿勢は、オバマ、トランプから継続している。何しろ、アメリカ世論の六割が派兵に反対であった。それでも、英仏がヒトラーに妥協したミュンヘン会談の失敗は繰り返したくない。英仏がチェコスロヴァキアを見捨てると、ドイツは次にポーランドに侵攻し、ついに第二次世界大戦に至ったのである。

そこで、二〇二二年二月二四日にロシアがウクライナに侵攻すると、直ちに、アメリカはウクライナに広範で大規模な軍事・経済支援を提供し、ロシアには厳しい経済制裁を科した。先進国の多くも、ウクライナへの支援とロシアへの制裁に同調した。ただし、民主主義か専制か、ロシアのウクライナ侵攻は是か非かと、アメリカが二者択一を厳しく問うことに当惑する諸国も少なくない。「グローバル・サウス」（新興・途上国諸国）の代表格インドも、ロシアへの非難決議や経済制裁には与《くみ》しなかった。

プーチンは北京での冬季オリンピックに出席して、習近平と中ロの「無限の協力関係」を確認した上で、この侵略に踏み切った。その意味で、ロシアのウクライナ侵攻は、米中対立を明確に投影していた。アメリカにとって、ロシアは「喫緊の脅威」だが、中国が「最も重大な地政学的挑戦」に他ならなかった。開戦時に、ロシアのGDPはアメリカの七・八%、中国の一〇%にすぎなかったのである。

ゼレンスキーは国外逃亡を拒否して、プーチンを「禿の悪魔」と罵倒し、国民を鼓舞した。予想外にウクライナの抵抗は強く、ロシアの軍事作戦は拙劣であった。そのため、この領土争奪戦は膠着状態の中で消耗戦と化していく。この二一世紀の一九世紀型戦争は湾岸戦争よりも時代錯誤的で、第二の「朝鮮戦争」の様相を呈していた。ただし、かつてソ連が演じた役割を中国が演じ、ロシアは北朝鮮の役割に甘んじることになった。この戦争の結果、NATOは結束を強め、また、中国の台湾侵攻の可能性が注目を集めるようになった。[30]

天然資源と食糧を「人質」にした大規模な戦争は世界経済に大きな影響を与え、アメリカのインフレ率もさらに高まった。二〇二二年五月には、バイデン大統領の支持率は三六%と、過去最低を記録した。同年一一月の中間選挙では、上院では民主党が多数を維持したものの、下院では共和党が九議席増やして多数を奪還した。大統領一期目の中間選挙で与党が敗れるのは定石だが、「赤い大波」(レッド・ウェーブ)には至らず、民主党の負け幅は小さかった。六月に連邦最高裁判所が一九七三年のロー対ウェイド判決を覆し、州のレベルで人工中絶の是非を判断できるようにしたことに、リベラル派の危惧が高まったためである。高齢のバイデンでも再選は可能との楽観論が、民主党内に広がった。

それでも、野党は下院という「金の蛇口」を僅差で支配し、バイデン政権を苦しめる。しかも、この下院共和党では、全体の二割程度のフリーダム・コーカス（ティーパーティー運動の残滓）が強硬論を唱えて、与野党合意はますます難しくなっていく。それどころか、フリーダム・コーカスはケビン・マッカーシー下院議長が民主党に妥協的だと反撥し、二〇二三年一〇月にマッカーシーは在職九カ月で解任された。下院議長の解任は史上初のことである。後任にマイク・ジョンソンが選出されたのは、二二日後のことであった。

ロシアのウクライナ侵攻は、日本にも大きな影響を及ぼした。国連安保理常任理事国のロシアが国連憲章を蹂躙し、戦術核兵器の使用さえ仄《ほの》めかしていた。疑いなく、これらは戦後日本外交の規範への挑戦であった。また、ウクライナ同様に、日本もロシアと領土紛争を抱えている。二〇二二年六月に、岸田文雄首相はシンガポールの国際会議で「ウクライナは明日の東アジアかもしれない」と警鐘を鳴らした。同年末には、岸田内閣は「国家安全保障戦略」を発表し、「戦後最も厳しく複雑な安全保障環境」に対応すべく、日本の防衛費を五年かけて二倍に増やし、敵基地を攻撃できる反撃力を保有すると決定した。この決断は、アメリカやオーストラリアなどの政府に高く評価された。

ロシアのウクライナ侵攻から丸一年が近づく中で、二〇二三年二月にバイデン大統領はポーランドから列車で一〇時間かけて、キーウを電撃訪問した。アメリカの大統領が戦地を直接訪問するのは、異例中の異例であった。翌三月には、岸田首相もウクライナに駆けつけた。これでG7

首脳のすべてがウクライナ訪問を果たした。五月に広島で開催されたG7サミットにも、岸田首相はウクライナのゼレンスキー大統領を招いた。安全のために、フランスがゼレンスキーに政府専用機を提供した。おそらく、この頃が岸田首相の人気の絶頂であった。

さて、アメリカ国内では大統領選挙に向けての動きが始まり、あの「恐怖の男」が帰ってきた。依然として、トランプ前大統領は共和党内では圧倒的な人気を誇っていた。自分ならロシアのウクライナ侵攻を阻止できていたと、彼はバイデン外交を批判した。トランプの意向を受けて、下院共和党はウクライナ支援の予算化に反対しさえした。

他方、トランプは数々の民事訴訟の他、連邦と州の双方で四つの刑事事件と九一の訴訟に直面していた。そのうちの一つ、ポルノ女優との不倫に口止め料を支払い、それを弁護士費用と虚偽記載した事件では、二〇二四年五月に彼は有罪判決を受けた。大統領経験者の刑事訴追や有罪判決も、史上初めてのことである。翌月には、バイデン大統領の次男ハンターも、銃の不法購入で有罪になった。大統領経験者や大統領の家族が次々に有罪判決を受ける――国際的にロシアが北朝鮮化しているとすれば、アメリカ政治は韓国化している。

この間、共和党内では、ロン・デサンティス（フロリダ州知事）やニッキー・ヘイリー（トランプ政権の国連大使）らX世代の候補者が、手負いのトランプに挑んだ。しかし、前者は二〇二四年一月早々に撤退し、後者は二割ほどの支持を集めて善戦したが、やはり三月には退けられた。

民主党では、現職のバイデンが再出馬を表明した。彼には八一歳という高齢と健康上の不安がつきまとう。それでも、トランプと戦えるのは自分だけだという思いが、この老人を駆り立てていた。ベビーブーマー世代の大統領が続き、民主党も共和党もそれに続くX世代の人材育成が十分ではなかったのである。そこに政界の御曹司ロバート・ケネディ・ジュニア（彼もベビーブーマー世代）まで出馬を表明して、選挙はさらに混迷する。

中東でも、さらなる激変が生じた。アメリカの仲介で、サウジアラビアなどがイスラエルとの国交正常化に向かっていた。「中東は過去二〇年で最も平穏だ」と、サリバンＮＳＡ担当大統領補佐官は語っていた。その八日後の二〇二三年一〇月七日に、パレスチナの政治・軍事組織ハマースがイスラエルを奇襲攻撃し、民間人を含む約一二〇〇人を殺害し、二四〇人以上を人質にした。イスラエルにとっての九・一一であった。この日は、ウクライナ侵攻に手こずるプーチンの七一歳の誕生日であり、彼にとってこの事変は何よりの贈り物になった。イスラエルは直ちにガザ地区に大規模な反撃を加え、子供を含むパレスチナの多くの民間人が犠牲になっている。ハマースはイスラエル憎悪に凝り固まり、イスラエルは過剰反応に陥り、パレスチナには自治能力が欠如している。

それでも、バイデン政権はイスラエル支持の立場を明確にした。だが、ガザで民間人の被害が拡大するにつれて、アメリカでは若者を中心にイスラエル批判、バイデン政権批判の声が高まっていった。そもそも、大学生の多くは高騰する授業料に苦しんでいる。彼らの不満にいつ引火しても不思議ではなかった。やがて、コロンビア大学など一部の有名大学では、大規模なデモが展開され、警察が鎮圧に当たった。そこで、バイデン大統領がイスラエルに自制を求めると、ユダヤ系の富豪などが「反ユダヤ主義だ」と反発する。若者たちの票かユダヤ系の票と金か——選挙を前に、バイデンは難しい選択を迫られることになった。漁夫の利を得たトランプは、もちろん、露骨なイスラエル支持を表明している。プーチンにもネタニヤフにも、一一月五日の大統領選挙までに、自ら戦闘を終息させる理由など、どこにもなかったのである。

しかも、六月二七日に行われた大統領候補同士の討論会で、バイデンは予想以上の老いを曝け出した。それから一カ月ほどで、大統領選挙の様相は激変する。

エピローグ――二〇二五年一月二〇日

その日、やはり厳しい寒さと警戒の中で、大統領就任式が執り行われた。宣誓を終えると、新大統領は威勢よく演壇に向かい、就任演説を始めた。数十万人のデモから、激しい罵声が飛び交っていた。それは見慣れた老人か、それとも黒人女性か。

*

ここに、アメリカの政治と外交を巡る半世紀の旅を、われわれは終えようとしている。まずは、この半世紀を巨視的にふり返ってみよう。

長い戦争が終わり、国内は混乱し、大統領は弾劾にさらされる。アメリカは半世紀前を、ほぼ追体験している。この間、アメリカは冷戦を戦い抜き、湾岸戦争とイラク戦争を主導した。九人の大統領が国政を司り、最初の三人はアメリカの衰退に対処し、続く三人は「唯一の超大国」の課題に当惑し、最後の三人は新たな衰退に苦慮した。冷戦が終わると、大統領にも大きな世代交代が生じ、経験や知恵、覚悟が不足するようになった。彼らは前任者から多くを継承しながら、支持者の結束のために、ことさらに否定の政治を演出した。

それでも、アメリカは依然として世界最強の大国である。同盟関係に至っては、拡大すらしている（台湾に対しても、事実上の防衛コミットメントを維持している）。何よりも、この耐久力は驚くべきものであろう。ソ連は一九二二年から九一年まで存在し、長らくアメリカに対抗した。だが、この超大国ですら、一度たりとも世界最強の大国になれなかった。冷戦期を通じて、アメリカの一貫した誤りは、ソ連への過大評価であったとも言える。トクヴィルの予言は成就したが、結局は一貫した誤りは、ケナンの予想に上書きされたのである。冷戦後には、「世界第二の経済大国」日本が二〇〇五年にアメリカの経済力を上回るとの予想もあった。もちろん、これも実現しなかった。

また、同時代人が厳しく批判した歴代大統領の営為も、長期的な視点に立つと、受容されたり評価されたりするようになる。フォードのニクソン特赦も、カーターの人権外交も、レーガンの軍拡もそうである。スキャンダルにまみれたクリントンですら、長老政治家の風格を帯びている。ブッシュ・ジュニアの外交についても、イラク戦争に限定しない総合的な評価が語られるようになっている。[1] おそらく、トランプについても、本人の意図を超えた成果が論じられる日が来よう。

もとより、アメリカの綻びも明らかである。半世紀前に比べて、米中ロ（ソ）の戦略的三角形はアメリカに不利に傾いている。しかも、中国は軍事と経済の双方でアメリカに挑戦し、そのGDPはアメリカの七割を超えるようになった。経済的な相互依存の中で、中国に対する「デカップリング」（切り離し）は不可能であり、「ディリスキング」（リスク低減）ですら困難である。中国流の権威主義的な統治に惹かれるグローバル・サウスの諸国も少なくない。イスラエルとハマースとの戦いで、バイデン政権がイスラエルを強く支持したため、アメリカより中国のほうが信頼できるという国々も増えた。かつてのソ連よりも、中国ははるかに手ごわいのである。

また、アメリカ国内の貧富の格差は階層化しており、ステイタス政治とアイデンティティ政治、メディアのニッチ化が相まって、社会的な分断が進んでいる。これは過去半世紀以上の変化の集積であり、トランプの登場はその結果にすぎない。

さらに、様々に分断された社会をまとめ上げるには、大統領の威信は著しく低下している。しかも、再び大きな世代交代が起きようとしている。

これまでも何度となくアメリカ衰退論は繰り返されてきた。だが、今度こそアメリカは本当に衰退するのか。そうかもしれない。ただし、知識人やジャーナリストは総じて衰退論を好む。そのほうが批判的で長期的な視点に立っているように、つまり、知的に見えるからである。特に、アメリカ衰退論には、そうなってほしいという願望もしばしば隠蔽されている。

しかし、もちろん、それは衰退の意味と程度による。アメリカがいつまでも超絶した大国のままでいると想定するのも、アメリカが衰退の一途をたどると予想するのも、今日のアメリカが持つ様々な特徴の一部のみを誇大視した生硬な議論である。アメリカが「世界の警察官」である必要はないが、防災（抑止）や火消し（紛争解決）に長けた「消防士」（ロバート・スカラピーノ）を演じることはできよう。

アメリカ衰退論と同様に、中国衰退論も熱心に語られる。こちらも、多分に願望を込めて。すでに中国の国力はピークを過ぎたという「ピーク・チャイナ」論や、衰退局面の中国こそ危険だという議論がある。[2] 中国がＧＤＰでアメリカを一度は抜いても、数十年後に再び逆転が起こるとの予想もある。

中国もそう簡単には衰退すまいが、急速な人口減少にさらされているのは事実である。他方、多くの移民を受け入れて、アメリカは先進国の中で唯一人口を増やしており、二〇五〇年頃には四億人を超えると予想される。七〇年代には、アメリカの人口はヨーロッパを抜く。しかも、大学や大学院を卒業した者の人口では、世界一である。地理学者のジャレド・ダイアモンドは、アメリカの恵まれた地理的環境と豊かな天然資源、人口増大などを指摘して、「中国やメキシコがアメリカを破壊することはできない。アメリカを破壊できるのはアメリカ自身だけである」と、喝破している。[3]

また、ウクライナとの戦争のために、ロシアがますます中国に従属すれば、やがてロシアは中国の足手まといとなり、中ロ協力や中ロ、北朝鮮、イランの連携に対する広範な包囲網が形成されるかもしれない。インドはロシアには友好的だが、中ロが一枚岩になれば、アメリカにより傾斜する可能性もある。米中ロの戦略的三角形の帰趨は、いまだ定かではない。台頭するインドやナイジェリアを含めて、英語を話す国々による巨大な「アングロ圏」が成立し、アメリカがその中核を担うという見方もある。[4]ただし、ソ連に対する「中国カード」と同様に、中国に対する「インド・カード」という発想は危険である。

中国がピークを過ぎて緩やかに穏健化していけば、ラッセルの夢が実現するかもしれない。そうなれば、かつての米ソ新冷戦を高坂正堯がそう呼んだように、米中対立も「余分」の対立の時期と回想されよう。

確かに、アメリカも中国も多くの誤りを繰り返してきた。おそらく、その強さゆえに、両国はこれからも誤りを重ねるであろう。だが、米中対立がどうなるかにかかわらず、これも高坂が旧ソ連について述べたように、われわれは米中両国に「大国をやめろと強制することはできない」のである。

国内的には、アメリカは様々に分断されており、その原因は根深い。単にアメリカのみならず、民主主義全体の危機なのかもしれない。即効性のある解決策はない。選挙制度改革や連邦最高裁人事の手続の見直し、教育への再投資、コミュニティの再建、メディアへの規制などに地道に取り組むしかない。[5]

そもそも、民主主義は猛獣である。過去においても、アメリカの民主主義は多くの問題を抱え、アメリカ社会は深刻な差別を包み込んできた。チャーチルが言ったように、「民主主義は最悪の政治形態である。ただし、過去に試みられた他のすべての政治形態を除いては」。「世界最大の民主主義国」インドでも、二〇二四年六月の総選挙で、有権者はナレンドラ・モディの首相続投を許しながら、与党インド人民党（ＢＪＰ）に過半数を与えず、ポピュリストの首相に大きな掣肘《せいちゅう》を加えた。

アメリカ社会の人口構成はますます多様化し、白人はやがて最大のマイノリティ集団であることを受容せざるをえない。移民の流入は社会のリベラル化に作用するが、社会の高齢化は保守化をもたらし、ある種のバランスが生まれるかもしれない。冷戦もソ連も知らない、ラディカルな若者も、いずれは穏健化し保守化しよう。[6]「最も偉大な世代」の多くも、かつては孤立主義者だったのである。

ラシュモア山に顔を刻まれる五人目の大統領は、当面は登場すまい（現在の四人はワシントン、ジェファーソン、セオドア・ローズヴェルト、そして、リンカーン）。だが、国際政治でアメリカがより穏当な「消防士」的リーダーシップを発揮することに慣れれば、偉大な大統領よりも効果的な大統領が求められるようになるかもしれない。[7]

では、より微視的に二〇二四年後のアメリカの政治と外交の行方を探ろう。

二〇二四年六月二七日に行われた大統領候補同士の討論会では、バイデンは精彩を欠き、民主党内で選挙戦からの撤退を求める声が大きくなった。しかも、連邦最高裁がトランプ前大統領の在職中の免責特権を認めた。七月一三日には、トランプ狙撃事件まで起きた。トランプは「第二のレーガン」に映り、人気を高めた。彼は自身の模倣者ジェームズ・D・ヴァンス上院議員（オハイオ州）を、副大統領候補に選んだ。ラストベルトの白人労働者層を意識した人選である。すると、バイデンが撤退を表明し、ハリス副大統領を後継に指名したのである。八月には、ハリスは民主党の大統領候補に選ばれた。激変である。バイデンは「第二のジョンソン」を演じ切ったが、果たしてハリスは「偶然による大統領」「第二のフォード」になれるか。

また、同時に行われる連邦議会選挙から、「分割政府」が出現するかもしれない。上院では、三三議席が改選されるが、民主党の改選議席のほうが多い。当然、民主党の多数維持は容易ではない。下院では、共和党の優位はわずか八議席にすぎない。彼らが多数を失う可能性は少なくない。そうなれば、どちらが大統領になっても、少なくとも、二〇二六年の中間選挙まで連邦議会に強く拘束されそうである。

さらに、連邦最高裁判所には、トーマス（一九四八年生まれ）とアリート（一九五〇年生まれ）という保守派の判事が二人いる。二人ともあと四年は務められるかもしれないが、その先は健康上の不安が高まろう。もしトランプが勝って四年間が混乱すれば、二〇二八年の大統領選挙で再び共和党の候補が当選する可能性は高くない。とすれば、高齢の保守系判事のいずれか、または双方が早めに勇退し、トランプ大統領に後任の指名を委ねようとするかもしれない。ただし、共和党が上院の多数を失えば、それも不可能になるから、戦略的勇退を決めるタイミングはむずかしい。ハリスが当選すれば、二人の判事は辞めるに辞めづらくなる。

しかも、連邦政府の他に、州や地方政府（市町村と郡）の役割も重要である。先述のように、二〇一七年にトランプ大統領がパリ協定からの離脱を声明すると、多くの州や地方政府、企業、大学がパリ協定遵守を謳った。連邦政府に州権が対抗し、地方政府が自己主張する。三権分立と並んで、これはアメリカの国内版勢力均衡である。

その上、巨大な世代交代がある。トランプもハリスもベビーブーマー世代だが、後者が勝てばバイデンから二二歳若返り、世代交代が起こる。民主党副大統領候補のティム・ウォルズ（ミネソタ州知事）も、ハリスと同年生まれである。トランプが勝っても、二〇二八年には大きな世代交代が生じる。共和党のヘイリーやデサンティス、民主党のジョシュ・シャピロ（ペンシルヴァニア州知事）、ギャビン・ニューサム（カリフォルニア州知事）やグレッチェン・ウィットマー（ミシガン州知事）らX世代から大統領が誕生しても、三〇歳近い若返りとなる。場合によっては、「ジェネレーション・レフト」と呼ばれる、経験に乏しいY世代から大統領が登場するかもしれない。保守派ながら、ヴァンスもその一人である。

アメリカの大統領に、世界は大きく左右される。だが、アメリカの有権者しか、アメリカの大統領を選ぶことはできない。しかし、われわれにも、アメリカの次世代の友人を選ぶことはできる。それぞれの分野で、われわれがアメリカに優れたよき友を一人でも多く持つことが、今後の日米関係の基盤である。

また、われわれは日本のリーダーを選ばなければならない。「もしトラ」になっても、安倍晋三はもういない。その時に、「恐怖の男」と向き合えるリーダーを選び、しかも、その次にやって来る巨大な世代交代の波にも備えなければならない。「戦争に負けるくらいなら、選挙に負けたほうがましだ」と、マケインは不人気なイラク増派に賛成した。幸い、日本は戦争をしてはいない。しかし、マケイン並の胆力を持ったリーダーを育て選ぶことができようか。アメリカに過剰介入でも内向でもない道を求めるなら、われわれもより積極的で賢明に世界に関与しなければならない。超大国を批判することは容易だが、超大国と伴走することこそが重要なのである。

アメリカ人を母に持ち、米英間に「特別な関係」を構築したチャーチル――彼の言葉をもう一度引こう。「アメリカ人は常に正しいことをする。ただし、あらゆる可能性を試した後に」。これから半世紀後には、チャーチルの予言の当否が明らかになっていよう。

注記

プロローグ

1 Teo Armus, "'Make hope and history rhyme': Why Joe Biden loves to quote a passage from Irish poet Seamus Heaney," *Washington Post*, August 21, 2020.

2 ジョージ・F・ケナン（近藤晋一・飯田藤次・有賀貞訳）『アメリカ外交50年』岩波現代文庫、二〇〇〇年。

3 例えば、ヘンリー・A・キッシンジャー（岡崎久彦監訳）『外交』上下、日本経済新聞社、一九九六年。ロバート・B・ゼーリック（旭英昭訳）『アメリカ・イン・ザ・ワールド――合衆国の外交と対外政策の歴史』上下、日本経済新聞出版、二〇二三年。ゼーリックは国務次官、通商代表、国務副長官や世界銀行総裁を歴任した。

4 例えば、James David Barber, *The Presidential Character: Predicting Performance in the White House*, fourth edition (London: Pearson, 2008). ジョセフ・S・ナイ（藤井清美訳）『大統領のリーダーシップ――どの指導者がアメリカの絶対優位をつくったか？』東洋経済新報社、二〇一四年。ナンシー・ギブス、マイケル・ダフィー（横山啓明訳）『プレジデント・クラブ――元大統領だけの秘密組織』柏書房、二〇一三年。

5 村田晃嗣『現代アメリカ外交の変容――レーガン、ブッシュからオバマへ』有斐閣、二〇〇九年。Derek Chollet and James Goldgeier, *America between the Wars: From 11/9 to 9/11; The Misunderstood Years between the Fall of the Berlin Wall and the Start of the War on Terror* (NY: PublicAffairs, 2008).

第一章

1 トクヴィル（松本礼二訳）『アメリカのデモクラシー』第一巻（下）、岩波文庫、二〇〇五年。

2 バートランド・ラッセル（牧野力訳）『中国の問題』理想社、一九七一年。

3 ジョージ・F・ケナン「ソヴェトの行動の源泉」、ケナン『アメリカ外交50年』。

4 エリック・ホブズボーム（大井由紀訳）『20世紀の歴史――両極端の時代』上下、ちくま学芸文庫、二〇一八年。

5 永井陽之助「解体するアメリカ――危機の生態学」、永井『柔構造社会と暴力』中公叢書、一九七一年。

6 千々和泰明『戦争はいかに終結したか――二度の大戦からベトナム、イラクまで』中公新書、二〇二一年。

7 フィリップ・ロス（青山南訳）『われらのギャング』集英社、一九七七年。

8 ケイト・アンダーセン・ブラウワー『アメリカ副大統領――権力への階段』白水社、二〇二一年。

9 ジェラルド・R・フォード（関西テレビ放送編）『フォード回顧録――私がアメリカの分裂を救った』サンケイ出版、一九七九年。

10 Robert A. Wilson, ed., *Character Above All* (NY: Simon & Schuster, 1995).

11 フォード、前掲。
12 ボブ・ウッドワード（新庄哲夫訳）『権力の失墜――大統領たちの危機管理』上、日本経済新聞社、二〇〇〇年。
13 ビル・クリントン（楡井浩一訳）『マイライフ――クリントンの回想』上下、朝日新聞社、二〇〇四年。
14 「強い大統領」への期待と大統領の制度的制約とのギャップが拡大し、「現代大統領制のジレンマ」が表出した。待鳥聡史『アメリカ大統領制の現在――権限の弱さをどう乗り越えるか』ＮＨＫブックス、二〇一六年。
15 フォード、前掲。
16 ズビグネフ・ブレジンスキー（大朏人一訳）『ひよわな花・日本――日本大国論批判』サイマル出版会、一九七二年。
17 早野透『田中角栄――戦後日本の悲しき自画像』中公新書、二〇一二年。
18 ヘンリー・キッシンジャー（読売新聞調査研究本部訳）『キッシンジャー激動の時代〈3〉核と石油の世界戦略』小学館、一九八二年。
19 戦後の歴代大統領の外交ドクトリンについては、八木勇『アメリカ外交の系譜――トルーマンからカーターまで』朝日新聞社、一九八一年が詳しい。
20 ピーター・N・キャロル（土田宏訳）『70年代アメリカ――なにも起こらなかったかのように』彩流社、一九九四年。

第二章

1 Jonathan Alter, *His Very Best: Jimmy Carter, A Life* (NY: Simon & Schuster, 2020).
2 ジミー・カーター（飼牛万里訳）『少年時代』石風社、二〇〇三年。
3 カーター、前掲。
4 ジミー・カーター（酒向克郎訳）『なぜベストをつくさないのか――ピーナッツ農夫から大統領への道』英潮社、一九七六年。
5 カーター、前掲。
6 カーター、前掲。
7 ジミー・カーター（瀬戸毅義訳）『信じること働くこと――ジミー・カーター自伝』新教出版社、二〇〇三年。
8 ラインホールド・ニーバー（大木英夫・深井智朗訳）『アメリカ史のアイロニー』聖学院大学出版会、二〇〇二年。
9 カーター『なぜベストをつくさないのか』。
10 古矢旬「第一部　概説」、アメリカ学会編『原典アメリカ史　第八巻　衰退論の登場』岩波書店、二〇〇六年。
11 フォード、前掲。
12 ジミー・カーター（日高義樹監修／持田直武・平野次郎・植田樹・寺内正義訳）『カーター回顧録』上、日本放送出版協会、一九八二年。
13 ティップ・オニール、ウィリアム・ノバック（土田宏・鬼頭孝子訳）『下院議長オニール回想録――アメリカ政治の裏と表』

彩流社、一九八九年。

14 Zbigniew Brzezinski, *Power and Principle: Memoirs of the National Security Adviser 1977-1981* (NY: Farrar Straus & Giroux, 1983).

15 カーター、前掲。

16 "The Formidable Rosalynn Carter," *The New York Times International Weekly*, November 26, 2023.

17 ドン・オーバードーファー（菱木一美・長賀一哉訳）『マイク・マンスフィールド――米国の良心を守った政治家の生涯』下、共同通信社、二〇〇五年。

18 カーター『信じること働くこと』。

19 村田晃嗣『大統領の挫折――カーター政権の在韓米軍撤退政策』有斐閣、一九九八年。

20 Garry Wills, *Under God: Religion and American Politics* (NY: Simon & Schuster, 1990).

21 カーター『カーター回顧録』上。

22 ウッドワード、前掲。

23 Betty Glad, *An Outsider in the White House: Jimmy Carter, His Advisors, and the Making of American Foreign Policy* (NY, Ithaca: Cornell University Press, 2009). Kai Bird, *The Outlier: The Unfinished Presidency of Jimmy Carter* (NY: Crown, 2021).

24 マイケル・グリーン（細谷雄一・森聡監訳）『アメリカのアジア戦略史――建国期から21世紀まで』下、勁草書房、二〇二四年。

25 カーター、前掲。

26 アンドルー・コックバーン（赤羽龍夫訳）『脅威――ソ連軍事機構の実体』早川書房、一九八五年。

27 福永文夫『大平正芳――「戦後保守」とは何か』中公新書、二〇〇八年。

28 『読売新聞』二〇二三年五月一〇日。

29 Jimmy Carter, *White House Diary* (NY: Farrar Straus & Giroux, 2010).

30 カーター、前掲。

31 ニコラス・ワプショット（久保恵美子訳）『レーガンとサッチャー――新自由主義のリーダーシップ』新潮選書、二〇一四年。

32 エズラ・F・ヴォーゲル（広中和歌子・木本彰子訳）『ジャパン・アズ・ナンバーワン――アメリカへの教訓』TBSブリタニカ、一九七九年。

33 Samuel P. Huntington, "The U.S. – Decline or Renewal?" *Foreign Affairs*, Winter 1988/89.

34 富田健次『ホメイニー――イラン革命の祖』山川出版社、二〇一四年。

35 Julian E. Zelizer, *Jimmy Carter* (NY: Times Books, 2010).

36 カーター『カーター回顧録』下。
37 クリスチャン・カリル（北川知子訳）『すべては１９７９年から始まった――21世紀を方向づけた反逆者たち』草思社、二〇一五年。
38 八木、前掲。
39 Carter, *op. cit.*
40 カーター、前掲。
41 Rick Perlstein, *Reaganland: America's Right Turn 1976-1980* (NY: Simon & Schuster, 2020).
42 Wilson, ed., *op. cit.*
43 Wilson, ed., *op. cit.*
44 Bird, *op. cit.*
45 ジョージ・オーウェル（秋元孝文訳）『あなたと原爆――オーウェル評論集』光文社古典新訳文庫、二〇一九年。

第三章

1 Ronald Reagan and Richard G. Hubler, *Where's the Rest of Me?* (NY: Duell, Sloan and Pearce, 1965).
2 ボニー・アンジェロ（山村宜子訳）『ファーストマザーズ――わが子をアメリカ大統領にした母親たち』清流出版、二〇〇四年。
3 ロナルド・レーガン（尾崎浩訳）『わがアメリカンドリーム――レーガン回想録』読売新聞社、一九九三年。村田晃嗣『レーガン――いかにして「アメリカの偶像」となったか』中公新書、二〇一一年も参照。
4 Robert Dallek, *Ronald Reagan: The Politics of Symbolism*, with a New Preface by the Author (MA: Harvard University Press, 1999).
5 レーガン、前掲。
6 レーガン、前掲。
7 レーガン、前掲。
8 フォード、前掲。
9 レーガン、前掲。
10 Gil Troy, *Morning in America: How Ronald Reagan Invented the 1980s* (Nj, Princeton: Princeton University Press, 2005).
11 Lyn Nofziger, *Nofziger* (DC: Regnery Gateway, 1992).
12 ジョージ・W・ブッシュ（藤井厳喜訳）『ジョージ・ブッシュ――私はアメリカを変える』扶桑社、二〇〇〇年。Lou Cannon and Carl M. Cannon, *Reagan's Disciple: George W. Bush's Troubled Quest for a Presidential Legacy* (NY: PublicAffairs,

2008).

13 Laura Kalman, *Right Star Rising: A New Politics, 1974-1980* (NY: W. W. Norton, 2010).

14 Daniel J. Surgent, *A Superpower Transformed: The Remaking of American Foreign Relations in the 1970s* (NY: Oxford University Press, 2017).

15 Perlstein, *op. cit.*

16 H. W. Brands, *Reagan: The Life* (NY: Doubleday, 2015).

17 グリーン、前掲。

18 Reagan, *The Reagan Diaries* (NY: HarperCollins, 2007).

19 Steven F. Hayward, *The Age of Reagan: The Conservative Counterrevolution, 1980-1989* (NY: Crown Forum, 2009). ゼーリック、前掲。

20 有賀貞『アメリカ　ヒストリカル・ガイド』山川出版社、二〇〇四年。

21 George P. Shultz, *Turmoil and Triumph: My Years as Secretary of State* (NY: Scribner's, 1993).

22 ジョージ・ブッシュ（吉澤泰治訳）『ジョージ・ブッシュのパックス・アメリカーナ――石油に賭ける男　米大統領の自叙伝』ダイナミックセラーズ、一九九一年。

23 山口航『冷戦終焉期の日米関係――分化する総合安全保障』吉川弘文館、二〇二三年。

24 Reagan, *op. cit.*

25 中曽根康弘『自省録――歴史法廷の被告として』新潮社、二〇〇四年。

26 Shultz, *op. cit.* ただし、シュルツの回顧録では、「ロン・ヤス」関係が「ロン・ヤズ」関係と誤記されている。

27 マイケル・サンデル（鬼澤忍訳）『実力も運のうち――能力主義は正義か？』ハヤカワ文庫、二〇二三年。

28 Frances FitzGerald, *Way Out There in the Blue: Reagan, Star Wars and the End of the Cold War* (NY: Simon & Schuster, 2000).

29 レーガン、前掲。

30 レーガン、前掲。

31 ジョセフ・S・ナイ・ジュニア、デイヴィッド・A・ウェルチ（田中明彦・村田晃嗣訳）『国際紛争――理論と歴史』原書第10版、有斐閣、二〇一七年。

32 Brands, *op. cit.* ゼーリック、前掲。

33 コリン・パウエル、ジョゼフ・E・パーシコ（鈴木主税訳）『マイ・アメリカン・ジャーニー――コリン・パウエル自伝――ワシントン時代編』角川文庫、二〇〇一年。

34 ギブス、ダフィー、前掲。

35 James Mann, *The Rebellion of Ronald Reagan: A History of the End of the Cold War* (NY: Viking, 2009).
36 アラン・ブルーム（菅野盾樹訳）『アメリカン・マインドの終焉——文化と教育の危機』みすず書房、一九八八年。
37 ポール・ケネディ（鈴木主税訳）『大国の興亡——1500年から2000年までの経済の変遷と軍事闘争』上下、草思社、一九八八年。
38 Mann, *op. cit.*
39 John O'Sullivan, *The President, the Pope, and the Prime Minister: Three Who Changed the World* (DC: Regnery History, 2006).
40 高坂正堯『現代の国際政治』講談社学術文庫、一九八九年。
41 レーガン、前掲。

第四章

1 ブッシュ、前掲。
2 Wilson, ed., *op. cit.*
3 Cannon and Cannon, *op. cit.*
4 ブッシュ、前掲。
5 ブッシュ、前掲。
6 ブッシュ、前掲。
7 Tom Wicker, *George Herbert Walker Bush* (NY: Viking, 2004).
8 Lou Cannon, *Governor Reagan: His Rise to Power* (NY: PublicAffairs, 2003).
9 Timothy Naftali, *George H. W. Bush* (NY: Times Books, 2007).
10 Wilson, ed., *op. cit.*
11 ブッシュ、前掲。
12 Wicker, *op. cit.*
13 ブッシュ、前掲。
14 デービッド・ハルバースタム（小倉慶郎・三島篤志・田中均・佳元一洋・柴武行訳）『静かなる戦争——アメリカの栄光と挫折』上、PHP研究所、二〇〇三年。
15 ストローブ・タルボット、マイケル・R・ベシュロス（浅野輔訳）『最高首脳交渉——ドキュメント・冷戦終結の内幕』上、同文書院インターナショナル、一九九三年。
16 エヴァン・オズノス（笠井亮平訳）『ワイルドランド——アメリカを分断する「怒り」の源流』上、白水社、二〇二四年。

17 ジェームズ・A・ベーカーⅢ（仙名紀訳）『シャトル外交　激動の四年』上、新潮文庫、一九九七年。
18 ゼーリック、前掲。
19 ゼーリック『アメリカ・イン・ザ・ワールド』下
20 ハルバースタム、前掲。
21 George Bush and Brent Scowcroft, *A World Transformed* (NY: Alfred A. Knopf, 1998).
22 ゼーリック『アメリカ・イン・ザ・ワールド』上下。
23 ベーカー、前掲。
24 ジェームズ・R・リリー（西倉一喜訳）『チャイナハンズ――元駐中米国大使の回想1916-1991』草思社、二〇〇六年。
25 マーリン・フィッツウォーター（佐々木伸・菱木一美訳）『ホワイトハウス報道官――レーガン・ブッシュ政権とメディア』共同通信社、一九九七年。
26 Jon Meacham, *Destiny and Power: The American Odyssey of George Herbert Walker Bush* (NY: Random House, 2015).
27 ベーカー、前掲。Bush and Scowcroft, *op. cit.*
28 ドイツ再統一とブッシュ外交の役割については、以下を参照。志田淳二郎『米国の冷戦終結外交――ジョージ・H・W・ブッシュ政権とドイツ統一』有信堂高文社、二〇二〇年。吉留公太『ドイツ統一とアメリカ外交』晃洋書房、二〇二一年。板橋拓己『分断の克服1989-1990――統一をめぐる西ドイツ外交の挑戦』中公選書、二〇二二年。
29 メアリー・エリス・サロッティ（奥田博子訳）『1989――ベルリンの壁崩壊後のヨーロッパをめぐる闘争』上、慶應義塾大学出版会、二〇一九年。
30 ゼーリック、前掲。
31 Wicker, *op. cit.*
32 ベーカー、前掲。
33 コリン・パウエル、ジョゼフ・E・パーシコ（鈴木主税訳）『マイ・アメリカン・ジャーニー――コリン・パウエル自伝――統合参謀本部議長時代編』角川文庫、二〇〇一年。
34 ヘンリー・キッシンジャー（伏見威蕃訳）『国際秩序』日本経済新聞出版社、二〇一六年。
35 五百旗頭真編『戦後日本外交史』第3版補訂版、有斐閣、二〇一四年。
36 Bush and Scowcroft, *op. cit.*
37 グリーン、前掲。
38 J・L・ガディス（河合秀和・鈴木健人訳）『冷戦――その歴史と問題点』彩流社、二〇〇七年。
39 George Bush, *All the Best, G. Bush: My Life in Letters and Other Writings* (NY: Scribner, 1999).

40 Ryan J. Barilleaux and Mark J. Rozell, *Power and Prudence: The Presidency of George H. W. Bush* (TX: Texas A&M University Press, 2004).
41 ハルバースタム、前掲。
42 ズビグニュー・ブレジンスキー（峯村利哉訳）『ブッシュが壊したアメリカ——2008年民主党大統領誕生でアメリカは巻き返す』徳間書店、二〇〇七年。
43 ローラ・ブッシュ（村井理子訳）『ローラ・ブッシュ自伝【脚光の舞台裏】』中央公論新社、二〇一五年。
44 Bush, *op. cit.*

第五章

1 クリントン『マイライフ』上。
2 Michael Tomasky, *Bill Clinton* (NY: Times Books, 2017). 日本語での簡潔な評伝としては、西川賢『ビル・クリントン——停滞するアメリカをいかに建て直したか』中公新書、二〇一六年がある。
3 クリントン、前掲。
4 クリントン、前掲。
5 クリントン、前掲。
6 クリントン、前掲。
7 ヒラリーについては、以下を参照。ヒラリー・クリントン（酒井洋子訳）『リビング・ヒストリー——ヒラリー・ロダム・クリントン自伝』上下、ハヤカワ文庫、二〇〇七年。ノーマン・キング（武者圭子訳）『ヒラリー・R・クリントンの歩み——大統領の最強のパートナー』小学館、一九九四年。
8 キング、前掲。
9 ビル・クリントン、前掲。
10 クリントン、前掲。
11 Tomasky, *op. cit.*
12 クリントン『マイライフ』下。
13 サンデル、前掲。
14 ハルバースタム、前掲。
15 グリーン、前掲。
16 フランシス・フクヤマ（渡部昇一訳）『歴史の終わり』上下、三笠書房、一九九二年。サミュエル・ハンチントン（鈴木主税訳）『文明の衝突』集英社、一九九八年。

17 ジェームズ・マン（鈴木主税訳）『米中奔流』共同通信社、一九九九年。
18 ゼーリック『アメリカ・イン・ザ・ワールド』下。
19 クリントン、前掲。
20 ハルバースタム『静かなる戦争』下。
21 John F. Harris, *The Survivor: Bill Clinton in the White House* (NY: Random House, 2005).
22 クリントン、前掲。
23 Tomasky, *op. cit.*
24 ディック・モリス（近藤隆文・村井智之訳）『オーバル・オフィス――大統領執務室』フジテレビ出版、一九九七年。
25 村山富市、インタビュー辻元清美『そうじゃのう…村山富市「首相体験」のすべてを語る』第三書館、一九九八年。
26 五百旗頭編、前掲。
27 George Packer, *Our Man: Richard Holbrooke and the End of the American Century* (NY: Alfred A. Knopf, 2019).
28 ヒラリー・クリントン『リビング・ヒストリー』下、クリントン『マイ・ライフ』下。
29 高坂正堯『歴史としての二十世紀』新潮選書、二〇二三年。
30 クリントン、前掲。
31 中野博文『暴力とポピュリズムのアメリカ史――ミリシアがもたらす分断』岩波新書、二〇二四年。
32 クリントン、前掲。

第六章

1 James Mann, *George W. Bush* (NY: Times Books, 2015).
2 ジョージ・W・ブッシュ（伏見威蕃訳）『決断のとき』上、日本経済新聞出版社、二〇一一年。
3 ブッシュ、前掲。
4 ブッシュ、前掲。
5 ブッシュ、前掲。
6 Cannon and Cannon, *op. cit.*
7 Mann, *op. cit.*
8 ドナルド・F・ケトル（金子一雄訳）『チーム・ブッシュ――〝最強の超大国〟を動かすリーダーの本質』PHP研究所、二〇〇三年。
9 Erwin C. Hargrove, *The Effective Presidency: Lessons on Leadership from John F. Kennedy to Barrack Obama 2nd Edition* (NY: Routledge, 2016)

10 ジェームズ・マン（渡辺昭夫監訳）『ウルカヌスの群像――ブッシュ政権とイラク戦争』共同通信社、二〇〇四年。
11 ブッシュ、前掲。
12 Shirley Anne Warshaw, *The Co-Presidency of Bush and Cheney* (CA: Stanford University Press, 2009). また、バートン・ゲルマン（加藤祐子訳）『策謀家チェイニー――副大統領が創った「ブッシュのアメリカ」』朝日選書、二〇一〇年も参照。
13 ブッシュ、前掲。
14 三浦俊章『ブッシュのアメリカ』岩波新書、二〇〇三年。
15 マイケル・リンド（高濱賛訳）『アメリカの内戦』アスコム、二〇〇四年。
16 ブッシュ、前掲。
17 グリーン、前掲。
18 Mann, *op. cit.*
19 ブッシュ、前掲。
20 ドナルド・ラムズフェルド（江口泰子他訳）『真珠湾からバグダッドへ――ラムズフェルド回想録』幻冬舎、二〇一二年。
21 コンドリーザ・ライス（福井昌子他訳）『ライス回顧録――ホワイトハウス 激動の2920日』集英社、二〇一三年。
22 バラク・オバマ（棚橋志行訳）『合衆国再生――大いなる希望を抱いて』楓書店、二〇〇七年。
23 ドナルド・ラムズフェルド（井口耕二訳）『ラムズフェルドの人生訓』オデッセイコミュニケーションズ、二〇一三年。
24 ボブ・ウッドワード（伏見威蕃訳）『ブッシュの戦争』日本経済新聞社、二〇〇三年。
25 オズノス、前掲。
26 ジョージ・F・ケナン（清水俊雄他訳）『ジョージ・F・ケナン回顧録』Ⅱ、中公文庫、二〇一七年。
27 細谷雄一『倫理的な戦争――トニー・ブレアの栄光と挫折』慶應義塾大学出版会、二〇〇九年。
28 Brent Scowcroft, "Don't Attack Saddam," *Wall Street Journal*, August 15, 2002.
29 ブッシュ『決断のとき』下。
30 チャールズ・カプチャン（坪内淳訳）『アメリカ時代の終わり』上下、NHKブックス、二〇〇三年。
31 ロバート・ケーガン（山岡洋一訳）『ネオコンの論理――アメリカ新保守主義の世界戦略』光文社、二〇〇三年。
32 ブッシュ、前掲。
33 カレン・ヤルヒ＝マイロ「スマートな指導者がなぜ愚かな判断をするのか――外交政策は合理的か」『フォーリン・アフェアーズ・リポート』二〇二四年一月号。
34 マン、前掲。
35 ボブ・ウッドワード（伏見威蕃訳）『攻撃計画――ブッシュのイラク戦争』日本経済新聞社、二〇〇四年。
36 ライス、前掲。

37 読売新聞政治部編『外交を喧嘩にした男——小泉外交二〇〇〇日の真実』新潮社、二〇〇六年。宮城大蔵編『平成の宰相たち——指導者一六人の肖像』ミネルヴァ書房、二〇二一年。

38 マイケル・J・グリーン（上原裕美子訳）『安倍晋三と日本の大戦略——21世紀の「利益線」構想』日経ＢＰ日本経済新聞出版、二〇二三年。

39 ハワード・ベーカー（春原剛訳）『ハワード・ベーカー超党派の精神』日本経済新聞出版社、二〇〇九年。千々和泰明『大使たちの戦後日米関係——その役割をめぐる比較外交論　１９５２〜２００８年』ミネルヴァ書房、二〇二一年。

40 Jeane J. Kirkpatrick, *Making War to Keep Peace: Trials and Errors in American Foreign Policy from Kuwait to Baghdad* (NY: HarperCollins, 2007).

41 ブッシュ、前掲。

42 Chuck Hagel, "A Republican Foreign Policy," *Foreign Affairs*, Vol. 83, No. 4 (July/August 2004).

43 バラク・オバマ（山田文・三宅康雄他訳）『約束の地　上　大統領回顧録Ⅰ』集英社、二〇二一年。

44 Dick Cheney, with Liz Cheney, *In My Time: A Personal and Political Memoir* (NY: Threshold Editions, 2011)

45 ブッシュ、前掲。

46 スコット・マクレラン（水野孝昭監訳）『偽りのホワイトハウス——元ブッシュ大統領報道官の証言』朝日新聞出版、二〇〇八年。

47 ボブ・ウッドワード（伏見威蕃訳）『ブッシュのホワイトハウス』下、日本経済新聞出版社、二〇〇七年。

48 Cheney, *op. cit.*

49 Robert M. Gates, *Duty: Memoirs of a Secretary at War* (NY: Alfred A. Knopf, 2014).

50 オズノス、前掲。カマラ・ハリス（藤田美菜子・安藤貴子訳）『私たちの真実——アメリカン・ジャーニー』光文社、二〇二一年。

51 Mann, *op. cit.*

52 グリーン、前掲。

53 ウッドワード『攻撃計画』。

54 George W. Bush, *Portraits of Courage: A Commander in Chief's Tribute to America's Warriors* (NY: Crown Publishers, 2017).

第七章

1 バラク・オバマ（白倉三紀子・木内裕也訳）『マイ・ドリーム——バラク・オバマ自伝』ダイヤモンド社、二〇〇七年。

2 アンジェロ、前掲。

3 渡辺将人『大統領の条件――アメリカの見えない人種ルールとオバマの前半生』集英社文庫、二〇二一年。

4 ミシェル・オバマ（長尾莉紗・柴田さとみ訳）『マイ・ストーリー』集英社、二〇一九年。

5 バラク・オバマ、前掲。

6 オバマ、前掲。

7 クリストフ・フォン・マーシャル（大石りら訳）『ブラック・ケネディ――オバマの挑戦』講談社、二〇〇八年。

8 オバマの主要な演説については、三浦俊章編訳『オバマ演説集』岩波新書、二〇一〇年を参照。

9 オバマ『合衆国再生』。

10 デイヴィッド・レムニック（石井栄司訳）『懸け橋（ブリッジ）――オバマとブラック・ポリティクス』上下、白水社、二〇一四年。

11 オバマ『約束の地』上。

12 渡辺靖『白人ナショナリズム――アメリカを揺るがす「文化的反動」』中公新書、二〇二〇年。

13 ヒラリー・ロダム・クリントン（日本経済新聞社訳）『困難な選択』上、日本経済新聞出版社、二〇一五年。

14 ミシェル・オバマ、前掲。

15 バラク・オバマ、前掲。

16 エヴァン・オスノス（矢口誠訳）『バイデンの光と影』扶桑社、二〇二一年。

17 Steven Levingston, *Barack and Joe: The Making of an Extraordinary Partnership* (NY: Hachette Books, 2019). Gabriel Debenedetti, *The Long Alliance: The Imperfect Union of Joe Biden and Barack Obama* (NY: Henry Holt & Co., 2022).

18 オバマ、前掲。

19 ボブ・ウッドワード（伏見威蕃訳）『ＦＥＡＲ 恐怖の男――トランプ政権の真実』日本経済新聞出版社、二〇一八年。

20 Mann, *op. cit.*

21 Sean Wilentz, *The Age of Reagan: A History 1974-2008* (NY: HarperCollins, 2008).

22 ドリス・カーンズ・グッドウィン（平岡緑訳）『リンカーン』上中下、中公文庫、二〇一一年。

23 Richard Wolffe, *Renegade: The Making of a President* (NY: Crown Publishers, 2009).

24 ヒラリー・クリントン、前掲。

25 ジェフリー・A・ベーダー（春原剛訳）『オバマと中国――米国政府の内部からみたアジア政策』東京大学出版会、二〇一三年。

26 Robert M. Gates, *Exercise of Power: American Failures, Successes, and a New Path Forward in the Post-Cold War World* (NY: Alfred A. Knopf, 2020).

27 Derek Chollet, *The Long Game: How Obama Defied Washington and Redefined America's Role in the World* (NY: Public

Affairs, 2016).
28 オバマ『約束の地　下　大統領回顧録Ⅰ』。
29 Hillary Rodham Clinton, "Expanding the U.S.-Indonesian Dialogue," February 19, 2009.
30 ベーダー、前掲。
31 オバマ、前掲。
32 Hargrove, *op. cit.*
33 オバマ外交の評価については、中山俊宏『理念の国がきしむとき――オバマ・トランプ・バイデンとアメリカ』千倉書房、二〇二三年に詳しい。
34 Chollet, *op. cit.*
35 グリーン、前掲。
36 ジョー・バイデン（長尾莉紗・五十嵐加奈子・安藤貴子訳）『約束してくれないか、父さん――希望、苦難、そして決意の日々』早川書房、二〇二一年。
37 タナハシ・コーツ（池田年穂・長岡真吾・矢倉喬士訳）『僕の大統領は黒人だった――バラク・オバマとアメリカの8年』下、慶應義塾大学出版会、二〇二〇年。

第八章

1 村田晃嗣『トランプvsバイデン――「冷たい内戦」と「危機の20年」の狭間』ＰＨＰ新書、二〇二一年。
2 トランプの来歴については、ワシントン・ポスト取材班『トランプ』文藝春秋、二〇一六年に詳しい。
3 ドナルド・トランプ、トニー・シュウォーツ（相原真理子訳）『トランプ自伝――不動産王にビジネスを学ぶ』ちくま文庫、二〇〇八年。
4 カート・アンダーセン（山田美明・山田文訳）『ファンタジーランド――狂気と幻想のアメリカ５００年史』上、東洋経済新報社、二〇一九年。
5 Joe Biden, *Promise to Keep* (London: Scribe, 2021).
6 オスノス、前掲。
7 オスノス、前掲。
8 オスノス、前掲。
9 ボブ・ウッドワード（伏見威蕃訳）『オバマの戦争』日本経済新聞出版社、二〇一一年。
10 ロバート・ゲーツ（井口耕二・熊谷玲美・寺町朋子訳）『イラク・アフガン戦争の真実――ゲーツ元国防長官回顧録』朝日新聞出版、二〇一五年。

11 金成隆一『ルポ　トランプ王国——もう一つのアメリカを行く』岩波新書、二〇一七年。
12 会田弘継『破綻するアメリカ』岩波現代全書、二〇一七年。
13 ヒラリー・ロダム・クリントン（高山祥子訳）『WHAT HAPPENED——何が起きたのか?』光文社、二〇一八年。
14 Jim Mattis and Bing West, *Call Sign Chaos: Learning to Lead* (NY: Random House, 2019).
15 村田晃嗣「都市は外交する——日米比較」村田編『外交と戦略』彩流社、二〇二三年。
16 西崎文子『アメリカ外交の歴史的文脈』岩波書店、二〇二四年。
17 グリーン、前掲。
18 ジョン・ボルトン（梅原季哉監訳）『ジョン・ボルトン回顧録——トランプ大統領との４５３日』朝日新聞出版、二〇二〇年。
19 オズノス『ワイルドランド』下。
20 ウッドワード『ＦＥＡＲ　恐怖の男』。
21 オズノス、前掲。
22 ボブ・ウッドワード（伏見威蕃訳）『ＲＡＧＥ　怒り』日本経済新聞出版、二〇二〇年。
23 オズノス、前掲。
24 前嶋和弘『キャンセルカルチャー——アメリカ、貶めあう社会』小学館、二〇二二年を参照。
25 オズノス、前掲。
26 ウッドワード、前掲。
27 David E. Sanger, *New Cold Wars: China's Rise, Russia's Invasion, and America's Struggle to Defend the West* (NY: Crown, 2024).
28 Alexander Ward, *The Internationalists: The Fight to Restore American Foreign Policy after Trump* (NY: Portfolio/Penguin, 2024).
29 Sanger, *op. cit.*
30 ロシアのウクライナ侵攻については、小泉悠『ウクライナ戦争』ちくま新書、二〇二二年、池内恵他『ウクライナ戦争と世界のゆくえ』東京大学出版会、二〇二二年、鶴岡路人『欧州戦争としてのウクライナ侵攻』新潮選書、二〇二三年、高橋杉雄編『ウクライナ戦争はなぜ終わらないのか——デジタル時代の総力戦』文春新書、二〇二三年などを参照。

エピローグ

1 グリーン『アメリカのアジア戦略史』下。
2 ハル・ブランズ、マイケル・ベックリー（奥山真司訳）『デンジャー・ゾーン——迫る中国との衝突』飛鳥新社、二〇二三年。
3 ジャレド・ダイアモンド（小川敏子・川上純子訳）『危機と人類』下、日本経済新聞出版社、二〇一九年。

4 ヘイミシュ・マクレイ（遠藤真美訳）『２０５０年の世界――見えない未来の考え方』日経ＢＰ日本経済新聞出版、二〇二三年。

5 バーバラ・Ｆ・ウォルター（井坂康志訳）『アメリカは内戦に向かうのか』東洋経済新報社、二〇二三年。

6 マクレイ、前掲。

7 Hargrove. *op. cit.*

本書関連主要事項　略年表

一九六九年
一月二〇日◆共和党のリチャード・ニクソンが第三七代大統領に就任
一九七二年
二月二一日◆ニクソン大統領、中国を訪問
六月一七日◆ワシントンの民主党事務所にCIA元職員らが不法侵入（ウォーターゲート事件）
一一月七日◆大統領選挙でニクソン大統領が民主党のジョージ・マクガヴァン上院議員に勝利して再選
一九七三年
一月二七日◆パリ和平協定締結。三月には米軍がベトナムから撤退を完了
一〇月一六日◆アラブ石油輸出国機構（OAPEC）が原油生産の段階的削減を決定（第一次オイルショック）
一九七四年
八月八日◆ニクソン大統領、ウォーターゲート事件の疑惑を受けて辞任を表明
八月九日◆ジェラルド・フォード副大統領が第三八代大統領に就任。副大統領はネルソン・ロックフェラー、国務長官およびNSA担当大統領補佐官はヘンリー・キッシンジャー、国防長官はジェームズ・シュレジンジャー
一一月五日◆中間選挙で民主党が上下両院とも多数
一一月一八日◆フォード大統領、現職の大統領として初めて来日（～二二日）
一一月二三日◆フォード大統領、ソ連を訪問し、第二次戦略兵器制限交渉（SALT-Ⅱ）に向け基本方針を確認（～二四日）
一九七五年
四月三〇日◆北ベトナムによる南ベトナム首都サイゴンの接収（サイゴン陥落）。ベトナム戦争の終結
九月三〇日◆昭和天皇、訪米（～一〇月一四日）
一一月一五日◆米、英、仏、西独、伊、日の六カ国で第一回先進国首脳会議（G6サミット）、一七日まで
一一月二〇日◆国防長官がドナルド・ラムズフェルドに交代
一二月七日◆フォード大統領、ハワイでの演説でアジア関与を明確にする「新太平洋ドクトリン」を発表
一九七六年
七月四日◆アメリカ建国二〇〇周年
一一月二日◆大統領選挙で民主党のジミー・カーター（ジョージア州知事）がフォード大統領に勝利。連邦議会も上下両院で民主党が多数
一九七七年

一月二〇日◆ジミー・カーターが第三九代大統領に就任。副大統領はウォルター・モンデール、国務長官はサイラス・ヴァンス、国防長官はハロルド・ブラウン、NSA担当大統領補佐官はズビグニュー・ブレジンスキー

一九七八年

九月一七日◆カーター大統領がイスラエルとエジプトの和平を仲介（キャンプ・デイヴィッド合意）

一一月七日◆中間選挙で民主党が上下両院で多数を維持

一九七九年

一月一日◆中国の鄧小平副首相が訪米、米中国交正常化を合意

六月一八日◆カーター大統領とソ連のブレジネフ書記長が第二次戦略兵器制限交渉（SALT－Ⅱ）に合意

七月一五日◆カーター大統領、テレビで「信頼の危機」演説

一一月四日◆イランのアメリカ大使館がイスラーム原理主義者の学生に占拠され、五二人の大使館員が人質となる

一二月二四日◆ソ連がアフガニスタンに侵攻（～一九八九年二月一五日）

一九八〇年

一月二三日◆カーター大統領が一般教書演説で、外国勢力によるペルシア湾岸地域の支配に対し「あらゆる必要な手段を講じる」と宣言（カーター・ドクトリン）

四月二四日◆カーター政権がイランの人質救出のため「イーグルクロー作戦」を敢行（～二五日）、失敗に終わる

一一月四日◆大統領選挙で共和党のロナルド・レーガン元カリフォルニア州知事がカーター大統領に勝利。連邦議会は上院で共和党、下院で民主党が多数

一九八一年

一月二〇日◆ロナルド・レーガンが第四〇代大統領に就任。副大統領はジョージ・H・ブッシュ、大統領首席補佐官はジェームズ・ベーカー、国務長官はアレクサンダー・ヘイグ、国防長官はキャスパー・ワインバーガー

三月三〇日◆ワシントンDCでレーガン大統領暗殺未遂事件

一九八二年

七月一六日◆国務長官がジョージ・シュルツに交代

一一月二日◆中間選挙で共和党が上院で多数を維持、下院では二六議席を失う

一一月一〇日◆ソ連のブレジネフ書記長が死去。後継はユーリー・アンドロポフ

一一月二七日◆中曽根康弘内閣が成立（～八七年一一月六日）、「日米同盟」を明言

一九八三年

三月八日◆レーガン大統領、福音派キリスト教徒全国大会で「悪の帝国」演説

三月二三日◆レーガン大統領、戦略防衛構想（SDI）を提唱

一九八四年
四月二六日◆レーガン大統領、中国を訪問（～五月一日）
七月二八日◆ロサンジェルスでオリンピック開催（～八月一二日）。ソ連や東欧諸国などはボイコット
一一月六日◆大統領選挙でレーガン大統領が民主党のモンデール前副大統領に勝利。連邦議会は上院で共和党、下院で民主党が多数
一九八五年
一月二〇・二一日◆レーガン大統領が再就任
三月一〇日◆ソ連のチェルネンコ書記長が死去、後継はミハイル・ゴルバチョフ
九月二二日◆先進五カ国蔵相・中央銀行総裁会議（G５）でドル高是正を決定（プラザ合意）
一一月一九日◆ジュネーブでレーガン大統領とゴルバチョフ書記長が米ソ首脳会談（～二一日）
一九八六年
一月二八日◆スペースシャトル「チャレンジャー号」が爆発、乗組員七人全員が死亡
四月二六日◆ソ連のキーウ郊外、チェルノブイリ原子力発電所で四号炉が爆発
一〇月一一日◆レイキャビクでレーガン大統領とゴルバチョフ書記長が米ソ首脳会談（～一二日）
一一月三日◆イラン・コントラ事件が発覚
一一月四日◆中間選挙で民主党が下院で多数を維持、上院でも多数
一九八七年
一二月八日◆レーガン大統領とゴルバチョフ書記長が中距離核戦力（ＩＮＦ）全廃条約に調印（八八年六月一日発効）
一九八八年
五月二九日◆レーガン大統領、ソ連を訪問（～六月二日）
一一月八日◆大統領選挙でジョージ・H・ブッシュ副大統領が民主党のマイケル・デュカキス（マサチューセッツ州知事）に勝利。連邦議会は民主党が上下両院で多数
一九八九年
一月二〇日◆ジョージ・H・ブッシュ、第四一代大統領に就任。副大統領はダン・クェール、国務長官はジェームズ・ベーカー、国防長官はディック・チェイニー、ＮＳＡ担当大統領補佐官はブレント・スコウクロフト
二月二四日◆ブッシュ大統領、最初の外遊で昭和天皇の大喪の礼に参列
六月四日◆中国・北京で天安門事件
一一月九日◆ベルリンの壁が崩壊。九〇年一〇月三日には東西ドイツが再統一
一二月二日◆ブッシュ大統領、ソ連のゴルバチョフ書記長がマルタで首脳会談、冷戦の終結を宣言（～三日）

一二月二〇日◆米軍がパナマに侵攻、ノリエガ将軍を逮捕（正義作戦）
一九九〇年
八月二日◆イラクがクウェートに侵攻
一一月六日◆中間選挙で民主党が上下両院で議席を微増
一一月二九日◆湾岸危機に対し、国連安保理決議六七八号が採択される
一九九一年
一月一七日◆米軍を主力とする多国籍軍がイラクに対し「砂漠の嵐」作戦を開始（湾岸戦争）
三月三一日◆ユーゴスラヴィアでクロアチア独立戦争に始まる一連の内戦が勃発（～二〇〇一年）
一二月一三日◆ソ連共産党が解散。二六日にはソビエト連邦最高会議も解散
一九九二年
一一月三日◆大統領選挙でビル・クリントン（アーカンソー州知事）がブッシュ大統領に勝利。連邦議会は民主党が上下両院で多数
一九九三年
一月二〇日◆ビル・クリントン、第四二代大統領に就任。副大統領はアル・ゴア、国務長官はウォーレン・クリストファー、国防長官はレス・アスピン
二月一七日◆クリントン大統領、経済再生のための包括的予算調整法案を連邦議会で発表
三月一二日◆北朝鮮が核拡散防止条約（ＮＰＴ）からの脱退を表明
五月二八日◆中国に対する最恵国待遇を更新、対中関与政策を推進
九月一三日◆クリントン大統領の立ち会いでイスラエルとパレスチナ解放機構（ＰＬＯ）が相互承認（オスロ合意）
一〇月三日◆ソマリアの内戦に介入するも、米兵一八名が死亡したことで米軍は翌九四年に撤退
一九九四年
一一月八日◆中間選挙で共和党が上下両院で多数を制す
一九九五年
七月二一日◆中国が台湾海峡でミサイル演習（～九六年三月二三日、第三次台湾海峡危機）
八月三〇日◆ボスニア・ヘルツェゴビナ紛争に際し、クリントン政権はＮＡＴＯ諸国を説得してセルビア陸軍を空爆
九月四日◆沖縄で米海兵隊員による少女暴行事件が発生
一九九六年
四月一七日◆クリントン大統領が訪日。橋本龍太郎首相との間で日米安保再定義をめざす「日米安全保障共同宣言」を発表。直前の一二日にはモンデール駐日大使との間で普天間飛行場の移設を合意

一一月五日◆大統領選挙でクリントン大統領が共和党のボブ・ドール前上院院内総務に勝利して再選。連邦議会は共和党が上下両院で多数維持

一九九七年

一月二〇日◆クリントン大統領、二期目の就任式。国務長官はマデレーン・オルブライト、国防長官はウィリアム・コーエンに交代。NSA担当大統領補佐官はアンソニー・レイク（途中からサンディ・バーガー）

一九九八年

六月二五日◆クリントン大統領、中国を訪問。米中関係の改善を図る（～七月三日）

八月七日◆ケニアとタンザニアでアメリカ大使館が爆破される

八月一七日◆クリントン大統領、ホワイトハウス実習生モニカ・ルインスキーとの「不適切な関係」を認める

一一月三日◆中間選挙で共和党が上下両院で多数を維持するも議席減

一九九九年

三月二四日◆米軍を主体とするNATO軍がコソボ紛争に対する「人道的介入」としてユーゴ全域に空爆を開始

二〇〇〇年

一一月七日◆大統領選挙で投票結果をめぐって訴訟となり、一二月一二日の連邦最高裁の判決で共和党のジョージ・W・ブッシュ（ブッシュ・ジュニア）テキサス州知事が民主党のアル・ゴア副大統領に勝利。連邦議会は共和党が上下両院で多数維持

二〇〇一年

一月二〇日◆ジョージ・W・ブッシュが第四三代大統領に就任。副大統領はディック・チェイニー、国務長官はコリン・パウエル、国防長官はドナルド・ラムズフェルド、NSA担当大統領補佐官はコンドリーザ・ライス

九月一一日◆ニューヨークのワールドトレードセンター・ビル、ワシントン近郊の国防総省ビルに航空機が激突するなど、アメリカ中枢部に対する同時多発テロ

一〇月七日◆アメリカとイギリスがアフガニスタンに対する「不朽の自由」作戦を開始

二〇〇二年

一月二九日◆ブッシュ・ジュニア大統領、一般教書演説で北朝鮮、イラン、イラクを「悪の枢軸」と非難

九月二〇日◆ブッシュ・ジュニア大統領、「アメリカの国家安全保障戦略」で「ブッシュ・ドクトリン」を表明

一〇月一〇日～一一日◆アメリカ連邦議会の上下両院で対イラク武力攻撃決議を採択

一一月五日◆中間選挙で共和党が上下両院で多数

二〇〇三年

三月二〇日◆アメリカ、イギリス軍を中心にイラクに対する「イラクの自由」作戦を開始

五月一日◆ブッシュ・ジュニア大統領、空母エイブラハム・リンカーン艦上でイラクでの主要戦闘終結を宣言

一二月一三日◆イラク駐留のアメリカ軍が、サダム・フセイン元大統領を拘束（〇六年一二月三〇日に処刑）
二〇〇四年
一一月二日◆ブッシュ・ジュニア大統領、大統領選挙で民主党のジョン・ケリー上院議員に勝利。連邦議会は共和党が上下両院で議席増
二〇〇五年
一月二〇日◆ブッシュ・ジュニア大統領、二期目の就任式。国務長官はコンドリーザ・ライスに交代（二六日）
八月二三日◆アメリカ南東部にハリケーン「カトリーナ」が襲来、アメリカ史上最大の天災となる（〜三一日）
二〇〇六年
一一月七日◆中間選挙で民主党が上下両院で多数。八日にはラムズフェルド国防長官が辞任、後任はロバート・ゲーツ
二〇〇七年
七月一九日◆FRB（連邦準備制度理事会）のバーナンキ議長がサブプライム・ローンに絡む損失額について表明
二〇〇八年
八月七日◆ロシアとジョージアの間で武力紛争、ロシアが南オセチア自治州を占領（〜一二日）
九月一五日◆大手投資銀行リーマン・ブラザーズが倒産。続いて米最大手の保険会社アメリカン・インターナショナル・グループや金融持株会社シティグループが巨額の融資や史上最高の公的資金注入を受けるなどの事態に（リーマン・ショック）
一一月四日◆大統領選挙で民主党のバラク・オバマ上院議員が共和党のマケイン上院議員に勝利。連邦議会も民主党が上下両院で多数
二〇〇九年
一月二〇日◆バラク・オバマが第四四代大統領に就任。副大統領はジョー・バイデン、国務長官はヒラリー・クリントン、国防長官はロバート・ゲーツ
四月五日◆オバマ大統領、チェコのプラハで「核兵器のない世界」を提唱
一〇月九日◆オバマ大統領にノーベル平和賞を授与と発表
二〇一〇年
三月二三日◆国民皆保険をめざす医療保険制度改革法（オバマケア）が成立
一一月二日◆中間選挙で共和党が上下両院で議席増
二〇一一年
五月二日◆オサマ・ビン・ラディンがパキスタンでアメリカ軍により殺害
九月一七日◆ニューヨークで貧富の格差拡大に抗議し「ウォール街を占拠せよ」をスローガンとする運動が発生
一一月一七日◆オバマ大統領、オーストラリア連邦議会での演説で「アジア・リバランス」戦略を表明

二〇一二年
一一月六日◆大統領選挙でオバマ大統領が共和党のミット・ロムニー前マサチューセッツ州知事に勝利し再選。連邦議会では民主党が上院で、共和党が下院で多数
二〇一三年
一一月一五日◆中国で習近平国家副主席が共産党総書記に就任（一三年からは国家主席にも）
二〇一三年
二月一日◆国務長官がジョン・ケリーに交代、二七日には国防長官がチャック・ヘーゲルに交代
二〇一四年
二月二〇日◆ロシアがウクライナに武力侵略、三月にはクリミアを併合
一一月四日◆中間選挙で共和党が上下両院で多数
二〇一五年
七月一四日◆アメリカおよびイギリス、フランス、ドイツ、中国、ロシアがイランとの間で核問題に関して国際合意
七月二〇日◆オバマ政権がキューバと国交回復
二〇一六年
二月四日◆日米など一二カ国が環太平洋パートナーシップ（ＴＰＰ）協定に署名
五月二七日◆オバマ大統領がアメリカ大統領として初めて広島を訪問
九月三日◆オバマ政権が気候変動に関するパリ協定を批准
一一月八日◆大統領選挙で共和党のドナルド・トランプが民主党のヒラリー・クリントンに勝利。連邦議会でも共和党が上下両院で多数を維持
二〇一七年
一月二〇日◆ドナルド・トランプが第四五代大統領に就任。副大統領はマイク・ペンス、国務長官はレックス・ティラーソン、国防長官はジェームズ・マティス
一月二三日◆トランプ大統領、環太平洋パートナーシップ（ＴＰＰ）協定から離脱する大統領令に署名
二〇一八年
四月二六日◆国務長官がマイク・ポンペオに交代
五月八日◆トランプ大統領、イラン核合意からの離脱を発表
五月一四日◆トランプ大統領、在イスラエル米大使館をテルアビブからエルサレムへ移転
六月一二日◆トランプ大統領と北朝鮮の金正恩朝鮮労働党委員長がシンガポールで首脳会談（一九年二月二七・二八日にはハノイで会談）
一一月六日◆中間選挙で上院で共和党が多数、下院では民主党が多数を奪還

二〇一九年
五月一五日◆アメリカ商務省が中国の通信機器最大手・華為技術（ファーウェイ）へのアメリカ製ハイテク部品の輸出を禁止
一一月四日◆トランプ大統領、パリ協定からの離脱を国連に正式通告
一二月一八日◆連邦議会下院がトランプ大統領をウクライナ疑惑で弾劾訴追（上院で無罪評決）
二〇二〇年
五月二五日◆アフリカ系のジョージ・フロイドが警察官に死亡させられた事件から、ブラック・ライブズ・マター（BLM）運動が再燃
七月八日◆新型コロナウイルスへの対応をめぐり、トランプ政権が世界保健機関（WHO）からの脱退を通知
八月一三日◆トランプ大統領の仲介によりアラブ首長国連邦とイスラエルとの間で平和条約締結と国交正常化（アブラハム合意）
一一月三日◆大統領選挙で民主党のジョー・バイデン前副大統領がトランプ大統領に勝利。連邦議会は上下両院で民主党が多数
一二月九日◆新型コロナウイルスによるアメリカでの一日の死者数が九・一一テロの死者数を上回る
二〇二一年
一月六日◆連邦議会議事堂が暴徒に襲撃される
一月二〇日◆ジョー・バイデンが第四六代大統領に就任。WHO脱退の撤回、パリ協定への復帰、メキシコとの国境の壁建造の中止などの大統領令に署名。副大統領はカマラ・ハリス、国務長官はアンソニー・ブリンケン、国防長官はロイド・オースチン
八月三〇日◆バイデン大統領、アフガニスタンでの二〇年間にわたる米軍駐留が終了と宣言
九月一五日◆バイデン大統領、オーストラリアとイギリスとともに安全保障協力の枠組（AUKUS）の創設を発表
二〇二二年
二月二四日◆ロシアがウクライナへ軍事侵攻。アメリカはウクライナに大規模な軍事・経済支援を提供し、ロシアには厳しい経済制裁を科す
一一月八日◆中間選挙。上院は民主党、下院は共和党が多数
二〇二三年
二月二〇日◆バイデン大統領、ウクライナのキーウを電撃訪問
一〇月七日◆パレスチナの政治・軍事組織ハマースがイスラエルを奇襲攻撃。イスラエルはガザ地区に大規模な反撃を加える
二〇二四年
七月一三日◆トランプ前大統領、選挙集会中に狙撃される
七月二一日◆バイデン大統領、次期大統領選挙からの撤退を表明、ハリス副大統領が候補者に指名される（八月二〇日）
一一月五日◆大統領選挙

あとがき

半世紀にわたるアメリカの比較大統領外交史を、駆け足で辿ってきた。これまでの著書や論文と内容の重複する部分もあるが、できるだけ最新の文献や資料で補っている。個性豊かな九人の大統領を対象としたため、このような小著でも二年の歳月を要した。大統領たちの失敗や慢心に学びつつ、フォードの節度やカーターの高邁、レーガンの雅量、ブッシュの慎重に改めて瞠目し、クリントンやブッシュ・ジュニア、オバマに親しみすら覚えるようになった。わずか五〇年とはいえ、歴史はわれわれに既視感《デジャブ》をもたらしつつ、安易な必然論を斥《しりぞ》ける。

しかも、二〇二四年大統領選挙と並行したため、執筆の最終段階までスリリングであった。私事にわたるが、筆者が還暦を迎えた日にトランプ前大統領狙撃事件があり、それから一〇日ほどの間にバイデン大統領が選挙戦から撤退し、ハリス副大統領が新たな候補になったのである。

個人的には、バイデン氏の決断に敬意を表するし、初のアジア系、黒人女性が大統領候補になったことに、選挙の結果如何を問わず、アメリカの民主主義の再生を予感する。ただし、トランプ氏が代弁する声にも、耳を傾けなければならない。また、世代交代やマイノリティの台頭は、日本社会でも不可避であり、不可欠であろう。

歴史の中の人物を描きたい、さらに、いつの日か列伝を草したいと願うようになったのは、五百旗頭《いおきべ》真先生の薫陶を受けたからである。「村田君の書くものは面白いね」——大学院の頃、先生に一度そう言っていただいた。実は、誉め言葉であったかすら分らないのだが、それを励みに三〇年以上アメリカ外交や日米関係を論じてきた。

この間、イラク戦争や平和安全法制をめぐって、厳しい批判にさらされたこともある。その後の情報や分析に照らして、自分の言説をふり返り、良心に恥じることはない。イラク戦争をめぐって、ブッシュ・ジュニア政権の落ち度は明らかだが、それでサダム・フセインが免責されるわけではない。この独裁者は虐殺と侵略の末、荒ぶる超大国を相手に誤算を重ねた。また、平和安全法制をめぐる違憲訴訟はことごとく退けられ、立憲主義は守られている。本書は、この三〇年ほどの筆者の言論活動の「小括」でもある。

だが、五百旗頭先生からコメントを戴くことはもう叶わない。あの笑顔や声に接することもできない。先生のご冥福を心よりお祈りして、この拙い書物をその御霊に捧げたい。

草稿の段階で、倉科一希（同志社大学）、山口航（帝京大学）、石本凌也（東京大学）の各氏から貴重なコメントを頂戴した。また、新潮選書編集部の中島輝尚氏は、ベテランの風格をもって丁寧に編集作業を進めて下さった。記してお礼を申し上げたい。

本書は科学研究費助成事業「ダニエル・イノウエと日米関係」の恩恵にも浴している。

なお、本書のいかなる誤りも、筆者独りに帰すものである。

二〇二四年八月　京都五条の寓居にて

村田晃嗣

新潮選書

大統領《だいとうりょう》たちの五〇年史《ごじゅうねんし》　フォードからバイデンまで

著　者……………… 村田晃嗣《むらたこうじ》

発　行……………… 2024年9月25日

発行者……………… 佐藤隆信
発行所……………… 株式会社新潮社
〒162-8711 東京都新宿区矢来町71
電話　編集部 03-3266-5611
　　　読者係 03-3266-5111
https://www.shinchosha.co.jp
シンボルマーク／駒井哲郎
装幀／新潮社装幀室
印刷所……………… 株式会社三秀舎
製本所……………… 株式会社大進堂

乱丁・落丁本は、ご面倒ですが小社読者係宛お送り下さい。送料小社負担にてお取替えいたします。価格はカバーに表示してあります。

ISBN978-4-10-603916-4 C0322